太原科技大学博士科研启动基金（w20182002）

健康类平面媒体的议题变迁与启示

王兴一　著

北京体育大学出版社

策划编辑：郭英俊
责任编辑：潘海英
责任校对：韩培付
版式设计：小　小

图书在版编目（CIP）数据

健康类平面媒体的议题变迁与启示 / 王兴一著. —
北京 : 北京体育大学出版社, 2020. 12
ISBN 978-7-5644-3397-0

Ⅰ. ①健… Ⅱ. ①王… Ⅲ. ①健康-媒体-新闻报道-研究-中国 Ⅳ. ①G219. 2②Q983

中国版本图书馆 CIP 数据核字（2020）第 242630 号

健康类平面媒体的议题变迁与启示　　**王兴一　著**
JIANKANGLEI PINGMIAN MEITI DE YITI BIANQIAN YU QISHI

出版发行：北京体育大学出版社
地　　址：北京市海淀区农大南路 1 号院 2 号楼 2 层办公 B-212
邮　　编：100084
网　　址：http://cbs. bsu. edu. cn
发 行 部：010-62989320
邮 购 部：北京体育大学出版社读者服务部 010-62989432
印　　刷：北京建宏印刷有限公司
开　　本：710mm×1000mm　1/16
成品尺寸：170mm×240mm
印　　张：12
字　　数：221 千字
版　　次：2020 年 12 月第 1 版
印　　次：2020 年 12 月第 1 次印刷
定　　价：68. 00 元

前　言

健康是人的身心与社会相适应的良好状态，由遗传、医疗服务、行为方式和环境等因素决定。媒体的健康传播主要涉及疾病医药和生活方式等议题。本书采用文献资料法、内容分析法、个案研究法等方法，运用议程设置和媒介社会学理论，以健康类平面媒体的议题为研究对象，分析健康类平面媒体的变迁与启示。

（1）历史变迁及动因。

我国健康类媒体分为发端（1950 年以前）、初步发展（1950—1959 年）、低谷（1960—1976 年）、快速发展（1977—1999 年）和多元竞争（2000—2014 年）5 个阶段。议题特征分别为：清洁防护，卫生启蒙；除害灭病，保障生产；救灾防病，倾向农村；医疗保健，融入生活；慢病防治，生活品质。议题呈现生物防护—生产保障—生活方式—生命质量的变迁趋势。不同议题变迁特征包括：疾病医药议题从以传染病、寄生虫病为主到以慢性病为主；生活方式议题从少到多，饮食议题增长明显，以营养膳食为主；运动议题波动变化，从以康复为主到以健身与康复并重；心理议题规律性不明显。不同议题变迁动因包括：政策导向——从群众运动到公民素养；商品服务——从缺乏到丰裕；医药科技——从除灭虫害到防治慢病；受众需求——从防病到养生；媒介环境与角色——从卫生宣教到健康传播。

（2）媒体设置健康议题的模型、话语分析和设置原则。

政治、经济、受众和卫生科技力量在社会文化背景下对媒体的健康议题设置发挥作用。健康传播的卫生话语包括静养与动养、身与心、治与防；社会实践话语包括理论与实践、危机与日常、传统与现代、社会公益与市场效益。媒体设置健康议题应遵循：科学性原则、现实性原则、多元性原则、通俗性原则和公益性原则。

（3）议题现状及优化。

媒体议题现状：疾病医药议题独大，慢病为主；饮食议题专宠，主题丰富；运动和心理议题附属。媒体议题设置存在静养多、动养少，身体多、身心结合少，重“已病”轻“未病”的偏好。根据议题设置原则和社会现状，媒体应注重运动议题优先发展，医药、饮食、心理议题内涵式发展。

（4）优化措施与保障。

发展运动议题宜采取机会、信源、受众、选题和效果策略，提供多部门合作，优化媒介体制，加强运动健身科研和宣传投入，营造运动促进健康的文化氛围，发展运动健身服务产业，加强运动信息监管等保障。

目　录

1 导　论

1.1　研究背景

健康是人类永恒而常新的话题。人类生存、生活、发展以其自身生物特征为基础。生物特征的基本表现形式即身体的存在和延续。人的身体是意识、思想、道德等思维和精神活动的物质基础，人的各种活动都以身体为核心和原点。离开身体、离开生命形式，知识、财富和自由都是无源之水、无本之木。健康是生命体存在的良好状态，既是大多数人与生俱来的天赋权利，又是其孜孜不倦追求的美好目标。

健康在和平与发展的时代背景下，越来越成为人类的共同愿景而备受瞩目，在以人为本的思想理念下，国家、社会、个人对健康问题都不敢轻视。促进个体健康需要社会力量与个人行为的联动。健康问题不仅是个人身体状况的问题，还是国家和社会的公共问题。国民健康是关乎国计民生的国家大事，国家领导、职能部门都将人的生命安全、健康作为国家事务中的重中之重。党的十八大报告指出，健康是促进人的全面发展的必然要求。提高人民健康水平是国家义不容辞的责任与义务。《国务院关于促进健康服务业发展的若干意见》（国发〔2013〕40 号）指出，促进民众健康要营造良好社会氛围。有关部门应充分利用广播电视、平面媒体及互联网等新兴媒体宣传健康知识，鼓励开办专门的健康频道或节目栏目，倡导健康的生活方式，在全社会形成重视和促进健康的社会风气。[1]在信息社会中存在的碎片化的个体，越来越依赖于各种传播媒介，媒介化生存已经成为现代生活的常态。个体在社会文化环境中建构自己的健康认知，形成自己的健康观念，规划自己的健康行为。

---

〔1〕 国务院办公厅．国务院关于促进健康服务业发展的若干意见［EB/OL］（2013－09－28）．［2014－09－18］．http：//www. gov. cn/zwgk/2013－10/14/content_ 2506399. htm.

媒体传播的有关健康的内容对社会健康文化起到引领、指导、丰富、变革的作用，是大众健康知识、态度和行为的重要影响因素之一。

1.2 问题提出

关于媒体的健康传播内容研究是对社会、国家、民族健康认知、态度和行为的考察。健康传播内容依据影响健康的因素不同，可以分为不同的议题，包括遗传、自然环境、医疗和生活方式等。随着社会和科技的发展，人类对疾病的诊治能力增强，曾经猖獗的传染病、寄生虫病得到控制。然而癌症、心脑血管病等现代病的危害越来越严重，人们开始关注生活方式对人体健康的影响。

媒体的健康传播内容并不是一成不变的，内容随着时代发展、科技进步、社会变革而改变。各种议题在健康传播中的定位和结构也变迁流转，议题呈现各种特色，形成健康议题特有的传播生态环境。基于以上认识，本书就以下问题展开研究：

（1）健康传播媒体的发展阶段划分及其议题在不同时代而烙印的特征；

（2）疾病、医药议题和饮食、心理、运动等生活方式议题在媒体的健康传播活动中的变迁、动因；

（3）媒体设置健康传播议题的模型建构和话语分析及基本设置原则；

（4）疾病、医药议题和饮食、心理、运动等生活方式议题在当代媒体的健康传播活动中的现状及其议题设置偏好；

（5）当代媒体设置健康传播议题的优化方向和策略。

本书以媒体的健康传播为切入点，在社会语境中，分析我国媒体的健康传播议题变迁、现状，重点分析生活方式中运动议题在健康传播中的发展状况，并进行理论思考，进而提出健康传播议题优化策略，改善整体传播境况，提升媒体健康传播效果。

人体是自然造物的精华所在，人体的生理、心理变化万千，科学尚没有发展到洞悉人体奥秘的程度，因此对于健康的许多问题在医学界也存在“百家争鸣”的状况。例如，中西医医疗理念的不同，营养素在人体内的吸收转化，心理、生理的相互作用机制等。同时，人体的个体差异千差万别，健康问题要因人而异，健康理论也因时、因地而不同。因此，研究者凭借个人的力量不可能对医学、营养、运动等众多健康议题的信息判定是非对错。本书不对健康传播内容的正确与否做出专业评判，不过多进行医学、生物学、心理学、营养学的学科理论探讨，只对健康因素的结构和关系进行讨论，从传播学和社会学角度对媒体中健康传播议题的设置情况进行整理、挖掘。

1.3 概念界定

概念是研究的基本立足点和逻辑起点，本书中涉及的概念主要有健康和健康传播，以及由健康和健康传播所衍生的健康影响因素、健康传播媒体和议题等。

1.3.1 健康及其影响因素

1.3.1.1 健康的概念

尼采认为，没有纯粹的健康，以那种方式界定事物的所有努力都会惨败。健康的概念难以用准确、量化的词语进行描述。面对人类个体差异，以及难以计数和难以预测的细菌、病毒和致病因素，纯粹的健康是人们的希冀。健康与疾病相对，我们可以想象一个连续体，一端是健康，另一端是死亡。参照这个连续体，人们根据每个个体、亲属、朋友、同事及医护人员所建立的基本标准，来界定自己的健康或罹病[1]，即健康的标准是参照不同的体系而建立的。健康不是绝对的，而是相对的。医疗卫生学术团体和社会文化规范及普通人群对健康的界定依据不同情况或文化而表现出多样性。人们对医学与健康的认识随着科技水平和社会的发展而变化，健康观念和行为也有所不同。对健康概念的理解，以下从社会学、心理学、医学等角度进行解析。

（1）社会模式的健康观。从社会学角度来看，社会因素是界定个体健康或罹病的根据之一。社会学家帕森斯指出，健康可以解释为已社会化的个人完成角色任务的能力处于最适当的状态。[2]该概念强调了个体对社会的责任和能力，突出了个体与社会的相关与互动，但忽视了个体在生理和心理上的感受和状态。

（2）心理模式的健康观。生理—心理之间症状和功能的相互影响很早就被人们所关注。健康的心理学视角认为，健康是感到情绪良好和快乐。每个人都在经常地和主观地评估自己的健康状况[3]。健康与疾病是个体主观的情绪和感受。心理模

---

〔1〕 理查德·谢弗．社会学与生活［M］．刘鹤群，房智慧，译．北京：世界图书出版社，2013：386.

〔2〕 沃林斯基．健康社会学［M］．孙牧虹，等译．北京：社会科学文献出版社，1999：124.

〔3〕 沃林斯基．健康社会学［M］．孙牧虹，等译．北京：社会科学文献出版社，1999：152，133.

式对健康的理解较为片面，过分夸大了心理的范畴和作用。

（3）医学模式的健康观。医学拥有健康的话语权，是公认的健康标准制定、健康维护专业领域。医学领域对健康的界定，主导了社会中健康的概念形成，并融合了其他视角，成为理解健康概念的基础。其他学科对人的健康问题的研究，都不能完全脱离医学的概念。目前，我国主要有中医和西医两种医学体系，其对健康分别有不同的界定。

中医健康观——我国早在殷商时代就有“健”“康”的记载，当时两个字并没有联合在一起使用。“健”多指身体、精神和意志的强壮。《尚书·洪范》中五福、六极涉及现代意义健康、疾病的内涵，其中提到寿、康宁和疾、弱等，可见“康”字的意思偏重指身体的健康无疾，非常接近今天“健康”一词的含义〔1〕。中医历经几千年的发展，逐渐形成“天人相应”的整体健康观、“形神合一”的和谐健康观、“以人为本”的气血阴阳平衡健康观。中医强调治未病、调情志、法自然。〔2〕

西医健康观——西方社会经历了神灵医学、自然哲学医学，以及工业革命时期的机械论医学和生物医学。这些阶段或将健康归结为神灵所赐，或将健康等同于生理功能正常、没有疾病，人体像机器一样不停地运转就是健康，对健康和疾病的认识较为片面，直到现代医学模式即恩格尔的生物—心理—社会医学模式产生时，才逐渐形成了系统的健康观念。

根据世界卫生组织（WHO）对健康的定义，健康不仅是指没有疾病，而且是指身体、心理和社会上的良好状态〔3〕。该定义指向由疾病转向健康，提出了生理、心理和社会的三维健康观，强调了人的社会属性和健康的社会特性，被人们广泛认可和采用。根据《辞海》对健康的定义，健康是指人体各器官系统发育良好、功能正常，体质健壮，精力充沛，并且有健全的身心和良好社会适应能力，通常用人体测量、体格检查、各种生理和心理指标来衡量〔4〕。该定义与 WHO 对健康的定义类似，提出了衡量健康的方式和指标。也有学者指出三维健康应加入道德维度，大部分研究中健康概念普遍采用 WHO 的提法。

现代医学健康观采用了综合的视角，包括身、心、群 3 个维度，得到了国家卫生部门的认可，是大众和媒体普遍接受的健康认知，本书采用现代医学健康观。

---

〔1〕 谭华．论中国古代的健康观［J］．四川体育科学，1995（2）：1－4．

〔2〕 王阶，汤艳莉．试论中医学健康观［J］．中医杂志，2011（12）：995－997．

〔3〕 卢祖洵．社会医学［M］．北京：科学出版社，2009：23．

〔4〕 辞海编辑委员会．辞海［M］．上海：上海辞书出版社，1999：800．

1.3.1.2 健康影响因素

健康的内涵经历了身体健康，身、心健康和身、心、社会关系健康的变迁历程。对于健康的理解，已经超越了身体的无病无痛，而涵盖身体、心理、社会关系等的适宜状态。人们对于影响健康因素的认识，也从医药、饮食等因素扩展到社会环境、自然环境、遗传、运动、心理等多因素联合起效的整体观念。健康与否，不仅受个人遗传基因和行为方式影响，而且包括整个社会的生存环境。布鲁姆等学者在 20 世纪 70 年代指出环境因素对人们的身心健康、精神和体质发育都有重要的影响，并提出环境、生物遗传、行为生活方式及医疗卫生服务 4 大类因素是影响健康的主要因素（图 1－1）[1]。

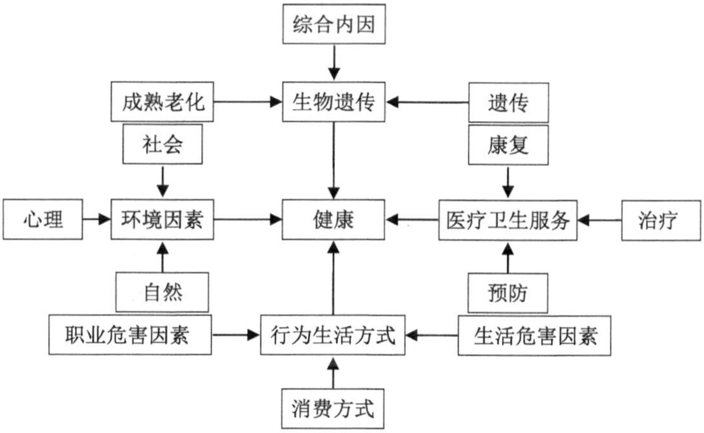

图 1－1 健康影响因素

WHO 对造成死亡的因素进行调查显示，60% 为行为生活方式、17% 为环境因素、15% 为生物因素、8% 为医疗卫生服务。因此可见，与社会紧密相关的行为生活方式确已成为引起死亡的主要危险，成为新医学模式的客观佐证。目前这一病因模式得到了广泛的认同。研究表明，人类死亡谱的前 10 位死因中，与行为生活方式有关的占 37.7%，超过了生物因素（31.4%），医学已进入运用改变行为来预防、治疗疾病的时代[2]。

总之，环境、生物遗传、行为生活方式及医疗卫生服务是影响健康的 4 大因素，

〔1〕 卢祖洵．社会医学［M］．北京：科学出版社，2009：16.
〔2〕 卢祖洵．社会医学［M］．北京：科学出版社，2009：74.

这些因素通过身体、心理和社会3个维度来影响个体和群体的健康。

1.3.2 健康传播、健康传播媒体和议题

1.3.2.1 健康传播

健康传播的历史，作为一种以内容分类的传播历史，与人类传播的历史一样久远。人类最初的传播行为与人类的生存、生产有密切的关系，在进行生产、生活的过程中，人与人之间相互进行信息传达，产生了传播活动。这些传播活动内容涉及狩猎、捕食、伤痛、情感等，与人类健康有关，因此可以纳入健康传播的历史。随着传播技术的发展，健康传播经历了语言传播、文字传播、电子传播时代，人类的传播活动更加频繁和复杂，但内容始终离不开与人类息息相关的饮食、卫生、保健、医疗等。在大众媒体出现后，媒体中有关衣食住行、寻医问药等涉及健康的内容成为常设的内容之一，媒体健康传播也发端成形。

有学者指出健康传播内容十分广泛，包括信息及媒体中与保持健康、促进健康、预防疾病、治疗和倡议相关的内容，涵盖以下各种情形：形势、结构、角色、关系、身份认同、目标、社会影响的策略[1]。有研究机构指出，健康传播学是为个体、组织和公众提供健康信息，在重要的健康问题上影响他们的一门艺术和技术，包括疾病预防、健康促进、健康政策及商业、社区中个体健康和生活质量提升[2]。一些官方机构也注意到了健康传播的学术意义和实践价值，美国疾病预防和健康促进办公室指出，健康传播旨在用传播策略让个体和群体认知和利用健康知识，做出更有利于健康的选择。健康传播大家罗杰斯[3]认为任何一种关于健康的人类传播都是健康传播，健康传播即指健康信息的分享、传达、交流。这个定义虽然不够详细，但得到了学术界的公认。

医疗保健实践活动和学术研究中的健康传播与健康教育、健康促进概念相近。三者中健康传播作为专有名词出现较晚，在进行健康传播的研究前，有必要分析一下相近概念的异同，了解健康传播学科演变及其核心内涵。

---

〔1〕 马丁，雷．健康传播：个人、文化与政治的综合视角［M］．龚文庠，李利群，译．北京：北京大学出版社，2006：5.

〔2〕 RATZAN S C. Education for the health professional ［J］. American behavioral Scientist，1994（5）：38.

〔3〕 ROGERS E M. The field of health communication today：An up－to－date report ［J］. Journal of Health communication，1996（1）：15－23.

健康教育是通过有计划、有组织、有系统的社会和教育活动，促使人们自觉地采纳有益于健康的行为和生活方式，消除或减轻影响健康的危险因素，预防疾病、促进健康和提高生活质量〔1〕。因此，健康教育不仅包括健康传播也包括教育指导和行为干预。健康促进是一个过程，该过程使人们得以增强控制自身健康的能力及改善自身的健康状态。健康促进包括了健康教育及能促进行为与环境有益于健康改变的相关政策、法规、组织的综合〔2〕。健康促进内涵更为丰富，包括健康传播、行为干预及健康教育，还包括环境和政策的扶持，因此可以用下列比较式进行表达：健康促进 > 健康教育 > 健康传播。

三个概念的内涵异同见表 1－1。健康教育、健康促进的实施和参与主体是政府和专业医疗卫生机构等。健康教育和健康促进是我国医药卫生工作中的重要内容。《中共中央 国务院关于深化医药卫生体制改革的意见》和《医药卫生体制改革近期重点实施方案（2009—2011 年）》都十分重视健康教育和促进工作，对我国健康教育和促进工作做出重要指示。健康教育与促进已成为目前我国九项基本公共卫生服务中的一项基本内容。政府、医疗服务部门及专业学术研究机构等要建立健全健康教育机制、组织和工作网络，提高健康教育服务能力和规范行为，最大限度地促进大众参与，提高大众健康水平。

表 1－1 健康传播、健康教育、健康促进概念的辨析

	健康传播		健康教育	健康促进
	内向、组织、人际	媒体传播		
实施主体	个体或组织	媒体	医疗卫生机构	政府
实施对象	个体与组织成员	媒体受众	受教育对象	全体民众
实施手段	人际、组织沟通	媒体宣传	媒体宣传＋卫生宣教＋干预	媒体宣传＋卫生宣教＋干预＋环境改善
实施目的	影响个人认知、态度与行为	影响个人认知、态度与行为	影响个人认知、态度与行为	影响个人认知、态度与行为和自然、社会环境
实施内容	医药、生活方式	医药、生活方式	医药、生活方式	医药、生活方式、自然与社会环境
实施效果	中	中	强	最强

〔1〕 刘华，傅华．健康教育与健康促进的进展［J］．中国全科医学，2001（10）：757－759.
〔2〕 刘华，傅华．健康教育与健康促进的进展［J］．中国全科医学，2001（10）：757－759.

1.3.2.2 健康传播媒体和议题

既然关于健康的人类传播都是健康传播，那么健康传播媒体则是指：进行关于健康信息传播的媒体，包括常见的媒体形式，如电视、报纸、杂志、广播、网络等媒体。狭义的媒体指大众传播媒介，也可指媒介组织。大众传播即专业化的媒介组织运用先进的传播技术和产业化手段，以社会上一般大众为对象而进行的大规模的信息生产和传播活动〔1〕。健康传播尤其是媒体的健康传播是一项投入低、产出高的举措，健康传播可以使民众的健康认知、健康素养得到提高。媒体通过媒介传播有关医药和生活方式方面的内容，从而影响媒体受众的健康认知，改变受众的态度，进而影响其行为。因为媒体与受众之间的关系受到受众的选择性接触、选择性认知的影响，所以媒体的健康传播效果较难保障。但媒体受众多、影响范围广、传播性价比高，因此媒体的健康传播是现代社会行之有效的健康传播方式。媒体的健康传播有两种参与主体。一种是专门从事以健康信息传播为主的媒体，此类媒体有关于健康的固定版面、栏目，可以称为健康类媒体、健康生活类媒体，也可以称为医学、健康科普类媒体等。另一种是普通大众媒体，其中有部分关于健康的内容。本书以第一种媒体的健康传播活动和议题为研究对象，并将在下文中对其进行进一步限定。

健康传播是一种旨在影响受众的健康认知、态度和行为的传播活动，最终要以促进受众健康为终极目标。传播议题也围绕如何促进健康而展开，因此其必然关注影响和促进健康的因素。研究过程中，笔者通过整理媒体健康传播的内容发现，大部分内容涉及遗传、医疗服务、行为和环境 4 大类因素。因为遗传因素是生命体历经亿万年进化而来的，生命密码套嵌于基因图谱中，遗传的稳定性较强，目前的科技手段尚不能完全掌握和控制基因技术，而且普通大众也不可能通过改变生物遗传因素而影响健康状态。因此，媒体的健康传播对生物遗传的关注度较低。媒体主要关注可以通过个人、国家和社会等力量得以改变的医药卫生服务、生活方式和环境因素 3 个方面，这些因素是可以，也可能为大众所利用的促进其健康的因素。但环境因素涉及整体的自然和社会环境，个人难以控制和改变，也不是媒体健康传播重点内容；而医药卫生服务和生活方式与大众的健康息息相关，因此，疾病医药和生活方式议题是健康传播主要议题。医药卫生服务针对疾病防治、为健康保驾护航，拥有健康话语权，是健康传播当之无愧的重要内容。生活方式因素因其占死亡原因

〔1〕 郭庆光．传播学教程［M］．北京：中国人民大学出版社，1999：111．

的60%，也因其是预防疾病的良好方式，成为卫生部门重点防控和实施健康促进的内容。我国卫生部门于2007年9月1日发起了全民健康生活方式行动，以“和谐我生活，健康中国人”为主题口号，开展健康生活方式教育和传播活动，众多媒体对健康生活方式加强了宣传报道。行动部门将每年的9月1日定为“健康生活方式日”，其目的是提高居民健康生活意识，培养健康生活方式的行为和能力。《健康生活方式核心信息》指出，健康生活方式是指有益于健康的习惯化的行为方式，具体表现为健康饮食、适量运动、不吸烟、不酗酒、保持心理平衡、充足的睡眠、讲究日常卫生等〔1〕。因此，健康生活方式的内容也是媒体传播的主要议题。同时，生活方式内容具有贴近生活、内容丰富、媒体便于制作、受众便于理解等优势，是媒体青睐的内容。几乎任何健康传播大众媒体都涉及疾病医药和生活方式内容。

“议题”的“议”字有商量、讨论，评论是非，意见、言论等意思〔2〕。议题多指会议或谈论的话题，即谈话的主题。传播学中有议程设置、舆论控制等理论涉及媒介的议题，但并未就议题给出明确的学术定义。英语中，issue、topic、agenda都有与“议题”相近的意思。issue即a subject that is often discussed or argued about, especially a social or political matter that affects the interests of a lot of people，多指社会关注度高的社会、政治话题。topic即a subject that people talk or write about，指说话、文章主题。agenda表示a list of the subjects to be discussed at a meeting或the ideas that a political party thinks are important and the things that party aims to achieve，表议程或政治话题。研究表明，媒体的议题指媒体进行信息传播活动的主题，从时间横截面来说，媒体的议题与issue更接近，指媒体中呈现的内容主题。从时间的纵向历程来说，媒体的议题又是agenda，是一系列报道有机联系的整体。议程设置理论就采用agenda，表示媒体一定时期内围绕一个主题而设置形成的议事日程，对受众认知产生长期、宏观的影响。

本书结合健康影响因素分类，将媒体信息传播中涉及不同影响因素的主题作为议题。根据媒体对健康因素的呈现规律和大众对健康的认知、操作能力，本书将媒体中影响健康的因素进行具体化、可操作化细分，主要归结为疾病医药、饮食、心理、运动等核心议题，两性、生活起居等非核心议题和社会环境、自然环境等外部议题。本

---

〔1〕卫生部疾控局.《健康生活方式核心信息》[EB/OL].（2011-09-06）[2014-09-08].http://www.gov.cn/gzdt/2011-09/06/content_1941510.htm.

〔2〕辞海编辑委员会.辞海[M].上海：上海辞书出版社，1999：2019.

书以核心议题为主。

1.4 研究综述

健康传播学在40多年（从1971年算起）的学术研究历程中成长迅速，发展势头迅猛，各种学术力量投入其间，包括社会学、医学、传播学、心理学、政治学、经济学、文化学等，研究成果日丰。这一方面说明，健康传播的学术吸引力强大，备受瞩目；另一方面，这也彰显了健康传播的学术熔炉特色，它是多学科、多角度、多领域的综合研究。

笔者检索和梳理健康传播相关研究，包括学术专著、期刊论文、学术会议论文和学位论文等，通过分析、总结，形成健康传播研究的总体概貌，发现健康传播研究的惯用方法、思路和理论；然后，有针对性地以媒体健康传播和生活方式议题研究为重点，梳理此类研究的动态、趋势、问题与不足，找到研究切入点。

笔者在国家图书馆、北京体育大学图书馆、清华大学图书馆等查阅国内外专著30余本；对于期刊论文、学术会议论文和学位论文则利用万维网（Web of Science）、中国知网文献检索系统，在关键词栏分别输入检索词“health communication”及“健康传播”，发现国内外相关论文均达到千篇以上。由于媒体的健康传播涉及主题复杂、媒介种类多，难以准确地选定检索词，笔者分别用“media”“issue”“agenda”“媒体”“议题”等关键词进行二次检索，发现国内外相关文章600余篇，并选取有代表性外文文章30余篇和中文文章40余篇进行述评。外文文章主要来自*Journal of Health Communication*和*Health Communication*两本健康传播重要期刊。本书只对2015年3月31日之前的文献进行了检索。

以健康传播媒体作为研究的重点，一方面是由于媒体在现代社会中扮演越来越重要的角色，人们对媒体的接触和依赖，使学者绝不能忽视媒体在健康传播中的巨大潜力；另一方面是由于媒体中的健康传播样态百变、问题复杂，这让健康传播媒体研究成为有待挖掘的“富矿”。大众媒体的出现在人类历史上是近现代的事，但在健康传播的形成阶段，也正是大众媒体蓬勃发展的黄金时期，作为健康传播标志性事件的“斯坦福计划”就有大众媒体的身影。可以说，在健康传播研究的几十年时间里，媒体健康传播一直是重点课题。学者们把可以称为“新鲜事物”的大众媒体与人类古老而永恒的健康话题联系在一起，一出学术研究的大戏便拉开序幕。

1.4.1 国外研究综述

健康传播学的发源地发轫于传播学的发源地，即大众媒体发达和医学、公共卫生昌盛的美国，并以美国为中心辐射到其他国家。国外健康传播的总体成果以大众媒体健康传播与医患关系健康传播为主，研究议题大致可分为：医患关系研究，公共卫生政策研究，健康传播学科发展和理论研究，健康危机研究，媒体的健康传播研究，人际、组织健康传播研究，青少年或弱势群体健康支持研究，其他研究。与本书相关的研究主要有两类：一类是健康传播学科发展和理论研究；另一类是媒体的健康传播研究。

（1）健康传播学科发展和理论研究。

健康传播由来已久，历史上人类治病防病、强身健体的活动几乎和人类发展历程一样久远，在历史长河中类似的健康信息传递、交流、沟通的活动必然时有发生，其主要的目的还是治病救人和传承医药卫生知识，医学目的明显，大众传播意义缺失。作为健康与传播的真正对接，健康传播活动和研究最早开始于20世纪70年代的美国。1971年美国心脏病学专家法夸尔和传播学家麦科比联手，主持开展了包括运动、饮食、群体干预、媒介接触等因素在内的心脏病干预项目——“斯坦福心脏病预防计划”。该计划通过健康传播等手段改进了干预对象的生活方式，改善了其心脏机能，把医疗健康和传播联结在一起，明显地提高了人们的健康水平，正式将传播与健康纳入同一场域中，因此该计划被视为健康传播实践和研究开展的标志。1972年美国的国际传播学会设立治疗传播小组，开始正式使用“健康传播”的名称。从20世纪90年代开始，健康传播学科的发展风起云涌，成果大量涌现，不少专业学术期刊创刊。健康传播学如今已经成为传播学下面一个独立的分支学科，美国很多大学都开设了健康传播学的课程〔1〕。在公共卫生领域，健康传播也成为医学社会学、公共卫生学、健康教育与促进的研究场域，是医学成果普及和预防医学的研究内容。

健康传播不仅引起了学术界的讨论和力量投入，也获得了政府的关注和大力支持。2002年美国健康与人类服务部部长汤普森在健康首脑会议上宣布，美国医疗保健的发展方向正式由治疗转向预防。科技、医疗水平先进的美国在健康领域的转向

---

〔1〕 刘瑛. 美国之健康传播研究［J］. 华中科技大学学报，2011（5）：99－106.

对其他国家有很强的启示意义[1]。美国卫生部门发布的“健康公民”计划报告对健康传播予以关注。《健康公民2010》（2001年发布）指出健康传播是一门应用性较强的学科，健康传播的最终目标是改善大众健康认知和行为，政府、学者应研究和利用健康传播影响民众的健康意识与决策，提高民众健康水平。《健康公民2020》（2010年发布）报告不仅突出大众传媒的重要作用，还涉及医疗服务公平、公共卫生设施、健康教育和社区健康等内容[2]。部分国家已经建立了以公共卫生、疾病控制和预防、体育与健康等机构主导的协作机制来研究卫生与健康传播议题，以应对公共卫生资源越来越稀缺的情况。

通过梳理20世纪90年代以来的研究成果，佐恩[3]认为对健康传播领域进行大规模的研究，与医药卫生的工作重心转移有关，预防工作的作用得到突出，传播健康知识受到重视。克雷普斯[4]指出健康传播在几十年的时间里得到了迅速发展，作为应用学科，广泛受到社会科学研究和教育科学的重视。健康传播学连接了不同学术领域，包括传播学、哲学、社会学、公共健康、组织行为、健康教育、医护等。健康传播研究的多学科、多视角，需要建立良好的合作机制。在这方面，医学、公共卫生等学科掌握了主导话语权，列纳威[5]建议国家公共卫生政策应更多地参考科学证据。美国的公共卫生研究议程并没有很好地与医学机构合作。国家有关部门应该激励和引导此类研究，以满足国家公共卫生系统的迫切需要。

此类研究关注健康传播学科建立、发展历程、研究目标、现实意义及学术脉络等问题。传播学、卫生学等学术力量较为雄厚，政府也积极参与其中。

（2）媒体的健康传播研究。

因为媒介的舆论引导、文化引领作用在健康传播领域影响民众的认知、态度、行为效果显著，因此大众媒体健康传播学的研究是健康传播研究热点之一。根据健康传播的研究成果和本书主题，文献检索主要涉及与传播议题和内容有关的研究成

〔1〕胥琳佳，蔡志玲．国际健康传播研究的现状及趋势［J］．科学与社会，2013（2）：73－84.

〔2〕U. S. Departmengt of health and human services. Healthy people 2020: Developing Healthy People 2020: proposed objectives. Washington, DC: U. S. Government printing office, 2010 [EB/OL]. [2014－04－30]. http://www.healthpeople.gov/hp2020/default.asp.

〔3〕ZORN M. CBQ review essay: health communication: a review of books since 1990 [J]. Communication book notes quarterly, 2001, 32 (3): 149－170.

〔4〕KREPS G L. The maturation of health communication inquiry: directions for future development and growth [J]. Journal of health communication, 2012 (17): 495－497.

〔5〕LENAWAY D. Public health systems research: setting a national agenda [J]. American journal of public health, 1996 (3): 410－413.

果，主要包括疾病医药和生活方式。

对于疾病医药议题的研究文献回顾如下。史密斯等[1]指出新闻媒体是紧急传染病流行期间一个重要的信息来源。文章选取 2009 年 12 个国家关于甲型 H1N1 流感新闻报道，分析了甲型 H1N1 流感的消息量和地理区域、先前经验、国家流行、局部暴发等 4 个预测变量之间的联系。麦基弗等[2]研究探讨了议程设置、框架和媒体动员的概念及其在健康传播中的应用，对 1996—2006 年《纽约时报》和《华盛顿邮报》关于自闭症的新闻报道进行内容分析。研究显示，随着时间的推移，报道中科学框架减少而政策框架增加。彭伟等利用议程设置和框架理论，研究了健康话题和报道方式，并指出，在中国，报纸是公众最重要的健康信息的来源。通过对 2007 年部分报纸的两周报道进行抽样分析，文章发现某些疾病和危险因素被低估，与他们在中国的实际发病率和死亡率不符，发现发病原因和预防疾病更可能被归因于个人，而不是社会[3]。狄克逊等[4]对 1994—2007 年澳大利亚墨尔本两个主要日报的 516 篇文章进行梳理，并同期通过电话调查 6 244 名受众，比较研究新闻对公众关于晒黑和皮肤癌的态度和信念的影响，结果表明，新闻报道与公众对晒黑和皮肤癌的态度和信念有重要的联系，媒体的报道主题和框架随着时间的推移发生了转变。兰茨等[5]指出肺癌是生理问题，也是疾病的社会建构。社会、媒体传播等因素建构了大众关于肺癌的认知，并引起大众关注肺癌和吸烟等。李等[6]对中国福州 3 716 名受访者进行调查，显示大众媒体比人际传播更频繁宣传艾滋病信息，

---

〔1〕 SMITH K C, RIMAL R N, SANDBERG H. Understanding newsworthiness of an emerging pandemic: International newspaper coverage of the H1N1 outbreak [J]. Influenza and otheer respiratory viruses, 2013, 7 (5): 847 - 853.

〔2〕 MCKEEVER B W. News framing of autism: understanding media advocacy and the combating autism act [J]. Science communication, 2013, 35 (2): 213 - 240.

〔3〕 PENG W, TANG L. Health content in Chinese newspapers [J]. Journal of health communication, 2010, 15 (7): 695 - 711.

〔4〕 DIXON H, WARNE C, SCULLY M. Agenda - setting effects of sun - related news coverage on public attitudes and beliefs about tanning and skin cancer [J]. Health communication, 2014, 29 (2): 173 - 181.

〔5〕 LANTZ P M, BOOTH K M. The social construction of the breast cancer epidemic [J]. Social sciernce & medicine, 1998, 46 (7), 907 - 918.

〔6〕 LI L, ROTHERAM - BORUS M J, LU Y, et al. Mass media and HIV/AIDS in China [J]. Journal of health communication, 2009, 14 (5): 424 - 438.

接触 HIV 病毒信息的人明显增加相关的知识和减少对患病者的歧视。汤普森等[1]针对疟疾、艾滋病和肝炎 3 个议题进行内容分析，指出在文盲人数较多的国家，媒体平台如印刷媒体往往只服务于某些特殊人口，不能完全有效地传播给大众有关健康的信息。纳坦等[2]研究不同语言和文化的差异，量化不同网站关于癌症的信息，指出不到 1/4 的网站得到世界卫生组织的认可，大多数关于肿瘤的网站信息缺乏验证，在疾病和语言等方面网站的质量和数量存在差异，认为医生应与健康网站合作，这样可构建可靠的互联网健康信息。

疾病医药议题主要关注公共卫生事件、常见病、多发病，以及危害严重的疾病，如艾滋病、癌症等。

对于生活方式的研究文献回顾如下。博罗维茨等[3]研究表明，大众媒体对健康生活方式的宣传能有效地减少心血管疾病的发生率和死亡率，女性和受过高等教育的人倾向对媒体信息持正面评价，建议对男性和低等教育水平的受众进行健康生活方式倡导。李等[4]利用内容分析法，通过二级议程设置，从理论方面分析肥胖是如何进行描述的。结果显示：黑人和普通受众的报纸通常把肥胖归因于个人。黑人受众的报纸较多的建议是通过个人和社会共同治疗肥胖。黑人报纸更常用负面基调的故事和更频繁地提到少数民族和种族。切基尼等[5]指出，肥胖的流行正在蔓延到低收入和中等收入国家，解决策略包括卫生信息和传播策略，改善人口对健康饮食和身体活动的认知，改善营养信息或限制向儿童销售不健康食品。理查德[6]指出，随着医疗技术的发展和消费市场的活跃，健康产品大量涌现。针对大众的医药、保健信息受到媒体青睐，传播内容充斥着专业术语。同时，受媒体影响，大众更加关注健康信息，这推动了医药和保健品市场发展。健康传播研究与健康技术、

---

〔1〕 THOMPSON E E, YEBOAH A A. Health information from elite to popular media：are Ghanaian media creating more space for health information/education? [J]. Critical arts – south – north cultural and media studies, 2013, 27 (3)：370 – 385.

〔2〕 LAWRENTSCHUK N, SASGES D, TASEVSKI R, et al. Oncology health information quality on the internet：a multilingual evaluation [J]. Annals of surgical oncology, 2012, 19 (3)：706 – 713.

〔3〕 BOROWIEC A, LIGNOWSKA I, DRYGAS W. Attitudes towards healthy lifestyle promotion in mass media in the Polish adult population [J]. Kardiologia polska, 2012 (10)：1030 – 1037.

〔4〕 LEE H, LEN – RIOS M E. Defining obesity：second – level agenda setting attributes in black newspapers and general audience newspapers [J]. Journal of health communication, 2014 (10)：1116 – 1129.

〔5〕 CECCHINI M, SASSI F, LAUER J A, et al. Chronic diseases and development 3 tackling of unhealthy diets, physical inactivity, and obesity：health effects and cost – effectiveness [J]. Lancet, 2010, 376 (11)：1775 – 1784.

〔6〕 RICHARD K T. Health communication [M]. New York：Springer, 2006.

产品开发和媒体行为一同兴盛。普里马克等[1]通过国家大学健康评估项目，对657名学生进行6个烟草媒介素养测试，分析媒介素养与最近抽烟行为的关系，表明媒介素养有利于减少大学生抽烟。奥斯汀等[2]认为父母和媒体的信息对孩子的影响很大，通过研究300名大学生回忆父母对媒体中关于酒精观念和行为的信息理解与他们饮酒行为的关系，指出正面的回忆导致消极的预期，因此建议对大学生抵制酒精的认知宣传也应将其父母包括在内。李[3]对疾病预防中心中974则戒烟广告进行内容分析，通过8个维度来了解健康传播中的信息真实性，并探讨真实信息、信息属性和受众特征的关系。信息可靠、主题框架、情感诉求、来源、年龄、社会角色和抽烟状态与健康传播信息的理解有关。针对年轻人和抽烟者的广告可信度低，针对年老者和不抽烟者的广告可信度高，幽默和恐惧诉求的广告可信度低。伦等[4]利用罗杰斯保护动机理论，研究影响避孕套使用因素，进而评估抗艾滋病的健康传播活动的效果，认为自我效能是重要指标。平克尔顿等[5]基于信息解释过程模式，通过对922名青少年进行前测与后测的 Q 检验，表明接受媒介素养课程的青少年了解媒体对性的描写存在不准确和过度美化的问题，通过克制练习能抵制色情信息的诱惑，加强参与者的理性决策。霍金等[6]通过在美国报纸寻找关于儿童肥胖的典型故事，确定风险因素为不健康的饮食行为、缺乏体力活动，以及针对儿童的垃圾食品广告。昆蒂利亚尼等[7]基于对397名大学生所做的网络调查指出，大部分学生广泛应用电子辅助产品来获取健康信息。时间充裕的人比闲暇时间较少

---

〔1〕 PRIMACK B A, SIDANI J, CARROLL M V, et al. Associations between smoking and media literacy in college students [J]. Journal of health communication, 2009 (6): 541 -555.

〔2〕 AUSTIN E W, CHEN Y J. The relationship of parental reinforcement of media messages to college students' alcohol - related behaviors [J]. Journal of health communication, 2003, 8 (2): 157 -169.

〔3〕 LEE S T. Understanding truth in health communication [J]. Journal of mass media ethics, 2011 (3): 263 -282.

〔4〕 LWIN M O, ANDREA J S, STANALAND D C. Using protection motivation theory to predict condom usage and assess HIV health communication efficacy in Singapore [J]. Health communication, 2010, 25 (1): 69 -79.

〔5〕 PINKLETONA B E, AUSTINA E W, CHEN Y C, et al. The role of media literacy in shaping adolescents' understanding of and responses to sexual portrayals in mass media [J]. Journal of health communication, 2012, 17 (4): 460 -476.

〔6〕 HAWKINS K W, LINVILL D L. Public health framing of news regarding childhood obesity in the United States [J]. Health communication, 2010, 25 (8): 709 -717.

〔7〕 QUINTILIANI L M, WHITELEY J A. Time availability and preference for e - health communication channels for nutrition and physical activity [J]. Journal of cancer education, 2013, 28 (3): 408 -411.

的人更倾向通过社交网络来获取健康信息。普拉特等[1]认为身体活动和营养能有效降低癌症发生率。信息革命对健康传播而言既是挑战也是机遇。计算机等工具能改善群体获取健康信息的状况。纳格勒[2]研究受众接触媒介中矛盾的营养信息的负面效应发现：接触相互矛盾的健康信息，主题包括癌症筛查和营养等，如酒、鱼和咖啡消费，导致人们困惑。研究表明，这些困惑反过来可能导致人们怀疑不矛盾的营养和健康建议（如食用水果和蔬菜，运动）。罗杰斯等[3]认为民众对媒体的使用可作为决定健康行为和态度的预测指标。多尔夫曼等[4]指出媒体倡导有利于促进公共健康和公共卫生的政策。在美国政治的背景下，媒体宣传支持公共卫生，有利于维护社会正义。此类研究以媒体对生活方式议题的健康传播为研究对象，大多分析健康传播的表达与呈现的效果。

（3）述评。

现有健康传播研究不仅涉及人际传播、组织传播、群体传播和大众传播等不同传播方式，还包括公共卫生、特殊人群、特殊健康问题等。医患之间、患者之间的健康传播固然重要，但人是社会化的存在，大众媒体是现代社会进行健康传播的重要手段。健康传播效果的提升，需要国家机构、社会组织、医患之间、媒介、社区、家庭和个体共同参与，“多种渠道，一个声音”，才能效果最大化。

研究存在的问题：①效果研究多，内容或议题建构研究少。研究多通过实验对比分析媒体进行疾病或生活方式信息传播后，对受众认知、态度和行为的影响和改变。此类研究证明了媒体健康传播的良好效果，分析了提升效果的传播技巧。但媒介效果的产生离不开媒介传播的内容，与媒介关于健康的议程设置和报道框架有关。媒介关于健康的内容如何生产、建构需要受到关注，目前分析大众媒体健康传播议题发展趋势与取向的成果较少。②个别健康议题研究较多，议题的系统研究较少。现有研究较多以个别疾病、饮食、运动等因素为主题。而将健康信息从饮食、运动、

---

〔1〕 PRATT M, SARMIENTO O L, MONTES F, et al. For the lancet physical activity series working group: the implications of megatrends in information and communication technology and transportation for changes in global physical activity [J]. Lancet, 2012, 380: 282－293.

〔2〕 NAGLER R H. Adverse outcomes associated with media exposure to contradictory nutrition messages [J]. Journal of health communication, 2014, 19 (1): 24－40.

〔3〕 RODGERS S, CHEN Q M, DUFFY M, et al. Media usage as health segmentation variables [J]. Journal of health communication, 2007, 12 (2): 105－119.

〔4〕 DORFMAN L, KRASNOW I D. Public health and media advocacy [J]. Annual review of public health, 2014, 35: 293－306.

生活作息和心理的综合角度考察大众传媒的研究较少。媒体健康传播内容的整体性、全局性研究较少。③疾病、饮食议题研究较多，运动、心理议题研究较少。现有研究议题往往集中于个别疾病，某些公共卫生事件或饮食，对人们运动、心理方面聚焦不够。以上问题的产生可能由于以下原因：健康传播学科发展时间短，学科体系欠成熟。这由健康传播含糊的定义（公认罗杰斯的定义是关于健康的人类传播都是健康传播）可见一斑，显得有失严谨；健康传播所面对的问题纷繁复杂，多种多样。研究对象的复杂，让研究方法也变化不定，没有学科标志性的问题与方法。

健康传播的研究主体来自多种学术领域，具有公共卫生学、传播学、社会学、心理学、精神病学、人类学、社会行为学等学科背景的学者组成了复杂、多元的研究队伍，并在研究中形成交叉、互补的研究团体。在研究主体多元的情况下，研究方法多样的局面逐渐形成。学者综合利用定性和定量的研究方法，包括问卷调查、内容分析、文本解读、实验法、二次数据分析等定量方法，也有个案研究、访谈、文化动力、阐释等定性方法。研究理论也涵盖了多个学科，有传播学的使用—满足理论、劝服理论、培养理论、议程设置理论等，有社会学的社会认知理论、建构理论、社会支持理论等，有心理学的社会学习理论、自我效能等，还有文化学、人类学关于文化规范、文化霸权和文化殖民理论等。

1.4.2 国内研究综述

与本书主题相关的现有研究主要包括：健康传播学引介和理论研究、媒体的健康传播研究。

（1）健康传播学引介和理论研究。

我国约在20世纪80年代开始进行有关健康传播学的学术引入和研究。1986年，中国健康教育研究所（中国健康教育中心前身）成立，标志着健康教育和健康传播专业机构的建立。在此之前，健康传播工作包含在卫生宣传工作、爱国卫生运动中。1991年，中国健康教育研究所成立传播研究室，专门研究传播学在健康教育领域方面的合作和应用。1993年，北京医科大学（北京大学医学部前身）主编出版《健康传播学》。2001年复旦大学《新闻大学》杂志发表第一篇传播学研究视角下的健康传播论文[1]之后，以健康传播为主题的专业传播学研究论文相继发表，《新闻与传播研究》《新闻大学》《东南传播》等新闻传播类学术期刊上健康传播类论文

〔1〕 张自力. 论健康传播兼及对中国健康传播的展望［J］. 新闻大学，2001（3）：26－31.

显露峥嵘，《中国健康教育》《健康教育与健康促进》成为健康传播专业研究刊物。

第一个发表健康传播研究论文的《新闻大学》（新闻传播类核心期刊）在其卷首语对于这门新学科在国内状况的描述写道：在我们这儿似乎还闻所未闻。2003 年我国经历了一场重大的公共卫生危机——“非典”，媒体和传播学者对健康传播及公共卫生事件给予了高度关注，并产生了浓厚的学术兴趣。2003 年，“中国健康教育与大众传媒论坛”召开；2006 年“首届中国健康传播论坛”举办，其宗旨为“倡导健康行为、共创健康社会”。

王积龙〔1〕通过科学引文索引、社会科学引文索引和艺术与人文引文索引对国外 2010 年前健康传播论文和专著进行内容分析，研究结果表明，健康传播研究主题以医患关系为始点，逐渐向大众传媒、老年人、残疾人和重大公共卫生事件等议题过渡。健康传播研究历程始于 20 世纪 60 年代，兴起于 20 世纪 90 年代，2000 年以后学术论文大量涌现。胥琳佳等〔2〕总结了健康传播学的国际现状与趋势，选取健康传播领域主流期刊《健康传播》与《健康传播杂志》，分析研究领域的现状及倾向。她指出，健康传播的生理议题主要与疾病有关，1.8% 与锻炼有关，1.2% 与肥胖有关，其中癌症、控烟及艾滋病问题最受关注。心血管疾病已经成为全球大众健康的最大杀手，健康传播中以心脑血管为研究主题的成果却还非常少，健康传播学者应关注该主题。非生理议题研究主要内容包括大众媒介及网络、患者沟通等相关议题，其他主题的研究比例较低。蔡志玲〔3〕结合中美两国健康传播研究情况，进行了比较与评析。张迪等〔4〕、任景华等〔5〕对美国健康传播进行了介绍与回顾，总结健康传播研究的发展趋势。刘瑛〔6〕从 6 个方面对美国健康传播研究进行了梳理，分别是：医患、媒体、危机、健康传播运动、健康传播研究方法和新技术。孙晶〔7〕也对美国健康传播进行了理论和实践方面的研究。这类研究主要以健康传播发源地美国的研究历史、理论和趋势为主，另外有关于英国、新加坡等其他地区的健康传播介绍，是健康传播研究的综述性、介绍性研究。特别是我国健康传播研究

〔1〕 王积龙．健康传播在国际学界研究的格局、径路、理论与趋势［J］．上海交通大学学报（哲学社会科学版），2011，19（1）：51－58．

〔2〕 胥琳佳，蔡志玲．国际健康传播研究的现状及趋势［J］．科学与社会，2013，3（2）：73－84．

〔3〕 蔡志玲．中美健康传播研究评析［J］．东南传播，2012（12）：23－26．

〔4〕 张迪，王芳菲．论当代美国健康传播研究之特点［J］．国际新闻界，2012（6）：25－29．

〔5〕 任景华，刘宽亮．从孕育到成熟：健康传播的历史演进与走向［J］．东南传播，2010（10）：28－30．

〔6〕 刘瑛．美国之健康传播研究［J］．华中科技大学学报（社会科学版），2011，25（5）：99－106．

〔7〕 孙晶．美国健康传播研究评析［D］．武汉：武汉大学，2005．

的先行者张自立，不仅把健康传播的概念、内涵及发展历程进行了梳理，发表了大量研究论文，而且还出版了学科标志性著作《健康传播学：身与心的交融》。张自力[1]较为明确地提出了健康传播这一学术处女地，并进行了概念的界定，介绍了健康传播学的国外发展现状，为我国学术领域开辟了新天地，从此健康传播研究拉开了帷幕。张自力[2]利用传播学理论，划分了 9 个健康传播研究领域，对大众健康传播予以重视。张自力[3]指出 20 世纪 70 年代前后的美国是健康传播的发源地，20 世纪 80 年代全球范围“预防艾滋病运动”使东、西方传播学界对健康传播的关注从隐性到显性。我国健康传播研究活动有两种取向，分别是公共健康取向和传播取向。

朱庆生等[4]、陆江等[5]整理总结了我国健康教育发展的历史，对健康传播的媒体、教育机构、相关政策法规和效果等进行了梳理。韩纲[6]通过内容分析法对 1991—2002 年健康传播主要专业期刊上发表的成果进行回顾和分析，发现健康传播论文主要在医学、卫生期刊刊登，医学、卫生研究人员多于传播学者，主要研究方法是实证研究，主要议题是传播效果。李利群[7]认为健康传播在进行信息传递的过程中，存在“习得理论”“保护动机”等理论，运用相关理论进行健康信息传播，有利于提高劝服效果。喻国明等[8]认为我国健康传播研究实践应用导向明显，新闻传播学者不断发表成果。研究主题中艾滋病议题较多，研究对个人层级知识、态度、行为和人际传播的健康教育给予了较多关注，传播学者在研究中较少使用规范研究方法。徐伟[9]认为大众对各种健康信息的需求逐渐增加，这与我国社会发展和人民生活改善有关，政府对健康教育和传播的引导和扶持，以及相关产业与信息和知识的市场化运作等促使媒体关注和积极参与健康传播。此类研究总结了我国健

---

〔1〕 张自力．论健康传播兼及对中国健康传播的展望［J］．新闻大学，2001（3）：26－31.

〔2〕 张自力．健康传播研究的发展现状与趋势［C］//第六届亚太地区媒体与科技和社会发展研讨会，2008：540－545.

〔3〕 张自力．健康传播研究什么：论健康传播研究的 9 个方向［J］．新闻与传播研究，2005（3）：42－48.

〔4〕 朱庆生，殷大奎，彭玉，等．中国健康教育五十年［M］．北京：北京大学医学出版社，2003.

〔5〕 陆江，李裕峰．中国健康教育史略［M］．北京：人民军医出版社，2009.

〔6〕 韩纲．传播学者的缺席：中国大陆健康传播研究十二年一种历史视角［J］．新闻与传播研究，2004（1）：64－70.

〔7〕 李利群．健康传播运动中的健康风险信息理论研究［J］．现代传播，2005（3）：117－118.

〔8〕 喻国明，路建楠．中国健康传播的研究现状、问题及走向［J］．新闻与传播研究，2011（1）：12－13，21.

〔9〕 徐伟．大众传媒全面参与健康传播原因探析［J］．焦作大学学报，2011（4）：116－117.

康传播实践活动和研究活动的总体发展情况，有利于廓清我国健康传播研究概貌。

（2）媒体的健康传播研究。

我国媒体的健康传播研究多以疾病为主。公共卫生事件、艾滋病、戒烟等公共健康问题的研究是媒体健康传播研究的主要议题。张自力撰写的《健康传播与社会：百年中国疫病话语的变迁》一书从疫病防治的角度，选取有代表性的疫病防治事件，梳理了中国百年来的健康传播历程，凸显了传播与社会的互动。秦美婷等[1]通过对合肥高中生进行问卷调查，表明以日本核泄漏事件为主题的健康传播活动中，大众媒体尤其是报纸传播效果明显，满意度高。吴哲[2]、张朋飞[3]的研究主题为突发公共卫生事件和案例，杨艺蓓[4]关注同性恋的媒体报道，周薇[5]研究奥运期间媒体戒烟宣传等。此类研究关注公共健康中的重大或代表性议题，如艾滋病、禽流感、戒烟、现代病、非典、同性恋等，是健康传播中研究成果最多的领域。

有关健康生活方式的研究成果较少。陈玲[6]分析了电视媒介对食品健康问题的传播，将饮食话题引入健康传播领域。张传香[7]结合奥运会期间健康节目的热播，分析了我国举办奥运会与健康节目兴起的联系，认为健康节目发展中存在受众定位与观众的现实需求和内容以中医药为主的问题。北京奥运会的申办和举行推动了中国“健康传播”的发展，体育传播有利于受众接触健康传播，提高受众对健康信息的兴趣和认知。毕雪梅[8]针对健康传播的研究主要在医疗和传播领域，研究对象主要是疾病预防和治疗的问题，提出健康传播应该包括体育，这样才能达到提升全民健康水平的效果。

健康传播的媒介形式研究涉及大众传播的多种媒介。张群[9]以网络研究为主，

---

〔1〕 秦美婷，张蕾．大众媒体健康传播之调研：以日本核泄漏事件为例［J］．西南民族大学学报（人文社会科学版），2013（4）：153－158.

〔2〕 吴哲．公共卫生危机事件中媒体的健康传播［J］．青年记者，2012（7）：12－13.

〔3〕 张朋飞．突发公共卫生事件中的健康传播策略［J］．新闻窗，2008（6）：40－41.

〔4〕 杨艺蓓．偏见背后的鸿沟：从健康传播视角反思国内首对同性恋者结婚报道［J］．新闻前哨，2010（7）：12－14.

〔5〕 周薇．积极发挥健康传播在无烟奥运中的作用［J］．法制与社会，2008（3）：189－190.

〔6〕 陈玲．从食品健康传播看电视媒介的影响力［J］．新闻研究导刊，2011（6）：33－35.

〔7〕 张传香．北京奥运与健康传播节目的勃兴：以央视和北京电视台健康节目为例［J］．新闻爱好者，2009（1）：34－35.

〔8〕 毕雪梅．体育新闻学概论［M］．北京：北京体育大学出版社，2006：428－432.

〔9〕 张群．网络环境下我国健康传播体系研究［D］．北京：中国农业科学院，2011.

王积龙[1]、汤书昆等[2]则以健康类图书研究为主，姜思羽等[3]、张玮等[4]以健康类电视节目研究为主，孙艳[5]、梁琪等[6]、吴小坤等[7]以报刊研究为主，这些学者分别研究了不同媒介形式的健康传播。研究结果表明，各种媒体都积极参与了健康传播活动，而且研究成果丰硕，主要集中在报纸、网络、电视节目、杂志等媒介。近年来，网络健康传播研究成果增长迅速，王学成等[8]对上海居民进行调查，表明通过互联网进行健康传播，能够在网民健康信息收集，疾病发现、诊断和决策等方面产生影响。总体而言，我国网民对互联网健康传播的信息满意度较低，病人的医疗决策与互联网健康传播相关性较小。此类研究聚焦大众媒体中健康传播的现状和特点，并分析大众对健康传播的需求，分析对象有网络、电视节目、报纸、社区等，多采用调查和内容分析的方法。

关于健康传播媒体议题设置的研究文献回顾如下。黎莉[9]的研究认为，禽流感暴发时期，媒体采取的报道框架分为稳压、主题、边缘，3 个框架分别对应疫情的不同时期，媒体利用不同框架主题进行报道起到了稳定社会的良好作用。蔡月亮[10]通过实证研究，用框架理论分析报纸对艾滋病议题的报道。冯浩羽[11]通过对健康传播网络媒体的调查，用议程设置理论进行健康议题分析，认为网络是健康传播的重要媒体形式，给受众互动带来便利。但网络健康议题存在可信度、专业性和议程选择不均衡的问题。健康网站中有关性、减肥、美容、心理压力等议题占比较

---

〔1〕 王积龙. 欧美出版业健康信息的盈利模式 [J]. 西南民族大学学报（人文社会科学版），2010（10）：201 - 204.

〔2〕 汤书昆，秦美婷，朱巧燕. 健康传播类图书的市场特点研究 [J]. 中国出版，2006（12）：24 - 25.

〔3〕 姜思羽，宋永琴. 健康类电视栏目存在的问题及对策 [J]. 青年记者，2013（5）：25 - 26.

〔4〕 张玮，抗文生. 论电视健康传播与媒体责任 [J]. 现代视听，2008（11）：59 - 60.

〔5〕 孙艳. 健康类杂志传播与构建健康理念实证分析 [J]. 东南传播，2012（4）：70 - 71.

〔6〕 梁琪，莫扬. 中国报纸健康传播特点研究：对 6 家主流报纸健康新闻的内容监测分析 [J]. 医学信息学杂志，2007（6）：561 - 564.

〔7〕 吴小坤，吴信训. 新媒体对健康传播的新拓展 [J]. 新闻记者，2010（10）：43 - 47.

〔8〕 王学成，刘长喜. 互联网在健康传播、病患医疗决策中的作用与影响研究 [J]. 新闻大学，2012（1）：109 - 115.

〔9〕 黎莉. 危机报道的框架分析：以甲型 H1N1 流感报道为例分析 [M]. 东南传播，2009（7）：64 - 65.

〔10〕 蔡月亮. 报纸媒体艾滋病报道研究：以框架建构理论的观点 [D]. 兰州：兰州大学，2007：9.

〔11〕 冯浩羽. 解读网络健康传播中的议程设置 [J]. 福建师范大学学报（哲学社会科学版），2013，（1）：160 - 167.

大。李婉[1]用内容分析法，对河南省3份都市报中健康专版进行分析，报道主题包括：健康知识、医疗产品推介、公益活动、医界新闻、医患问答和医学新发现等。荀洁[2]选取新浪、搜狐和网易网站的健康频道，对其内容进行整理，认为作为大众的医学信息港——网站健康频道的内容存在“大而全”、注重生理而忽视心理、软性新闻多等不足，需要加强对网络媒体健康传播的监管，并引导大众的正确使用。此类研究分析了健康传播媒体对健康议题的建构，对网络健康传播中的内容问题提出质疑。

（3）述评。

总体来看，我国健康传播研究方兴未艾，成果日新，推动了健康传播理论的形成，并培养了大批致力于此领域的研究学者。健康传播领域的研究对我国健康传播媒体的发展和民众健康素养的提高有很强的实践、指导意义，促成了媒体对健康传播的关注，提升了媒体提供健康传播服务的水平，有利于国家健康政策的决策和国民整体健康水平的提高。

存在的问题：①研究主题有一定局限性。议题集中于艾滋病、戒烟、非典、同性恋、食品卫生、突发公共卫生事件，对健康传播的日常内容关注不够，将饮食、体育放入促进健康的社会、文化环境中进行分析的研究较少。健康是与生活息息相关的日常知识、行为和观念，是大众健康文化和生活方式的科学、合理指导。从健康四大基石（饮食、运动、心理、生活）角度所开展的研究较少，导致健康传播研究的成果下沉效果不佳，研究成果不能下沉到受众日常生活中去，受众从研究成果中的受益大打折扣。②研究理论不足。因为研究力量小和研究时间短的原因，健康传播研究的理论积累单薄，理论深度不够，现有研究多借鉴国外的健康传播理论、健康教育理论。社会学、历史学、文化学理论在健康传播研究中开花结果少，与研究理论的本土化结合才能产生聚合效应，催生大量高质量研究成果。③研究方法欠丰富。健康传播现有研究方法主要为内容分析和调查法等定量研究方法。健康传播的内涵丰富、形式多样，研究方法要与时俱进，吸纳、吸收多元方法，医学、传播学、社会学、公共卫生、公共政策、文化学等学科的整合交叉能使研究方法更加丰富。④横向研究多，纵向研究少。健康传播的横向研究较多，对我国健康传播的纵向梳理较少，尤其是对健康传播议题的发展历程研究更少。产生上述问题的原因：

---

〔1〕 李婉. 大众传媒在健康传播中的角色：兼析河南三家都市报的健康专版［J］. 新闻爱好者，2008（1）：27－28.

〔2〕 荀洁. 大众的医学信息港以健康传播视角考察网站健康频道内容的不足［J］. 东南传播，2012（11）：31－35.

学术界引入健康传播理论时间较短，研究理论和研究方法积淀不足；研究主要力量来自公共医疗卫生学者和传播学者，对生活方式的研究重视程度不够；体育、心理等领域的研究尚未涉足健康传播领域，学术力量对此类问题鲜有研究。

1.5 研究对象

本书将健康传播作为研究场域，以健康类平面媒体为研究重点，从该类媒体的健康传播议题的变迁、设置和呈现入手，总结健康传播议题的演变过程和规律，分析议题建构的影响因素，根据对健康类平面媒体的分析总结得出启示，延伸到其他类型的健康类媒体，提出健康传播议题优化方向。概而论之，本书以健康类平面媒体的议题变迁及其对当代媒体健康传播议题启示为研究对象。

媒体在社会中承担了重要的角色，产生了惊人的效果。因为媒体的功能多样，媒体在社会中所处的结构多样，人们对媒体的需求多样，所以媒体的数目多如牛毛，对媒体的研究成为工作量巨大、考量因素繁多的苦差事。根据研究的需要和作者能力有限，本书以专业的健康类媒体所传播的健康传播内容为主要考察对象。“健康传播的专业媒体”并不是一个严谨的学术名词，甚至不是专有名称，可以理解为“从事以健康信息传播为主的媒体”，此类媒体有关于健康的固定版面、栏目，而且这些版面和栏目已经成立或发展了一段时间，形成了稳定的传播习惯。根据这样的操作定义，本书将专业媒体框定为以下两类：一是指以健康、生命、养生、医疗等名称命名的专门媒体，如《健康时报》《健康报》；另一类指综合媒体的健康版块或频道，如中央电视台科教频道的《健康之路》节目，搜狐网站的“健康频道”等。但两类媒体须同时满足一些限定条件：媒体所定位或面对的受众范围广；提供的健康信息全面，通俗易懂，能为普通大众所理解。这些条件，进一步将考察对象范围缩小，进入研究视野的媒体主要指面对大众的，以大众健康信息为主要内容的媒体，而不是仅针对某一类信息，如食品、运动、心理等单一信息的媒体，更不是专业性较强的医药、卫生、食品、运动、心理等学术期刊、网站，如《糖尿病之友》杂志、《心血管康复医学杂志》、中国糖尿病网、中国养生食品网等。这些媒体受众面较窄，受众或罹患病痛或具备专业知识和学科背景，而且媒体发行量小、发行周期长，不作本研究中媒体考察对象。

健康类媒体是健康传播的主要力量，有研究通过选取报纸上 2000—2007 年有关乳腺癌的报道，发现健康类报纸报道的数量占总数的 73.2%，普通报纸报道的数量占总数的26.8%[1]。普通大众类媒体往往借鉴健康类媒体的稿件和报道，尤其是专业性强的健康知识、技能等内容。有研究认为，影响媒体议程的一支很重要的力量来自其他媒体的内容。特别是精英媒体，如《纽约时报》，它似乎能为其他媒体设置议程。丹尼利恩和瑞斯称这一现象为媒体间议程设置[2]。因为健康内容的专业性极强、关系重大，话语权十分集中，与医药卫生部门和饮食营养、心理、运动专家联系紧密的专业健康类媒体自然拥有明显优势，一些有优质医药资源的媒体成为健康传播的精英媒体，通过媒体间议程设置的效用而影响其他健康类媒体和普通大众媒体。因此，健康类媒体的传播议题、内容、取向能够代表我国健康传播媒体的总体情况。

我国的健康传播媒体发展历程较短，初期媒体形态单一，以报纸、杂志和广播为主，面向大众的健康类媒体十分有限；改革开放后电视媒体得到普及，报纸、杂志等发展迅速；21世纪以来，网络、手机等媒体引领了媒体革命，传统媒体受到冲击，报纸、杂志与网络的媒介融合成为大势所趋，媒体形态日渐丰富。在我国健康传播媒体的整体发展历程中，健康类平面媒体出现最早，历时最长，发展最充分，影响力最大，对健康类平面媒体的议题研究能较全面地呈现议题的历史变迁。就研究资料的可获得性而言，平面类媒体的资料保存性好，查阅便利，文本解读方法成熟。综上所述，对健康传播媒体进行历时跨度长、量化质化相结合的研究，以平面类媒体为研究对象是明智的选择。

1.6 研究理论

本书旨在通过梳理媒体健康传播议题的演变，总结现状，并讨论议题的合理结构，提出议题优化策略。研究的核心与主干是围绕什么力量影响媒体对健康议题的设置和媒体对健康议题如何设置展开的。因此，关于影响媒体议题设置因素的理论和媒体如何设置议题的理论对本书所述研究有较强的理论指导意义。

关于议题如何设置和生产有两个相似理论：议程设置和框架理论。议程设置理论说明媒体的健康传播议题和内容的数量与方向能够对大众产生长期的、宏观的影

[1] 高越．我国报纸乳腺癌报道内容评估：以健康传播为视角、恐惧诉求模型为指向［D］．上海：复旦大学，2008：12.

[2] 赛佛林，坦卡德．传播理论起源方法与应用［M］．郭镇之，等译．北京：华夏出版社，2000：263.

响。媒体通常采用知觉、显著性、优先顺序 3 种机制来设置和生产议题。框架理论认为媒体对议题的设置和生产有惯常的框架，采用“界限”和“架构”的模式，以“选择”和“凸显”议题，从而影响受众。框架理论是议程设置理论的延伸。本书重点在于通过媒体健康传播议题的数量与方向，分析媒体对议题的设置和选择，因而主要采用适用于宏观把握的议程设置理论。

关于影响媒体议题设置的理论主要是媒介社会学理论。媒体的议题是怎样产生、受什么因素制约是媒介社会学的研究领域。媒介社会学作为“以社会为中心”的理论正是针对这一问题而提出的，该理论以社会学视角分析媒介议题选择、设置和呈现等行为。本书利用媒介社会学理论分析政治、经济、文化、科技等因素对媒体健康传播议题的影响。

1.6.1 议程设置理论

议程设置理论是研究媒体宏观传播效果的经典理论，考察整体的大众传播过程中具有较长时间跨度的一系列报道活动所产生的中长期的、综合的、宏观的社会效果。该理论指出媒体通过对议题的设置，表现出不同议题的取向和数量，能够影响大众对事物的关注和看法。议程设置理论源于李普曼的著作《舆论》，该书提出“拟态环境”和“刻板成见”思想。学者科恩指出，媒体对影响受众“怎样想”方面难以奏效，但对影响受众“想什么”却效果显著。议程设置认为，媒体通过“议题”的选择、编排、发布与讨论等传播行为，可以影响受众的“议题”，从而影响社会的公众议题，产生影响力巨大的宏观层面效果。基于心理学的“刺激—反应”理论，这种现象可以得到解释：受众受到媒体信息的刺激，从而产生相应的反应，这种反应使受众关注某方面信息，讨论某些主题，并形成一定的社会舆论，而忽略了其他的、没有见诸媒体的主题。但由于受众固有的认知结构、文化水平和行为习惯的不同，媒体对受众的影响并不是“应声倒地”的魔弹效果，而是一种“靶向性”的指引，因此学者科恩指出，议程设置并不能决定人们怎么想，却能影响人们想什么。

一般情况下，传播效果分为认知、态度和行动 3 个层面，议程设置功能作用于这个过程的最初阶段，即认知层面的阶段。议程设置功能暗示了传播媒介是从事“环境再构成作业”的机构。议程设置理论指出媒介对议题产生影响有知觉模式、显著模式、优先模式，即“0/1”效果、“0/1/2”和“0/1/2/…/n”。“0/1”效果指的是媒体报道或不报道某个“议题”，会影响到公众对少数议题的感知。“0/1/2”

效果指的是媒体对少数议题的突出强调，会引起公众对这些议题的突出重视。“0/1/2/…/n”效果指的是媒体对一系列议题按照一定的优先次序所给予的不同程度的报道，会影响公众对这些议题的重要性顺序所做的判断[1]。学者郭镇之曾指出议程设置研究的新进展，包括对议题的属性研究[2]。“属性”（attributes）就是可以用来描述议题的很多特征和特性。当新闻媒介报道一个客体时，客体的一些属性被突出强调，而另一些属性则被一带而过。对议程中的每一个客体而言，其都有一个属性议程，而这个属性议程会影响到我们对该客体的理解[3]。在传播过程中，这些视角及其每日设置，吸引人们注意一部分属性，而抛弃另外一些属性[4]，从而影响人们的认知和态度，这就是媒体的议题属性设置（attribute agena setting)。2002 年，有学者对议题属性设置理论做出了概括并进行了实验论证，认为议题属性设置理论修正了科恩的经典假设，指出媒介不仅能告诉人们想什么，而且能告诉人们怎么想[5]。

框架理论与议程设置理论在理论基础和方法上有相同之处。近年来，框架理论成为传播学研究热点。该理论与社会学和心理学有一定渊源，公认框架理论来源于社会学家戈夫曼的框架分析，他指出人们认识和解读世界是通过一定的“框架”来实现的，框架是人们看待事物时的心理原则与主观过程，框架是一种认知结构，能够使它的使用者定位、感知、确定和命名那些看似无穷多的具体事实[6]。20 世纪 80 年代，框架理论被引入传播学研究中，用于媒体议题的选择取向和构建方式研究。有学者认为框架是一种持续不变的认知、解释和陈述框式，也是选择、强调和遗漏的稳定不变的范式[7]。媒体按照一定的框架，进行内容生产和议题建构，并将这种框架“套嵌”入日常的习惯中，如此便形成一种生产范式和“常态”。媒体在这种“常态”下对媒介内容进行“界限”和“架构”。盖姆森将框架分为两个层次：界限和架构[8]。“界限”就像取景框，决定了议题的取舍；“架构”是意义建

---

[1] 董璐. 传播学核心理论与概念［M］. 北京：北京大学出版社，2008：52.

[2] 郭镇之. 关于大众传播的议程设置功能［J］. 国际新闻界，1997（3）：18－25.

[3] 麦克斯韦尔－麦考姆斯，郭镇之，邓理峰. 议程设置理论概览：过去，现在与未来［J］. 新闻大学，2007（3）：60－72.

[4] 彭泰权. 大众传播的议题属性设置效果［J］. 国际关系学院学报，2003（5）：50－53.

[5] 包晓云. 农民工报道中属性议程设置的变化［J］. 西南民族大学学报，2005（9）：212－215.

[6] GOFFMAN E. Framing analysis：An essay on the organization of experience［M］. New York：Harper&Row Press，1974：21.

[7] GITLIN T. The whole world is watching：mass media in the making and（un）making of the new left［M］. Berkeley：University of California Press，1980：6－7.

[8] 孙彩芹. 框架理论发展 35 年文献综述［J］. 国际新闻界，2010（9）：18－24，62.

构和呈现。总之，媒体通过“界限”来“选择”议题，通过“架构”来“凸显”议题。因此，有学者称框架理论的中心问题是媒介的生产，即媒介怎样反映现实并规范人们对其所产生的理解[1]。传播学领域关于框架理论的应用，有纵向和横向两种取向，分别以事件发展时间顺序和不同媒体的对比作为研究路径，研究方法多采用以媒介内容为基础的实证研究方法。媒介生产的产品可以用量化指标来分析，包括内容的议题、数量、篇幅、取向、方式等。也有研究属于质性研究，即分析媒体框架对事件和议题的意义如何阐释和建构。有学者指出框架理论的研究领域包括议题、话语和意义是如何被准确建构、组织并得以展开的[2]。

本书以媒体健康传播议题为研究对象，因此主要就版块主题和不同议题文章数量进行考察，并结合部分议题的属性分析媒体议题设置的方向。议题来自影响健康、促进健康的因素。媒体的框架是疾病医药、饮食、心理和运动等手段对议题的选择。媒体通过议程和框架设计影响受众的认知、态度甚至行为，议程和框架的存在赋予媒体塑造世界的权力。对于这一点，议程设置和框架理论都验证无误。但重要的是，媒体议程、议题和框架是怎样产生的，谁来设置媒体议程，谁来影响媒体的框架，这实际上已成为一个更重要，也是更大范围的问题。有研究将媒体的框架来源作为研究重点。吉特林[3]认为政治意识形态对新闻话语生产和框架产生影响。尽管框架理论对媒介生产采取了开放的态度，将特定语境、政治、经济、文化等作为框架来源，作为影响媒体的因素，但框架理论关于媒体与社会之间的复杂关系，缺乏理论建构和研究范例。多种力量左右着媒体议题和内容。这一问题涉及时常被称为媒体社会学的内容，也是最近许多研究理论探讨的主题[4]。

1.6.2 媒介社会学理论

“传播学之父”施拉姆说过，大众媒介只在地球上生命的漫长一天的最后时刻才开始被利用。虽然它出现晚，但它对社会产生的巨大震撼效果却是史无前例的。媒介一经出现，就参与了一切意义重大的社会变革——智力革命、政治革命、工业革命，以及兴趣爱好、愿望抱负和道德观念的革命。信息状况的重大变化、传播的

〔1〕 黄旦．传者图像：新闻专业主义的建构与消解［M］．上海：复旦大学出版社，2005：231－232.

〔2〕 黄旦．传者图像：新闻专业主义的建构与消解［M］．上海：复旦大学出版社，2005：2.

〔3〕 GITLIN T. The Whole world is watching：mass media in the making and making of the new left ［M］. Berkeley：University of California Press，1980：6－7.

〔4〕 赛佛林，坦卡德．传播理论起源方法与应用［M］．郭镇之，等译．北京：华夏出版社，2000：263.

重大牵连总是伴随着重大的社会变革[1]。媒介的功能是媒介存在的价值和理由。学者对大众媒介功能的研究是传播学研究中开展较早的领域。拉斯韦尔认为媒介具备3个基本功能：监视环境、联系社会各个部分以适应环境、传承社会遗产。赖特认为媒介兼具娱乐功能，施拉姆把经济功能补充进来，将大众媒介的功能总结为政治、经济和一般社会功能。媒介功能如何实现呢？媒介作为信息的载体，其产生社会影响力、实现媒介功能的重要途径是信息的传递，因此，信息即内容是媒介的核心价值所在。媒介内容被反复使用，塑造了社会生活的模式。我们围绕着大众媒介规划我们的闲暇时间，构建我们的生活方式、话题和一切可能的行为方式[2]。内容对于媒介的重要性，无论如何强调都不为过。

媒介存在是为了生产、传播内容，是为了用其所传播的内容来达到目的和效果，包括政治、经济、文化和社会目的等。因此，传播的效果主要依赖于媒介所承载信息本身的数量和质量，包括信息的主题、信息量的多少、意义的建构和框架及程度的强弱等。对媒介的研究，总离不开媒介中的信息内容本身。对大众传播研究的角度多种多样，但对媒介传播内容的研究始终热度不减。

对内容的研究，不能只见树木，不见森林。内容是在社会环境中生产、编码的，又是在社会环境中接收、解码的。关于媒介和社会之间的关系与互动的研究是媒介社会学所关注的领域。媒介社会学就是从内容出发，扩展到媒介组织和社会环境的跨越微观与宏观的交叉学科。媒介社会学是一门把媒介研究和社会学研究结合起来，从社会学角度研究媒介行为和传播现象的学问[3]。媒介与社会的关系复杂多变，难以框定。但是，社会与媒介产生交集和扭力的结果，最终会体现到一种媒介产品上，这种产品是媒介与社会协商、合谋的结果，这种产品就是媒介内容。媒介内容的制作、生产环境并不是封闭的，不是媒介组织闭门造车的结果。内容制作与媒介所处的社会结构有关，本书用结构理论和方法探讨内容生产问题，主要是集中在社会结构和媒介系统对内容类型的影响上。结构方法的出发点是“社会中心论”，而不是“媒介中心论”，它的首要关注目标则包括媒介系统和组织，以及它们和社会的关系[4]。

媒介社会学家舒梅克和里斯讨论了关于结构和组织因素影响媒介内容的5个主

---

〔1〕 施拉姆，波特．传播学概论［M］．李启，周立方，译．北京：新华出版社，1984：12.
〔2〕 麦奎尔．麦奎尔大众传播理论［M］．崔保国，李琨，译．北京：清华大学出版社，2010：4.
〔3〕 张宁．媒介社会学：信息化时代媒介现象的社会学解读［M］．广州：中山大学出版社，2010：14.
〔4〕 麦奎尔．麦奎尔大众传播理论［M］．崔保国，李琨，译．北京：清华大学出版社，2010：10.

要假设：内容反映了真实的社会；内容受到媒介工作者的社会性与态度的影响；内容受到媒介组织常规的影响；内容受到社会机构与社会力量的影响；内容是意识形态的工具，目的是要维持现状[1]。媒介社会学的研究倾向近年来产生了重要的影响。20世纪90年代以来，以法国学者皮埃尔·布尔迪厄等提出的“媒介场域”概念为中心的新闻社会学研究新范式引领了媒介社会学的典范研究[2]。布尔迪厄[3]所做的《关于电视》的演讲，颠覆了人们对媒介，尤其是电视的传统认识。他认为电视的影响力已深入社会的“骨髓”，电视产业受到资本（资本包括政治资本、经济资本和文化资本）的控制，成为收视率的奴隶。通过收视率这一压力，经济在向电视施加影响；而通过电视对新闻场的影响，经济又在向其他报纸、渐渐地被电视问题所控制的记者施加影响。

在传媒大鳄呼风唤雨的今天，媒介作为产业是富可敌国的经济组织。其他学者也指出：如果不考虑媒介产业存在的社会、经济和政治背景，我们就不能充分了解它[4]。麦奎尔从媒介社会学视角绘制了媒介组织的社会影响因素图[5]。

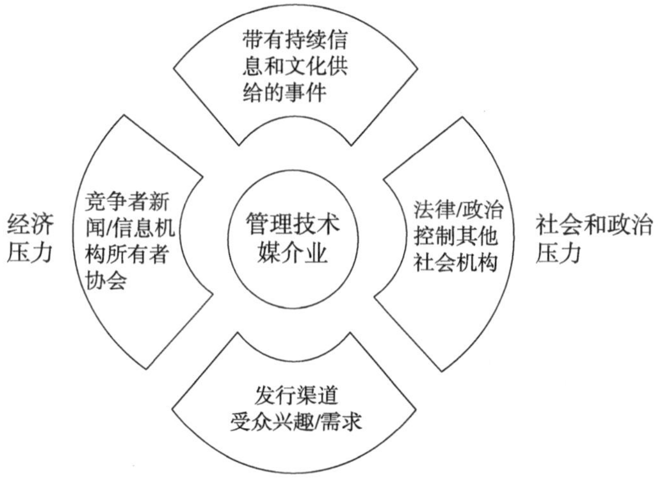

图1－2 媒介组织的社会影响因素图

从图1－2中可以看出，媒介组织的社会影响因素可以分为5个部分：社会和政

[1] 麦奎尔．麦奎尔大众传播理论［M］．崔保国，李琨，译．北京：清华大学出版社，2010：223.
[2] 克罗图，霍伊尼斯．媒介·社会［M］．邱凌，译．北京：北京大学出版社，2009：2.
[3] 布尔迪厄．关于电视［M］．许钧，译．南京：南京大学出版社，2011：83.
[4] 克罗图，霍伊尼斯．媒介·社会［M］．邱凌，译．北京：北京大学出版社，2009：26.
[5] 麦奎尔．麦奎尔大众传播理论［M］．崔保国，李琨，译．北京：清华大学出版社，2010：226.

治、经济、事件、发行与受众、管理与技术。其中，社会和政治压力与经济压力是影响媒介组织的主要压力来源。巴勒特[1]也给出了媒介与社会关系的结构图，如图 1－3 所示。他认为媒介机构受到 7 个方面的影响。

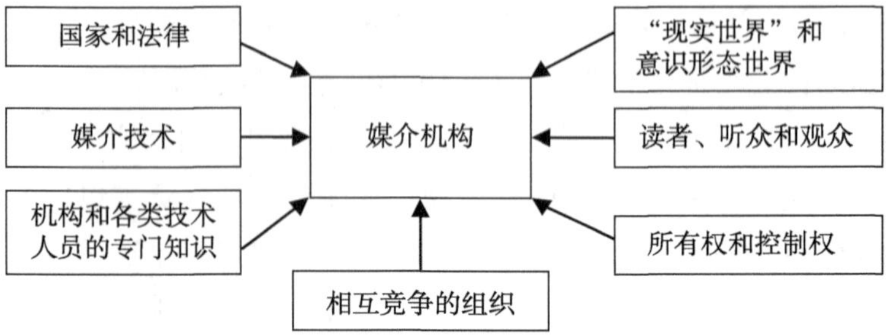

图 1－3　媒介与社会关系结构图

我国学者关于媒介与社会关系的研究，也有类似观点。支庭荣[2]的传播生态学理论把影响媒介的传播生态分为原生态、内生态、外生态。原生态是媒介的管理、技术和专业性等内容；内生态是事件、信息、文化供给和受众需求；外生态是经济、社会和政治压力等。邵培仁[3]的媒介生态学理论讨论了媒介作为生态环境中的一员，不是封闭的孤岛，而是处于生态链条中的。媒介生态学是指用生态学的观点和方法来探索和揭示人与媒介、社会、自然四者之间的相互关系及其发展变化的本质和规律的科学。

上述观点，都将媒介看作自然与社会有机系统中的一环，媒介与其他因素相互作用，相互影响。

在现代社会，疾病和健康不仅是一个生物学概念，而且是一个关于社会各个方面的事件。疾病、健康与个人行为、美德发生了关联，决定了社会、经济、政治对疾病的反应模式[4]。因此，在健康传播活动中，媒介所从事的健康信息生产也受制于媒介组织的内部和外部因素，受社会环境的影响。采用媒介社会学视角，根据健康传播的特点，研究认为影响媒体健康议题的因素包括政治、经济、文化、社会、科技、受众、媒介和媒介工作者。外围的多种环境因素，通过对媒介组织和工作者施加影响，而影响到媒介内容的生产和媒体中健康议题的设置。

---

〔1〕 巴勒特．媒介社会学［M］．赵伯英，孟春，译．北京：社会科学文献出版社，1989：56.
〔2〕 支庭荣．大众传播生态学［M］．杭州：浙江大学出版社，2004：11－13.
〔3〕 邵培仁．媒介生态学［M］．北京：中国传媒大学出版社，2008：5－6.
〔4〕 王一方．中国人的病与药［M］．北京：当代中国出版社，2013：87.

政治因素主要包括卫生、体育政策和媒介政策。健康传播的政治影响因素主要体现在卫生部门发布的医药卫生政策、体育部门发布的体育政策，以及其他关于改善民众健康状况的法规、指导性文件和倡议等方面。这些政策、法规、文件等规范健康知识、指导健康行为，从而影响了健康传播的内容。每个国家对媒介和宣传的管理和控制都不会掉以轻心，往往通过政治体系制定的法律、管理办法与政策，向媒体渗透政治意图与利益。考察中国媒介制度变迁的过程，我们可以清楚地发现，政府是所有行为主体中最为重要的行动集团，政府的行为直接影响着中国媒介制度变迁的路径〔1〕。媒介政策包括：媒介体制，所有权，有关法律、规章和制度等。

经济因素：媒介是信息产业中的一员。在改革开放后，媒介的经济功能得到认可，释放出巨大的经济能量。作为理性的经营组织，媒介追求经济利益。健康传播的经济影响因素主要包括：媒介财政制度，经济运作，广告客户及医疗保健、食品和运动等有关产业的发展情况。

文化因素：媒介所呈现的内容，包括文本、图像、语言等，它既是文化的传承者，也是文化的缔造者和生产者。媒介内容的编码与解码都是在一定的意义空间中进行的。健康传播的顺利实现，离不开社会中关于生老病死、医药卫生、生活保健的文化语境。

社会因素：社会事件、社会团体和组织与媒介形成合作与互动，对媒介内容进行一定的监督和反馈，影响媒介的传播活动。健康传播受到公共卫生事件、医学组织机构和公共组织等影响。

科技因素：健康信息的传播内容发起者主要是医药卫生人员，他们拥有无可争议的话语权，具有专业优势的“光环”，是健康信息的绝对“发源地”。医药科技与媒体技术的发展影响健康传播内容设置与呈现。

受众因素：受众是媒介传播的接收终端。健康传播的最终目的是影响受众对健康的认知、态度和行为。而受众的健康信息需求、理解能力和接受情况及受众的意见又会反过来影响媒介的健康传播内容。

媒介和媒介工作者因素：媒介系统本身的环境包括从外到内、从大到小的多种因素，媒介与媒介之间的竞争，媒介内部组织、制作惯例和媒介工作者。媒介健康传播活动离不开媒介从业人员、组织，与不同媒介间的竞争有关。

---

〔1〕 潘祥辉. 中国媒介制度变迁的演化机制研究：一种历史制度主义的视角［D］. 杭州：浙江大学，2008：100.

总之，媒介社会学视角为我们理解媒介的行为提供社会语境。研究采用媒介社会学视角，旨在将媒介对健康议题的设置与传播活动，置于社会、文化、政治、经济的背景里，从社会学角度分析媒介关于健康的传播取向和议题选择，从而更全面、深入地解构媒体健康传播。研究从宏观社会背景、中观媒介环境、微观媒体议题设置和框架 3 个层面进行媒体健康传播解析。

1.7 研究方法

笛卡尔曾经说过，最有价值的知识是关于方法的知识，只有掌握了正确的方法，才能无限可能地去接近真理，方法决定了一个研究者是接近事物或现象的本质，还是与事物或现象的本质背道而驰。方法的适宜、正确与否，决定了研究项目的可信和有效程度。健康传播历来是一个实践性很强的学科。由于健康问题涉及身体、心理和社会关系等因素，健康传播以传播有关健康的信息为核心工作，研究关注媒体的健康传播内容，对媒体健康传播内容进行搜集整理，采用量化与质性的方法发掘媒体健康传播内容所呈现的规律与偏好，并进行解析。

1.7.1 文献资料法

文献资料法是通过回顾有关问题的各种文献，了解该领域的研究现状、成果、理论和方法。笔者查阅大量健康传播文献，包括专业书籍、有关论文和官方资料等（前文研究综述部分已有说明），内容涉及健康传播、健康教育、健康促进、大众传播等，梳理健康传播研究的现状、发展，重点对媒体健康传播研究进行研读，了解国内外相关研究的成果和前沿动态，对比其理论范式和研究取向，从而对该类研究形成整体框架，廓清研究问题、对象与思路。

笔者在国家图书馆、山西省图书馆和部分媒体官方网站，查阅我国有代表性的健康传播媒体，其中报纸有《健康报》《健康时报》等，杂志有《大众医学》《中国家庭医生》等，电视节目有《健康之路》《养生堂》等，以及部分广播等资料；对健康传播媒体的有关文章、节目进行分类、整理，对典型文本进行细读，分析健康传播媒体的议题，提炼议题特征，把握议题的变迁和现状。

1.7.2 内容分析法

内容分析是对文献内容进行整理、分析的方法之一。文献研究是社会科学研究中的重要方式，主要对现有资料进行研究，相比于调查、实验等方式，具有间接性、无干扰性等特点。有学者称内容分析是对各种信息传播形式的明显内容进行客观、系统、定量的描述与分析[1]。内容分析的基本目标通常是决定内容中某一项目的频数，或者决定某一类别在整个内容中所占的比例等[2]。在大众传播领域中，内容分析法较为常用。有研究描述了内容分析的目的，把媒介内容的特征与现实世界相对应的特征进行比较[3]。但内容分析并不只停留在对媒体"表面表述"内容的统计上，不止步于简单测量和描述。在进行量化研究的同时，也可以结合逻辑分析和文本分析，发掘内容背后隐含的价值与意义。有学者指出内容分析并非一种纯粹的定量分析，它是以传播内容"量"的变化来推论"质"的变化，因此可以说是一种"质"与"量"并重的研究方法[4]。本研究将内容分析作为以量化为主的研究方法，与下文中的文本分析方法互补，结合量化与质性研究的方法，充分挖掘和整理健康传播议题量化数据及其所处的社会、历史语境。

1.7.3 个案研究法

个案研究突出个别案例的细节，将焦点集中于选定的人、事件或组织等对象，能够较深入、全面地研究现象，洞察本质，获得丰富、生动、详尽的资料。本书根据媒体的影响力选定典型媒体作为个案，因研究精力的限制，议题变迁和现状部分分别以《大众医学》杂志、《健康之路》栏目等作为个案，对个案的议题选择、组织编排、版块构成和文本建构进行调查，深入、全面、详细地分析健康传播议题的演变和现状。研究者与《大众医学》杂志、《健康之路》栏目部分编辑（编创人员）进行接触，就媒体内容制作、选题、发行量（收视率）、读者（观众）构成等问题搜集资料，重点分析杂志和栏目中议题的设置、变化。研究者还向与《健康之路》栏目合作的国家体育总局宣传司、体育科学研究所部分专家进行咨询，了解合作情况。

---

〔1〕 风笑天. 社会学研究方法［M］. 北京：中国人民大学出版社，2011：234.

〔2〕 同〔1〕。

〔3〕 泰勒，威利斯. 媒介研究：文本、机构与受众［M］. 吴靖，黄佩，译. 北京：北京大学出版社，2005：41.

〔4〕 杨国枢，文崇一，吴聪贤. 社会及行为科学研究法［M］. 重庆：重庆大学出版社，2006：651.

1.7.4 文本分析法

文本指由书写而固定下来的语言[1]。媒体中的作品包括声明、文章、动态性记载等。作为语言的有机整体，文本可以超出文本语境，表现出更广泛、更重要、更奇特的意义。媒介文本及其内容，可能已不是作者要说的东西，因为语言和图像可能延伸出作者想不到或不想说的境况。媒介文本意义的表现方式可分为深层的暗示和表层的阐释[2]。

本书对健康传播中出现的典型文本进行分析。研究者选取有代表性的媒体健康传播文本，包括媒体的重要声明、通知、头版、社论、发刊词、文章等，通过对媒体文本的表层文字进行整理、挖掘，分析文本的背景、结构等特征，诠释文本的深层暗示及隐喻。文本分析通过符号学视角，透视符号及文本的表层意义，探讨符号背后的深层意义和背景，结合社会学、传播学、文化学等理论，解析健康传播议题变迁、建构所处的社会环境和媒介环境等，解构产生健康议题质性或量化改变的政治、经济、社会和文化根源。

---

〔1〕 张汝伦. 意义的探究：当代西方释义学［M］. 沈阳：辽宁人民出版社，1986：248.
〔2〕 刘建明. 媒介批评通论［M］. 北京：中国人民大学出版社，2012：179－181.

2 健康类平面媒体的议题变迁

疑今者，察之古；不知来者，视之往。狄尔泰曾说过，人只能通过历史，而不是通过反省认识自己。健康传播的发展历史及议题变迁研究，有利于我们在一定的时间跨度中把握健康传播的兴衰起承，为趋势判断和分析评判提供帮助。

本章通过个案的内容分析和历史文献的整理，分析我国健康类媒体在进行健康传播活动中议题的历史变迁，总结议题的变化规律：首先，根据我国健康教育的已有研究成果和媒体发展情况，总结媒体健康传播发展总体概况，并进行阶段划分；其次，对典型个案关于健康议题的设置情况进行内容分析，客观、系统、量化地呈现议题变化；再次，结合历史文献资料的质性分析和个案分析，归纳议题的阶段性特征；最后，对媒体健康传播议题的变迁进行总结。

2.1 健康类平面媒体的发展概况及阶段划分

健康传播古已有之，远古时代人们口耳相传有关健康的信息。我国的古代典籍中有大量养生、保健的文字记载。但通过媒体进行面向普通公众的健康信息传播活动，出现较晚。陆江等[1]在其著作《中国健康教育史略》中将健康教育的阶段划分为：1912 年以前的发端时期；1912—1949 年的兴起时期；1950—1959 年的发展时期；1960—1976 年的低谷时期；1977—1982 年的复兴时期；1983—1989 年的转型时期；1990—2008 年的兴盛时期。健康传播是健康教育的组成部分，本书作为后续研究，将健康教育中的媒体健康传播剥离出来，作为主要研究领域，参照重要历史节点（中华人民共和国成立、“文化大革命”、改革开放）、社会变革（医疗卫生改革、居民健康状况改变、国民生活水平提高）、媒体生态改变（电视、网络等媒介样式出现，媒体数量显著增加等）等考量维度，通过整理列出我国健康类媒体发

〔1〕 陆江，李裕峰. 中国健康教育史略［M］. 北京：人民军医出版社，2009：1－3.

展阶段，见表2－1。

表2－1　我国健康类媒体发展阶段划分

时间	阶段	参与健康传播的大众媒体	主要标志
晚清—1949年	发端	清末才有大众报刊、书籍，民国时出现广播	报刊、电台初露端倪，《健康报》《大众医学》等创刊
1950—1959年	初步发展	报刊、广播、书籍	中华人民共和国成立卫生宣传机构，报刊数量增多
1960—1976年	低谷	报刊、广播、书籍、电视	大量报刊停刊
1977—1999年	快速发展	报刊、广播、书籍、电视	报刊复刊、创刊，广播、电视栏目重现
2000—2014年	多元竞争	报刊、广播、书籍、电视 网络、新媒体	“两办通知”[1]后，大量刊物创办，养生节目增加 网络健康传播媒体出现

历史是延续不休的整体，是时间、事件的有机结合。对历史阶段的划分难以精确、一致。针对我国媒体健康传播的具体情况，本书所述研究选取标志性的历史节点和社会变革往往会影响整个国家、社会的发展进程，影响政治、经济、文化等社会环境，当然也会影响民众的生活、生存状况和他们的健康状态，影响媒体对健康问题的传播态度和取向。媒体生态改变会影响媒体的竞争态势，对媒体的经营活动、媒体定位和健康传播议题设置等活动产生影响。

我国古代的医学、养生书籍记载有健康信息，但只限于从事中医研究和行医的专业人员间流通使用，影响范围很窄。清末受到西方文明的冲击，一些外国传教士、医生和中国开明人士开始在中国传播西方医学，翻译、印制书籍，出版报纸、杂志等。1886年国人自办《医学报》，1908年出版《卫生白话报》（月刊），但面向大众的读物十分少见，且发行时间短暂，难以产生较大影响。民国时期，国民政府建立了专门的卫生司（后改为卫生部、卫生署），颁布有关法规，并设立健康教育委员会，成立研究机构、培养专门人才，发行卫生报刊、出版医学科普读物，大力宣传卫生知识。但发端阶段的健康传播媒体命运多舛，发行没有规律，留存下来的媒体较少，《健康报》《大众医学》在这一时期创刊，并发行至今。

中华人民共和国成立后，我国重视公共卫生和国民健康，建立了卫生部门，并

[1] 1999年末，国家发布《中共中央办公厅 国务院办公厅关于调整中央国家机关和省、自治区、直辖市厅局报刊结构的通知》，简称“两办通知”。

于1951年成立了专门的卫生宣传机构，在党和政府的关照下，媒体健康传播取得巨大发展。卫生部门、教育部门、体育部门重视媒体的健康传播，积极利用各种媒体宣传卫生与健康知识，为国家建设、人民幸福提供健康保障，代表性的媒体有一报一刊（《健康报》《大众医学》）、广播（中央人民广播电台《讲卫生》节目）、电视（《医生的话》栏目）、卫生影视、展览、美术等。

从1960年开始，我国进入困难时期，部分卫生科普、健康媒体受到挤压，被迫停办，“文化大革命”时期，健康类媒体的健康传播活动进入低谷，在曲折中前行。

经历了“文化大革命”的低谷，改革开放后，卫生状况明显改变，人民生活水平显著提高，疾病发生谱系变化，人民对健康信息的需求日益增长。从1978年开始，《健康报》《大众医学》等停办的刊物开始复刊，并且相关部门陆续创办了许多新报纸、新期刊，广播、电视等健康类节目增多，健康传播媒体种类丰富，迎来了媒体健康传播的迅速发展。

2000年农村居民恩格尔系数降至50%以下，城镇居民恩格尔系数降至40%以下，城乡居民在2000年达到富裕和小康水平，人民生活水平迈上新台阶。1999年末，《中共中央办公厅、国务院办公厅关于调整中央国家机关和省、自治区、直辖市厅局报刊结构的通知》决定对全国报刊进行调整。报刊市场化进程加快。2000年，以《健康时报》（人民日报社主办）为代表的新健康类报刊大量出现，尤其是杂志于这一年出现了创办高峰，达21种〔1〕。电视作为当时人民群众接触最多、影响最大的媒体形式，出现了养生节目热潮，良莠不齐的节目一时间充斥于荧屏。21世纪是网络信息爆发的时代，健康类网站数量众多，海量存储和灵活互动的优势，让网络成为人们接触、搜寻健康信息的重要渠道，健康类网站的影响力越来越大。健康类媒体在媒体种类和数量上都达到了中华人民共和国成立以来的顶峰，呈现多元化发展、激烈竞争的态势。媒体健康传播日益成为人们了解健康知识、改变态度和行为、提升健康水平的重要力量。

2.2 健康类平面媒体的议题内容分析——以《大众医学》为个案

媒体是庞杂丰富的系统，有难以“一言以蔽之”的复杂生态环境。媒体形态不

〔1〕 陆江，李浴峰．中国健康教育史略［M］．北京：人民军医出版社，2009.

同，其传播内容、偏好、特征等存在差异。纷繁复杂的媒体系统或生态，是由众多媒体个案构成的，对典型个案的解构与分析，能够见微知著、以点带面、洞悉复杂媒体系统的规律。这种通过个案了解、映射整体的方法，在社会学中是重要的研究方法之一。个案研究即对一个人、一件事件、一个社会集体，或者一个社区所进行的深入全面的研究。个案研究通过对事物进行深入的洞察，能够获得丰富、生动、具体、详细的资料，能够较好地反映出事物或事件发生、发展及变化的过程，而且能够为后来的总体研究提供理论假设[1]。

本节利用健康类平面媒体个案（以杂志为主）进行议题的内容分析和特征总结，通过丰富、具体的资料，反映健康传播议题变迁的总体概貌。

2.2.1　个案基本情况

在我国媒体健康传播各个阶段，《大众医学》基本全程参与，是我国创刊最早的医学健康类大众媒体之一，而且发行时间最长，是媒体健康传播的典范。因此，本书将《大众医学》选为健康议题历程研究的样本。对《大众医学》历史和议题的梳理，能够很好地了解我国媒体健康传播的发展历程。该杂志创刊于新中国成立前的上海，1948 年裘法祖、过晋源应王天一邀请在《科学大众》[2]杂志上主笔“医学问答”版块。经过几期的发行，读者纷纷来信咨询医疗问题，可见当时的人民群众对于医疗卫生知识的强烈渴求[3]。于是，裘法祖等人干脆另起炉灶，创办了我国第一份医学科普读物，定名为《大众医学》，该刊物填补了我国大众健康医学科普媒体的空白，创立之初依靠专家的专业知识和编辑出版工作者的职业奉献，受到了国人的好评，每月出版发行量高达二三十万册，成为当时最受欢迎的刊物[4]，后历经波折，于 1960 年停刊，1965 年、1966 年短暂发行又因“文化大革命”停刊。1978 年 7 月《大众医学》复刊。复刊后，《大众医学》发挥经验优势，继续砥砺办刊，曾一度取得了发行百万册的辉煌成绩[5]。《大众医学》在 1980 年、1981 年连续两年获得“全国医药卫生科技优秀期刊”称号，在 1990 年获得“全国优秀

---

〔1〕 风笑天. 社会学研究方法［M］. 北京：中国人民大学出版社，2011：257－258.

〔2〕《科学大众》杂志创刊于 1937 年，是中国最早创办的科普期刊。

〔3〕 裘法祖，黄薏. 我为创办《大众医学》而骄傲［J］. 大众医学，2008（10）：25.

〔4〕 李俐.《大众医学》办刊特色研究［D］. 保定：河北大学，2014：4.

〔5〕 1981 年第十二期《大众医学》的《读者·作者·编者》中，编辑部称：1978 年复刊初期，每月发行量为二十余万册，以后印数逐步上升，迄今每月的总发行量已达到一百二十万册。刊出文章力求：科学性、实用性、现代性、知识性、普及性和针对性。

卫生期刊”称号，在1992年、1996年连续两次获全国优秀科技期刊一等奖，在1999年获得由新闻出版署颁发的国家期刊奖，在2009年获“新中国60年有影响力的期刊”称号 。《大众医学》多次被评为上海先进集体、上海市著名商标 ，并被指定为上海创建“健康城市”的健康媒体。因此，《大众医学》是我国健康传播历史过程中一面鲜明的旗帜，该杂志不仅创刊早、历史悠久，而且发行量大、影响范围广，是研究媒体健康传播的典型样本。对《大众医学》的健康传播视角研究屡见不鲜，学者对《大众医学》保持了学术重视和学术关注〔1〕，对《大众医学》关于健康传播议题的研究，能够很好地反映我国媒体健康传播议题的变迁与发展历程。

本节首先对《大众医学》发展阶段进行划分，并结合我国健康传播媒体发展阶段进行历史比较。通过比较发现，《大众医学》发展阶段与我国媒体健康传播发展阶段高度契合，见表2－2。事物发展大多遵循酝酿、创立、成长、成熟、衰退的规律，该杂志在整个媒体健康传播发展过程中，也基本按照从创立走向成熟，并在竞争中调整的轨迹。

表2－2 《大众医学》发展阶段划分

杂志时间节点	健康类媒体发展阶段	《大众医学》发展阶段及主要事件
1948—1949年	发端阶段	创刊：1948年创刊，1949年中华人民共和国成立后继续发行。
1950—1959年	初步发展阶段	初步发展：1951年迁至北京商务印书馆，1954年迁回上海。
1960—1977年	低谷阶段	停滞阶段：1960年因全国纸张缺乏停刊。短暂发行后又因“文化大革命”停刊。
1978—1999年	快速发展阶段	快速发展：1978年率先复刊，抢得先机，发展迅速，一度居全国发行量之首。
2000—2014年	多元竞争阶段	多元竞争：2000年改为全彩印刷，面对同质竞争，虽优势不再，但仍居发行前列。

《大众医学》创刊于我国媒体健康传播的发端阶段，发刊地在当时的国际大都市上海，创始人是我国医学界泰斗，主要面向大众传播健康知识。杂志将创刊前的社会发展状况和卫生与健康状况资料融入发端阶段，并将其作为辅助资料，可以体

〔1〕 研究成果有：孙艳的《健康类杂志传播与构建健康理念实证分析——以〈大众医学〉为例》、任宝凤的《新世纪我国健康类杂志健康传播观念的异化与重构——以〈大众医学〉〈健康之友〉为例》、李俐的《〈大众医学〉办刊特色研究》等文章，学者将《大众医学》杂志作为健康传播研究的重点对象。

现创刊前、创刊初期的时代背景。

1950—1959 年，杂志与我国媒体健康传播事业共同起步，进入初步发展阶段。《大众医学》作为为数不多的健康传播媒体，在党和政府的指导下，配合国家战略，为国家的生产和国防建设服务。

1960—1977 年，我国媒体健康传播事业出现了曲折。大部分健康传播媒体停办。《大众医学》在十几年里，只有在 1965 年、1966 年短暂发行，其他时间基本处于停刊状态。不过停刊期间，杂志收到来自全国各地成千上万封信，要求复刊。

1978—1999 年，我国媒体健康传播迎来了快速发展。在原卫生部钱信忠部长的支持下，《大众医学》在 1978 年 7 月首先复刊，抢得市场先机，20 世纪 80 年代每期印数曾一度超过百万册。其后发展迅速，影响力越来越大。

21 世纪以来，我国媒体健康传播进入激烈竞争阶段，参与健康传播的媒体样态丰富，电视、网络等成为重要力量。《大众医学》从健康传播媒体中最初的一枝独秀，到面对众多竞争对手，与时俱进仍保持了领先地位。

虽然《大众医学》不是国家卫生职能部门主办刊物，但作为我国最早创刊的卫生科普杂志之一，几乎与我国的卫生事业同步而行，与我国健康传播发展历程相一致。《大众医学》对健康议题的建构基本能反映我国健康传播议题的变迁情况。

除《大众医学》外，中华人民共和国成立初期健康传播媒体较少，创刊较早的《健康报》因是原卫生部机关报，受众以卫生系统读者为主，内容以医药研究和政策为主，不属于典型大众传播媒体。改革开放前的健康类媒体与《健康报》类似，以医疗卫生单位为主办单位，议题设置与国家卫生政策和方向高度一致。不同媒体之间的差异性不大，《大众医学》与其他媒体议题设置情况相似。改革开放后，健康传播媒体形式增加、数量增多，媒体主办单位也改变了卫生系统垄断的局面，媒体定位出现分化，媒体间议题设置的差异增大。其差异包括以下几方面。

因受众定位不同产生的差异。受众根据年龄和健康状况分为妇婴、老年、中青年及病患等，根据职业和收入分为高收入和中低收入等，根据风格分为时尚类、普通类等。受众定位差异主要通过受众需求影响媒体。

因传播形式不同产生的差异。传播形式分为纸质媒体、广播、电视和网络。因为媒体信息载体和接触行为的特点，纸质媒体、广播较难表现动态或技能性信息（各议题均有此类信息，对议题影响不大），网络则表现丰富，各种议题都适宜。电视对心理和性议题有局限（因电视的家庭收视习惯所致）。电视从 20 世纪 90 年代、网络从 2000 年后才开始普及，进入 21 世纪，电视和网络健康传播的影响力占主导地位。传播方式对议题变迁影响有限。

因主办单位不同产生的差异。主办单位根据级别分为中央级和省市级，根据职能分为医疗卫生、体育、新闻出版、其他等。媒体主办单位级别是行政级别和媒体规模的表现，对议题影响有限。受掌握资源和职能部门目标的影响，卫生部门以医药主题为主，体育部门突出运动议题，新闻出版单位受信源、市场和政策影响大，议题较为丰富。

总体来说，《大众医学》面向大众、没有明显受众定位，主办单位为新闻出版单位，所以该杂志议题变迁情况基本可以体现我国健康类媒体议题变迁的总体情况。

2.2.2 个案议题设置的内容分析

杂志议题设置部分采用内容分析的方法，选取 1948—2014 年《大众医学》为整体样本框，因杂志创刊（1948 年 8 月）和复刊（1978 年 7 月）时间在下半年，又限于研究精力，因此本文对下半年（7—12 月）发行的杂志进行抽样。本书利用内容分析法梳理杂志对健康传播的议题设置，量化杂志不同议题的文章数量，并整理杂志版块设置情况，利用文本分析法分析具体文本的内容呈现、话语结构和意义，文本分析选择的文章也以下半年刊发的文章为主。

本书简要梳理了《大众医学》的发展历程，通过内容分析对《大众医学》杂志自创刊以来的健康议题进行量化、客观的研究。内容分析数量统计时段为 1948—2014 年，其间 1960—1977 年停刊（1965 年、1966 年短暂发行）。样本为 1948—1959 年、1965 年、1978—2014 年杂志每年 7—12 月刊。1948 年 8 月创刊（缺 7 月刊），1949 年和 1965 年缺失 4 期。

内容分析类目建构如下。

（1）议题类别。议程设置理论指出，媒体通过对议题数量和方向的设置，产生影响受众认知的效果。根据议题的常见内容和议程设置理论，研究将议题进行类别和维度的划分。议题类别分为疾病医药和生活方式两大类。根据研究需要，疾病医药主要指针对疾病的医疗保健，分为慢性病、传染病两个维度；生活方式分为饮食、心理和运动三个维度。

（2）议题属性。根据议程设置的属性设置理论，媒体在对不同类别议题的呈现过程中，采用了突出一些属性、忽视另一部分属性的手法，引导受众认知。研究中慢性病议题主要考察癌症、心脑血管疾病（以下图表中简称“心脑血管”）、糖尿病三个种类。传染病议题主要考察肺炎、肝炎和艾滋病三个种类。饮食议题主要考察食品安全（以下图表中简称“安全”）、饮食习惯（以下图表中简称“习惯”）、膳食营养（以下图表中简称“营养”）、其他四个属性。心理议题主要考察疾病、应激、人格、其他四个属性。运动议题主要考察康复、运动损伤（以下图表中简称“损伤”）、健身、休闲、其他五个属性。内容分析类目建构情况如表2－3所示。

表2－3　内容分析类目建构情况

类别		属性或种类
疾病医药	慢性病	癌症、心脑血管、糖尿病
	传染病	肺炎、肝炎、艾滋病
生活方式	饮食	食品安全、饮食习惯、膳食营养、其他
	心理	疾病、应激、人格、其他
	运动	康复、运动损伤、健身、休闲、其他

（3）编码及信度。编码过程由两名运动人体科学专业的研究生完成，两人具备一定的生理、心理和卫生基础知识，对医疗卫生科普类文章能够正确理解。信度是研究的可信程度。内容分析中的信度主要是编码者间信度，研究计算编码的信度系数[1]，其公式为：编码信度系数＝$2M/(N1+N2)$。M＝编码者间取得一致的编码决定总数；$N1$为编码者1做出的编码决定数量，$N2$为编码者2做出的编码决定数量。编码前对两人进行编码培训，编码完成后对其进行信度测试。对10%样本约40期杂志编码信度统计表明，编码信度系数＝0.80，高于研究者一般对编码者间信度标准的设定（编码信度不低于0.7）[2]。研究者于2015年1月10—20日正式进行编码。

（4）数据分析。利用Excel进行数据统计，主要是频数统计。内容的数据统计和分析如下：《大众医学》健康传播议题的变迁可从版块设置和文章主题两方面（见表2－4、表2－5）来统计、量化分析。版块是杂志的骨架，文章是杂志的细胞。版块的设置体现了杂志办刊的宗旨，是支撑杂志的主要结构，决定了杂志的内容选取框架。文章则是填充杂志框架的血肉和细胞，文章按照主题划分到不同的版块中，同一版块的文章主题大致相同。健康传播中文章的主题主要涉及疾病医药和生活方式。其中，疾病医药包括慢性病、传染病。孔灵芝指出与健康相关的疾病或

〔1〕基顿，邓建国，张国良．传播研究方法［M］．上海：复旦大学出版社，2009：353.
〔2〕基顿，邓建国，张国良．传播研究方法［M］．上海：复旦大学出版社，2009：260.

者健康问题分为三大类：传染病、慢性病和损伤（世界卫生组织标准）。应该说，慢性病是一大类疾病的总称〔1〕。本书中慢性病主要选取危害严重、发病率高的癌症、心脑血管疾病和糖尿病三个病种，这三个病种在我国出现时间早、近年来发病率增加〔2〕；传染病主要选取肺结核与传染性非典型肺炎、肝炎（1966 年发现乙肝病毒，在此之前中医称之为黄疸）、艾滋病（未出现艾滋病前，选取血吸虫病）三种〔3〕。在改革开放前，因艾滋病（1981 年发现）尚未出现，该指标替换为寄生虫病之一——血吸虫病。生活方式包括饮食、心理和运动〔4〕。在统计过程中，部分文章涉及多个主题，则重复计数。例如：《患了糖尿病，运动可延年》既按糖尿病主题统计，也按运动主题统计。

表 2－4　《大众医学》版块设置统计

时间	主要版块设置、变动情况
1948—1949	专栏、医药新知、医药界人物志、大众医药卫生顾问、大众之声、论评、医学故事、防痨谈座等版块。
1950—1959	无明显版块设置，出版大量专号。
1960—1977	除四害讲卫生、防病治病、妇女保健、针灸常识、急救技术、生理卫生、卫生员园地卫生宣传资料、连环画、知识库。
1978—1979	无明显版块设置，主要为疾病防治。
1980—1981	妇女卫生计划生育、婴幼儿保健与教养、老年保健肿瘤防治、医疗体育、祖国医学针灸推拿、饮食与营养、中西药。
1982—1983	医史医德法医、心理社会医学、饮食与营养、优生计划生育、老年保健、肿瘤防治、医学与体育、生活卫生顾问。

〔1〕 中国网新闻中心. 卫生部：目前我国确诊慢性病患者已超过 2.6 亿人［EB/OL］.［2014－11－28］. http：//www. china. com. cn/news/2012－07/09/content_ 25853987. html.

〔2〕《中国慢性病防治工作规划（2012—2015 年）》指出影响我国人民群众身体健康的常见慢性病主要有心脑血管疾病、糖尿病、恶性肿瘤、慢性阻塞性肺部疾病等，其中前三个是多发病、常见病。

〔3〕《中华人民共和国传染病防治法》参照国际传染病分类标准，将中国发病率较高、流行面较大、危害严重的 39 种急性和慢性传染病列为法定管理的传染病，分为甲、乙、丙三类。国家卫生和计划生育委员会 2014 年 10 月法定传染病报告表明：病毒性肝炎、肺结核发病率高，艾滋病病死率高。本书将肺结核与传染性非典型肺炎即非典、艾滋病、病毒性肝炎作为主要统计病种。肺结核和非典是两种肺部疾病，研究统称肺炎，合并统计。

〔4〕 世界卫生组织提倡的促进健康的生活方式主要是合理膳食、适当运动、心理平衡和戒烟限酒。前三种生活方式是健康传播中常见的内容，也是受众面最广的内容，因此，研究选择饮食、心理和运动为主要统计内容，并根据三者具体含义和在健康传播中的常见内容进行进一步分类。饮食和心理内容分为四类，运动内容分为五类。

续表

时间	主要版块设置、变动情况
1984—1985	儿童青少保健、心理－康复－法医、饮食与营养、妇婴保健、计划生育、遗传和优生、气功－体育与医疗。
1986—1987	肝炎防治、吸烟与疾病、性医学与生育、儿童教养；改版：心理卫生、康复医学；取消：气功－体育与医疗。
1988—1989	艾滋病与性病；改版：性教育、吃的科学、中医、针灸推拿。
1990—1991	生活与保健（含体育）、医与法、医与美、性知识百问。改版：艾滋病与性病改为性医学。
1992—1993	热门话题；取消：肝病专题。
1994—1995	女性世界、求医指南、护肤美容；改版：中老年保健改为康寿园、性医学改为人与性、医与美改为美容医师。
1996—1997	特别策划、自我保健、爱心哺育；取消：美容医师。
1998—1999	我的进补一法、成长中的烦恼、校园热线、家庭药箱；改版：护肤美容改为健康时尚、美容新干线；取消：医患之桥。
2000—2001	养生验方；改版：人与性改为两性之间；取消：破译化验单。
2002—2003	生活实验室、运动健身、慢性病用药、健康消费指南、美容。
2004—2005	心脑健康、肝病驿站、糖尿病之友、减肥进行时、市场点击、养生益寿、广告透视、心理减压；改版：食疗改为食疗馆。
2006—2007	医患之间、食品安全、健康大讲堂、硒与健康。
2008—2009	我与大众医学、试听播客、我动俱乐部。
2010—2011	健康世博、健康卫士、健康上海；改版：优品家居改为人居环境。
2012—2013	妈妈宝宝、美食秀；取消：养生益寿。
2014	古方 DIY、中药园、中医新论。

表 2－5　《大众医学》不同议题文章数量统计

年份	疾病医药						生活方式												
	慢性病			传染病			饮食				心理				运动				
	癌症	心脑血管	糖尿病	肺炎	肝炎	艾滋病	安全	习惯	营养	其他	疾病	应激	人格	其他	康复	损伤	健身	休闲	其他
1948	1	1	0	1	0	0	0	0	0	0	0	0	0	0	0	0	0	0	0
1949	1	0	0	2	1	0	3	0	3	0	1	0	0	0	0	0	1	0	0
1950	1	0	7	2	0	1	3	0	4	0	0	0	0	0	0	0	0	0	0
1951	2	0	0	1	2	0	1	1	5	0	0	0	0	0	0	0	0	0	1
1952	0	0	0	3	1	2	1	1	3	0	0	0	1	0	0	0	2	0	0
1953	0	2	0	2	2	1	2	0	3	0	0	0	0	0	0	0	0	0	0

续表

年份	疾病医药						生活方式												
	慢性病			传染病			饮食				心理				运动				
	癌症	心脑血管	糖尿病	肺炎	肝炎	艾滋病	安全	习惯	营养	其他	疾病	应激	人格	其他	康复	损伤	健身	休闲	其他
1954	2	1	0	3	0	2	0	0	4	0	0	0	0	0	0	0	1	0	0
1955	1	1	1	0	1	1	0	0	7	0	0	0	0	0	0	1	0	0	0
1956	1	1	0	1	0	1	1	1	5	1	0	0	0	0	0	0	2	0	0
1957	2	1	1	2	2	3	2	0	6	1	0	0	0	0	0	0	0	0	0
1958	3	0	0	1	2	2	0	1	4	0	0	0	0	1	1	1	1	0	0
1959	4	4	1	4	0	2	3	2	2	0	1	0	0	0	4	0	4	0	2
1965	2	0	0	0	1	0	0	0	1	0	0	0	0	0	0	0	0	0	0
1978	5	5	0	1	1	0	2	0	5	0	0	0	0	0	0	0	3	0	0
1979	10	9	0	1	0	0	7	4	14	0	2	0	0	1	2	2	2	0	0
1980	8	10	0	0	0	0	3	6	12	0	4	4	0	1	5	1	6	0	1
1981	10	12	7	2	1	0	5	6	15	0	4	5	0	1	5	1	5	1	0
1982	14	10	1	0	5	0	9	2	17	0	4	3	0	4	4	0	6	0	0
1983	9	14	0	1	6	0	1	3	18	0	5	1	0	1	5	2	3	0	3
1984	14	11	3	0	13	0	8	4	25	1	6	1	1	0	3	1	1	0	0
1985	14	8	1	0	6	0	1	4	18	0	2	2	4	0	5	2	6	0	1
1986	11	7	2	0	7	2	6	1	22	5	2	7	3	5	4	1	2	0	1
1987	14	9	1	1	3	5	1	3	20	1	3	7	7	0	6	1	4	0	0
1988	10	4	0	1	3	10	11	6	14	11	9	8	1	10	1	1	4	0	0
1989	12	8	1	0	2	5	5	0	13	10	4	5	1	8	2	3	4	0	0
1990	13	8	0	2	3	2	7	1	7	10	1	3	2	4	7	2	1	1	2
1991	13	0	4	0	8	0	15	5	15	11	0	4	2	4	2	1	1	0	0
1992	12	8	2	0	5	0	10	5	14	6	3	7	1	9	5	2	3	0	0
1993	17	6	2	0	3	5	4	1	12	2	1	7	3	3	1	0	0	0	0
1994	17	12	3	1	2	2	4	6	21	5	5	3	0	6	0	1	7	0	0
1995	16	7	5	1	1	3	3	6	35	0	5	3	0	3	1	0	7	0	0
1996	16	11	5	0	3	2	2	3	22	3	2	5	1	5	1	0	1	1	0
1997	19	8	3	1	0	2	6	7	19	4	2	6	3	5	1	2	4	0	0
1998	7	14	7	0	1	4	5	6	15	0	1	1	3	0	2	1	6	0	1
1999	12	13	6	2	3	2	4	5	20	3	3	5	2	4	2	1	5	0	0
2000	14	12	9	4	4	3	5	7	25	5	4	6	3	8	2	0	6	0	0
2001	16	19	5	0	1	0	8	4	23	1	3	2	0	12	2	0	2	0	0
2002	13	15	13	2	8	6	5	1	17	0	9	5	2	7	2	0	0	0	0

续表

年份	疾病医药						生活方式												
	慢性病			传染病			饮食				心理				运动				
	癌症	心脑血管	糖尿病	肺炎	肝炎	艾滋病	安全	习惯	营养	其他	疾病	应激	人格	其他	康复	损伤	健身	休闲	其他
2003	16	15	15	8	2	2	13	5	27	6	4	9	2	4	4	1	3	0	1
2004	18	10	8	0	3	3	8	4	28	0	2	2	2	1	1	3	5	0	0
2005	16	19	13	2	8	1	8	4	40	2	3	4	0	4	1	1	3	0	0
2006	12	19	12	1	7	1	6	5	30	0	4	5	0	3	1	0	4	0	1
2007	10	23	15	0	8	1	7	3	25	2	3	2	2	2	4	2	1	0	1
2008	14	21	11	0	6	0	5	3	28	1	1	2	2	1	1	3	7	0	1
2009	12	16	12	1	5	0	9	5	45	2	0	5	1	8	0	0	4	0	1
2010	13	14	12	1	4	1	9	4	42	1	2	2	0	1	1	1	4	0	2
2011	13	20	17	1	5	2	11	5	50	2	0	1	1	5	0	0	7	0	1
2012	9	20	17	0	1	3	8	4	53	1	2	1	0	3	3	4	6	0	1
2013	12	16	17	0	4	2	2	3	56	1	1	7	0	3	1	2	4	0	0
2014	21	21	8	0	2	1	3	1	54	1	4	4	0	3	2	1	6	0	1
合计	502	465	247	56	156	15 + 70 *	242	148	963	99	112	144	50	140	94	45	154	3	22

* 注：1981 年以前艾滋病尚未发现，该传染病统计指标为血吸虫病文章，1982 年以后按照艾滋病文章数量统计。

从 1948 年至 1978 年，《大众医学》每期页数大多为 40 页（1965 年，《大众医学》，为 32 开，48 页），每期文章约 20 篇，平均每篇文章篇幅有 2 页；1980 年，《大众医学》每期页数为 48 页，但文章篇数显著增加，平均每期为 39 篇。至 1982 年，在保持页数不变的情况下，文章篇数增加至 46 篇，1984—1993 年，文章篇数稳定在 50 篇以上。1994—1999 年，《大众医学》平均页数增加，文章篇数也略有增加。从 2000 年开始，《大众医学》改为全彩色印刷，纸张质量提高，页数增加至 80 页，但文章篇数增加不明显。一般情况下，页数增加，文章篇数也会增加。但通过图 2－1 可以发现，页数和文章篇数的曲线斜度不同，这说明页数和文章篇数并不是成比例的变化。有两个阶段，页数和文章篇数的变化程度有明显的差异。其一：1980—1993 年。1980 年，《大众医学》出版页数为 48 页，增加 8 页，但文章篇数增加 19 篇左右。原因在于，1980 年以后《大众医学》设置了不同的版块，部分版块（中西药物、新技术新成就、各科咨询、性知识百问等）的文章篇幅较小，所以增加的文章数量较多，而页数增加不明显。其二：2000 年至今。页数从 64 页增加至 80 页，文章篇数并未增加，甚至有时还下降。原因在于，2000 年以后，杂志改为全彩色印刷，编排中更注重图像的视觉传达效果，精美图片、广告等页面增加，图片印刷精美，增强了阅读的娱乐性，增加了图形信息量，但压缩了文章的空间，所以，文章篇数并没有增加。从 20 世纪 80 年代以后，《大众医学》的每期发文量变化不大，相同的文章数量，使得不同年代、不同议题文章的比较有了相同的文章数量基础，更便于比较时间的推移所产生的不同议题变化。根据观察，医药议题的文章篇幅有大有小，疾病基础知识篇幅大，咨询门诊、医药简介等篇幅小。运动、饮食、心理议题的文章篇幅大小差异不大。从长期来看，不同议题或者同一议题不同阶段的文章篇幅大小的差异可以忽略不计，文章的数量基本能反映杂志对议题的选取和重视程度。

图 2－1　《大众医学》页数和平均发文量时间变化图

1）疾病医药议题的变迁。

从慢性病议题文章数量与时间（每年 6 个月所发文章数量总计，以下同）关系图（图 2－2）可以看到，慢性病议题的文章总数量（小计）整体呈现增长趋势。1948—1978 年增长幅度较小，1980 年以后增长幅度明显变大，20 世纪 80 年代末 90 年代初略有回调，然后又呈快速增长趋势，2000 年以后总体保持较高的数量。癌症的文章数量在 2000 年以前的慢性病议题中长期处于最多的位置，2000 年以后被心脑血管议题所超越，糖尿病议题增长阶段性较强，20 世纪 90 年代以前数量较少，20 世纪 90 年代以后呈逐年递增的趋势。

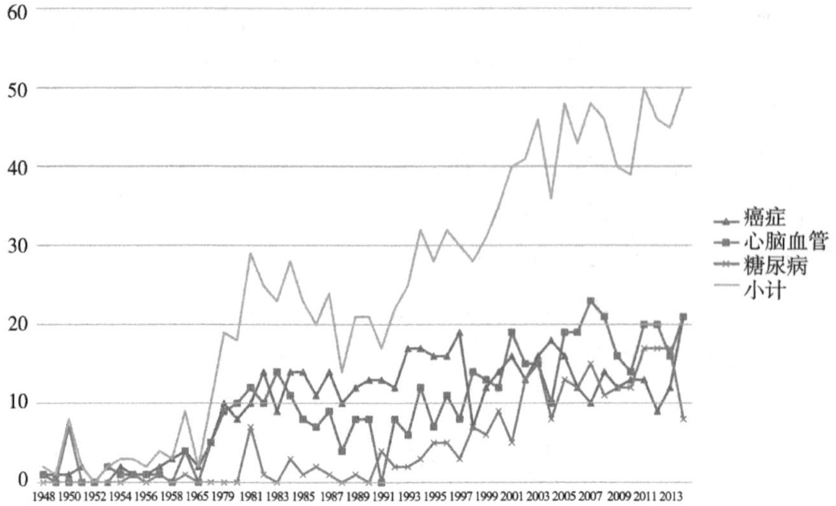

图 2－2 慢性病议题文章数量－时间图

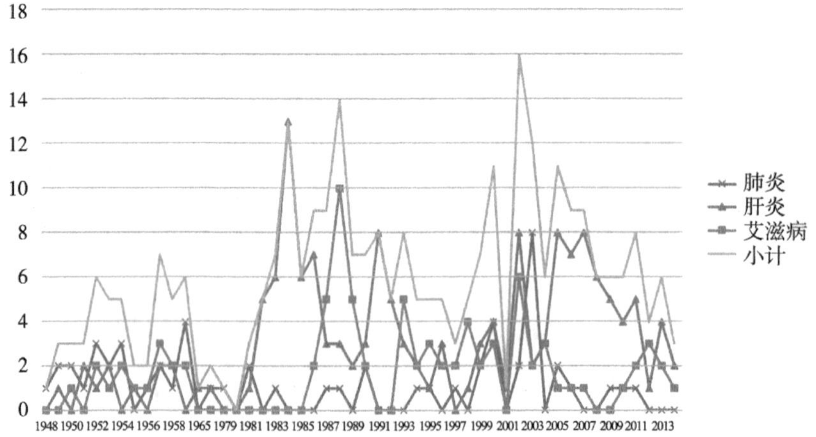

图 2－3 传染病议题文章数量－时间图

从传染病议题文章数量与时间关系图（图 2－3）可以发现，传染病文章数量变化波段性强，出现两个明显的波峰，分别为 1988 年和 2002 年。1988 年文章总数较多与我国设立艾滋病日有关，艾滋病文章达到峰值，2002 年的波峰则是三种传染病文章数量均较多，产生的叠加效应。三种传染病文章数量的峰值出现的情况分别是：肝炎文章数量的峰值出现在 1984 年、艾滋病文章数量的峰值出现在 1988 年、肺炎文章数量的峰值出现在 2003 年（严重急性呼吸综合征暴发）。血吸虫病议题集中于 20 世纪 50 年代，20 世纪 80 年代后极为少见，统计指标替换为艾滋病。

而且，20 世纪 80 年代以前，传染病议题数量比慢性病要多，议题以寄生虫病、传染病为主。20 世纪 80 年代以后，寄生虫病、传染病等议题减少，慢性病议题数量显著增加，慢性病超越传染病成为主要疾病议题。

2）生活方式议题的变迁。

（1）饮食议题的变迁。从饮食议题文章数量与时间关系图（图 2－4）可以发现，饮食议题文章数量波动性大，总体呈增长趋势。膳食营养议题一直是饮食议题中文章数量最多的议题，从 20 世纪 80 年代开始，该议题的数量呈逐渐增加的趋势，而且远远多于其他饮食议题。食品安全议题在 1991 年和 2003 年出现高峰（与 1988 年上海甲肝和 2003 年严重急性呼吸综合征暴发时间较吻合，甲肝发生时媒体最初采取了弱化处理，事后才相继关注）；饮食习惯议题表现平稳。

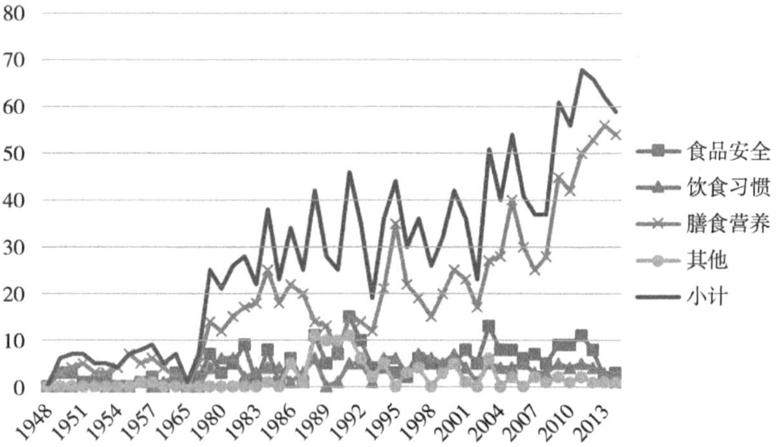

图 2－4　饮食议题文章数量－时间图

（2）心理议题的变迁。从心理议题文章数量与时间关系图（图 2－5）可以发现，心理议题在 1978 年以前数量很少，1978 年以后数量有所增加，但总体变化规律不明显。总体峰值出现在 1988 年，这是不同议题文章数量均较多的叠加效应导致的。心理议题中的人格议题数量较稳定，疾病、应激和其他议题波动性大。

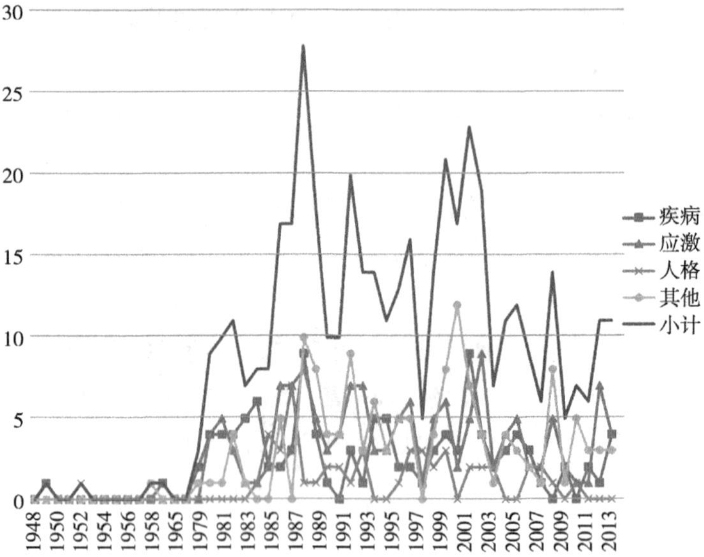

图 2－5　心理议题文章数量－时间图

（3）运动议题的变迁。从运动议题文章数量与时间关系图（图 2－6）可以发现，运动议题在 1978 年以前数量极少，但有一个明显的小高峰（1959 年即第一届全运会召开），1978 年以后数量有一定增长，但波动性很大，康复、损伤、健身、休闲和其他五个议题均没有明显的规律性，运动议题主要以康复议题和健身议题为主。早期，运动主要作为医疗和疾患康复的手段，后期以健身为主，兼顾医疗康复，运动促进心理健康和休闲放松主题很少涉及。

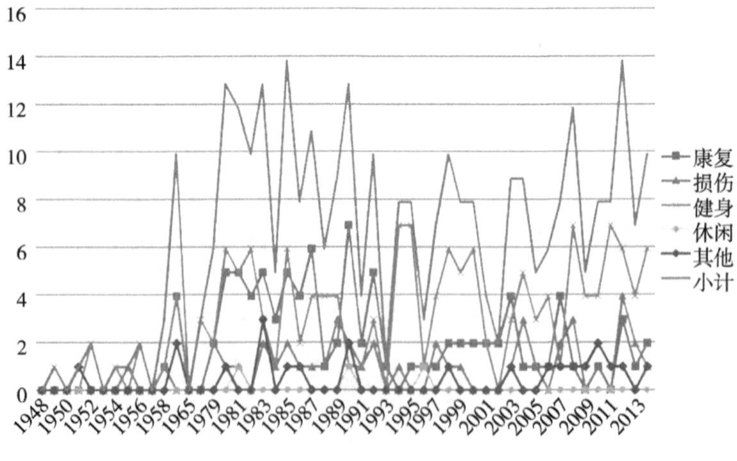

图 2－6　运动议题文章数量－时间图

除以上议题外，《大众医学》还涉及两性、美容、戒烟限酒等议题，其变迁分析如下。

《大众医学》创刊阶段就有关于生育卫生的文章，并出版过生育卫生专号，为大众普及生育卫生知识。至改革开放后，1979 年《大众医学》突破禁区，刊登了关于性功能障碍的文章，从此健康传播不仅传播生育科普知识，而且传播两性、情爱性医学内容，两性议题从生育卫生扩展到性享受、性权力等方面，成为媒体一道景观。

美容议题于 20 世纪 80 年代出现在健康传播中。《大众医学》先后开辟了医与美、医学美容师、红颜知己等版块，介绍医学美容知识，主要服务“爱美之心”较强的女性读者。在解决了基本的生活、生存需求后，人们对美的需求、对美化生活的向往催生了健康传播中美容、美体议题的出现。

戒烟限酒议题在健康传播中保持一定的常态。随着事件发生而波动，例如，世界卫生组织号召设立世界无烟日、全球卫生公约等活动或中国开展公共卫生活动期间，戒烟议题就会大量出现，其他情况下会偶有提及。

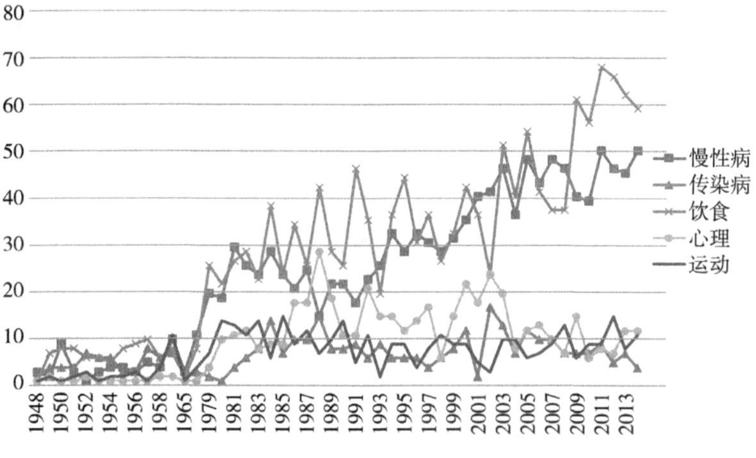

图 2 –7　慢性病、传染病、饮食、心理、运动议题文章数量 – 时间图

变迁总体情况如下。慢性病、传染病、饮食、心理、运动议题文章数量与时间关系图（图 2 –7）表明：饮食和慢性病议题的数量最多，并且两个议题总体变化趋势较为吻合，都呈现出明显的数量增多的趋势。传染病、心理和运动议题波动性强，数量相对较少。从总数来看，疾病医药议题中慢性病议题约 1 200 篇、传染病议题约 300 篇。生活方式议题中饮食议题约 1 450 篇、心理议题约 450 篇、运动议题约 320 篇。

根据媒介社会学理论，媒介发展、媒介框架和议题设置与所处的社会环境密切相关，《大众医学》作为医学科普类杂志，受到医药卫生状况、政府监管与指导、经济发展、文化变迁、受众认知水平等多方面因素影响，杂志的办刊偏好随着时代发展、政策改革也有所变化。不同的发展阶段，《大众医学》的主要议题也有一定区别，通过对比杂志的版块设置和不同主题文章的数量（表2－4、表2－5、图2－8），结合内容分析的统计，我们可以总结其议题的变化。

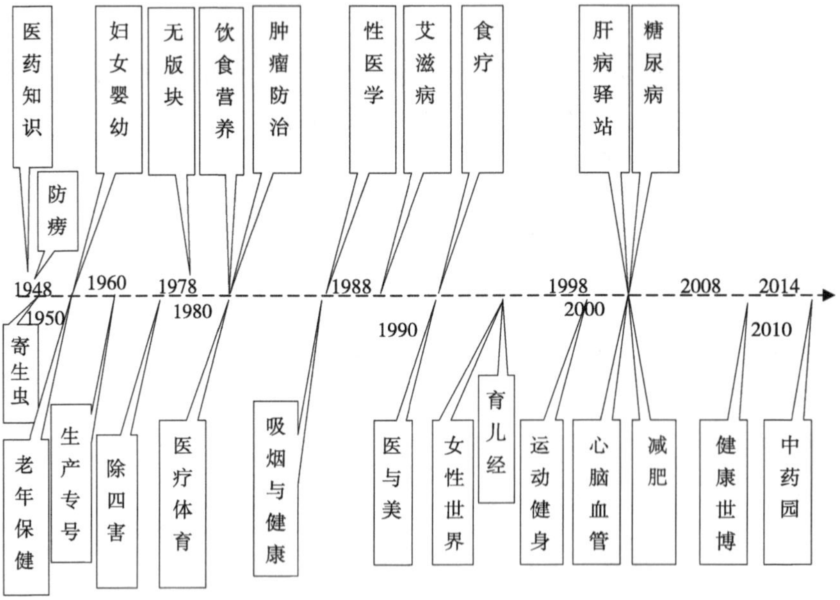

图2－8　《大众医学》版块设置变化

就总体规律而言，《大众医学》的议题设置与国民健康状况和防治手段密切相关。不同时期的议题设置与当时多发疾病高度契合。不同时期，媒体的议题设置会因常见病和多发病种类的不同而不同，针对性强，现实意义明显。其中，疾病医药议题居于主要地位；饮食议题后来居上，逐渐增加，近年来成为强势议题；心理议题和运动议题不温不火，随着热点事件的多少而增减。运动作为促进健康的重要手段，在《大众医学》发展历程中，扮演了不同的议题角色，有的阶段被忽视，有的阶段时隐时现，有的阶段大放异彩。

2.3　健康类平面媒体的议题阶段特征

本部分通过梳理《大众医学》发展历程，进行历史的总结归纳，探寻不同阶段的议题特征，试图推演整体的媒体健康传播议题的变迁历程。虽然个案研究有深入、全面的优点，但其不足之处是无法对整体进行概括。因此，本书在总结媒体健康传播不同阶段的议题特征、充分挖整个案的基础上，结合其他主流健康传播媒体，力图建立个案与整体的联系，避免挂一漏万，以纠正“以偏概全”的“武断”。为了总结媒体健康传播主要议题的变迁情况，研究从宏观的社会背景、中观的媒介环境和微观的个案即部分主流媒体的议题设置（包括疾病医药、饮食、运动、心理等）3 个层次进行分析。研究方法以归纳总结和文本分析的质性研究方法为主，并结合内容分析的量化研究方法，力图填补主观与客观之间的鸿沟，实现“质”与“量”的辩证统一。

2.3.1 发端阶段（1950 年以前）议题特征：清洁防护，卫生启蒙

（1）社会背景：国家与民族分别被隐喻为“病国”与“病夫”。

中国具有悠久的文明史，在中华民族改造自然和自身的过程中，创造了辉煌的医药卫生文化，从先民的巫医混沌，到《黄帝内经》《神农本草经》《本草纲目》等医药典籍问世，再到《温热论》，我国的传统医药文化护佑国人健康几千年。清朝末年，中国置身千年未有之变局，国门洞开，国势衰微，民运不昌。内忧外患之下，国民健康大受影响。外国人称中国人为“东亚病夫”，改良派人士梁启超在《新民说》里称 中国人“奄奄如病夫”。当时中国的精英分子接受了医疗卫生和国家主权密切相关这一逻辑。“东亚病夫”一词既是对中国人健康状况的比喻，也是对国家肌体衰弱的一种比喻[1]。在坚船利炮的攻伐下，中国传统文化、哲学和医学被西方科学、民主、现代医学冲击得七零八落，中医的医药价值受到质疑。西方医学（简称“西医”）的引进始于清代康熙时期，康熙皇帝曾接受西医的治疗，后因闭关锁国，西医在我国未能发展，至清末阶段，我国被迫开放口岸，西方势力大举进入中华大地。西方宗教、科技、文化等知识寻求在中国生根发芽的契机，其中宗教渗透时间最早，教会、传教士等宗教势力在最初发展人员入教时，即借助医疗手段，为民众开方抓药，以解民众身心疾苦。英美教会为向中国输入基督教，选中了医药救助作为突破口。他们在派遣传教士的同时，也选派了一些医生到我国开设

---

〔1〕 李静. 医学、现代国家与传媒：论《人民日报》对农村医疗卫生问题的传媒再现［D］. 上海：复旦大学，2009：2.

医药、诊所[1]。从此，西医开始了在中国的施治，并在与中医的较量中，逐渐占据上风。

鸦片战争让清廷震惊，洋务派希望通过洋务运动而“师夷长技以制夷”。1900年以后，“医学救国”思潮兴起。医学不仅能治人之病，而且能治国家之病[2]。梁启超认为富国强民应从两方面着手，“一曰学以保其心灵，二曰医以保其躯壳”。[3]开明人士的倡议和频繁暴发、死伤惨重的疫病让公共卫生事业逐渐建立。1894年的粤港鼠疫、1910年的东北鼠疫及民国时期的霍乱作为重大公共卫生事件，给当时的中国民众和政府造成了惨痛代价，促进了以疫病防治为主的健康传播活动的开展。

1945—1948年，《大众医学》创刊之际，国内经济、生产活动受战事影响混乱不堪。内忧外患、积贫积弱的中国处于黎明前的黑暗阶段，国民处于水深火热之中，生产与生活受到极大冲击，物价飞涨，民不聊生。医药卫生资源紧缺、国民衣食难以为继，营养不良现象普遍，结核病等传染病、寄生虫病肆虐，总体卫生情况十分糟糕。

1949年中国人民政治协商会议第一届全体会议通过了《中国人民政治协商会议共同纲领》，提倡国民体育，推广医药卫生事业，并注意保护母亲、婴儿和儿童的健康。中华人民共和国成立后百废待兴，各项事业还未能有序开展。

（2）媒介环境：健康传播媒体初创，面向大众的健康传播媒体鲜见。

1904年，中医周雪樵创办《医学报》，提倡中医应借鉴西医，呼吁在中国引进西医。现代医学在我国渐渐传播开来，但仅局限于少数文化精英群体中，真正意义的大众健康传播还任重道远。清政府统治时期，封建势力闭塞腐朽，对民众的疾苦漠不关心，民众卫生与健康状况很差，医药卫生水平低下，健康传播活动零零散散，不能形成规模和建制，影响力甚微。民国建立之初，军阀混战，民不聊生，卫生状况毫无改观。北伐成功后，局势稍有稳定。国民政府迅速发展了大量健康传播媒体，其中主要是医药卫生刊物，并通过广播等形式宣传卫生保健知识。据不完全统计，1921—1937年西医药期刊共出版237种，中医药期刊190多种。1938—1949年，由于处于战争时期，医药卫生期刊出版困难重重，出版发行的医学期刊总计只有100多种[4]。主要的医学专业刊物如下：①《中国红十字会杂志》：1913年5月创刊，

[1] 陆江，李裕峰．中国健康教育史略［M］．北京：人民军医出版社，2009：14．
[2] 郝先中．晚清中国对西洋医学的社会认同［J］．学术月刊，2005（5）：73－79．
[3] 赵璞珊．中国古代医学［M］．北京：中华书局，1997：260．
[4] 陆江，李裕峰．中国健康教育史略［M］．北京：人民军医出版社，2009：34．

由中国红十字会总会主办，后停刊。②《中华医学杂志》：1915 年 11 月创刊，由中华医学会主办，至今出版。③《大众医学》：1948 年 8 月创刊，发行至今，是第一本面向大众的医学科普读物，在健康传播历史中有重要地位。但因为战事频繁，健康类媒体自身生存与发展艰辛，刊物出版的规模和质量也难以确保。

共产党所在的边区和解放区也发展了有利于军民健康的卫生运动，宣传卫生知识。例如，《健康报》于 1931 年 8 月创刊，后几经停刊、复刊，至今出版。1933 年，中央内务部颁布《卫生运动纲要》，卫生宣传工作被列为卫生运动要做的头一件大事[1]。1933 年，毛泽东同志进行了长冈乡调查，指出军民疾病影响革命力量，应借鉴长冈乡经验，开展群众卫生运动。1939 年 4 月 7 日，《新中华报》发表《把卫生运动广泛地开展起来》的社论，指出边区卫生状况不容乐观，边区应注意开展个人卫生与环境卫生的宣传教育，加强军民对医药科学的理解与认识。1944 年，毛泽东同志在陕甘宁边区文教大会上提出，让群众自己起来同文盲、迷信和不卫生的习惯作斗争。毛泽东同志还把边区普遍存在的迷信、不识字和不讲卫生称为“三大害”，并指出封建迷信思想存在的原因之一就是医药卫生服务欠缺和知识不普及。

这一阶段，健康传播媒介以报刊为主。《健康报》《大众医学》是代表。

（3）主要议题：清洁防护，开启民智、医药常识普及。

本阶段的健康传播议题特征为：清洁防护，卫生启蒙。议题主要以生活卫生、个人清洁、医药常识为主，运动、心理等很少成为健康议题。

在中华人民共和国成立前，时局动荡，我国卫生水平的低下状况一直未有大的改观。第二次世界大战结束后，爱国华侨陈嘉庚有感于民国卫生状况堪忧，于 1945 年著书提出公共卫生建议。陈嘉庚虽不是医学卫生专业人士，亦对国家、民众的卫生状况表示忧虑，可见，当时民众对公共卫生的忽视与无知，也能想见当时社会总体的健康水平令人担忧。有学者指出，近代中国的落后有 3 个原因：迷信、鸦片、科举。中华人民共和国成立前，我国文盲较多，教育普及程度远在他国之后，社会上一班人迷信过甚，亟须接受似乎很浅显的一般科学常识教育[2]。教育家陶行知提出了“科学下嫁”运动。他指出，我们必须使中华民族具备科学的本领，成为科学的民族，以适应现代生活，生存于现代的世界[3]。当时，大众需要科学知识，

[1] 朱庆生，殷大奎，彭玉等．中国健康教育五十年［M］．北京：北京大学医学出版社，2003：1.
[2] 任鸿隽．科学救国之梦：任鸿隽文存［M］．上海：上海科技教育出版社，2002：550.
[3] 中央教育科学研究所．陶行知教育文选［M］．北京：教育科学出版社，1981：202.

科学要求大众化[1]。在国民党统治区内，健康传播宣传科学的个人卫生习惯，防治疫病。

《健康报》创刊之初主要为红军和苏区人民救护、防病治病而服务，后因革命动荡一度中断。1946 年，《健康报》在东北复刊，以“一切为了前线”为宗旨，宣传卫生指令、普及卫生知识、宣传伤病救治方法。东北全境解放后，宣传中心向“为提高东北人民的健康水平而努力”，主要宣传工业卫生和职业病、传染病、地方病、寄生虫病，介绍国外医学内容为主[2]。

中国人被称为“东亚病夫”，当时的中国不仅国力孱弱，受列强凌辱，也因为医药科技不发达，民众对健康的知识、技能还十分蒙昧。缺医少药、江湖术士行医、民众健康知识匮乏、健康状况堪忧是当时医药卫生状况的真实写照。现代医学的真谛，是平时注重防护，病时留心治疗。防护减小了许多人得病的概率，治疗挽救了许多垂危的生命。编者们不仅撰文发表和医疗、药物有关的文章，也发表了大量与民众日常生活相关的文章。例如，在创刊号中既有《外科手术的进步》《心脏病的常识》等医疗技术方面的文章，也有《苍蝇怎样传染疾病的》等清洁卫生方面的文章；既有西医的文章《人体巡礼》，也有中医的文章《伤寒流行答客问》。杂志将现代医学成果，广为传播，惠泽百姓。编者们的拳拳之心和过硬的专业知识与技能，得到了大众的认可，杂志受到好评，发行量大增，并出版专号如《儿童卫生专号》《婚姻卫生专号》《夏令卫生专号》等，被读者抢购。《大众医学》在 1949 年 4 月编辑出版《结核病专号》，7、8 月出版《夏令卫生专号》，9 月出版《妇女卫生专号》发表文章《妇女健身运动》，作者为黄式茂[3]。编者们深谙医学之道，认为现代医学并不高深玄奥，它只是运用科学方法，利用医药知识，为人民解除疾苦，为民族改进健康[4]。《婴儿的心理卫生》《贫寒婴儿的哺养问题》《怎样教育儿童》等文章既关注婴儿的心理、喂养，又提及儿童的教育，还为贫寒家庭抚养孩子提出建议，可见“医者仁心”。杂志中还大量介绍了疫病和疾病防治的知识，针对癌症、心脏病发表了专文。传染性疾病对国民的危害较大，《大众医学》中的文章内容涉及肺结核、肺炎、痢疾、狂犬病，以及影响国民健康的不良卫生习惯等。

---

〔1〕 谢清果．中国近代科技传播史［M］．北京：科学出版社，2011：335.

〔2〕 陆江，李裕峰．中国健康教育史略［M］．北京：人民军医出版社，2009：56.

〔3〕 据考证，黄式茂 20 世纪 40 年代毕业于南京国立中央大学教育学院体育系，是我国著名幼儿舞蹈教育家，在上海从事儿童舞蹈教育工作多年。

〔4〕《大众医学》创刊号中的创刊词，1948 年 8 月。

总的来说，此阶段是健康传播的发端阶段，议题以医学为主，同时还涉及生活卫生等。议题围绕“平时着重防护，病时留心治疗”展开，但此时的防护，多指卫生知识启蒙，包括日常习惯、医药卫生常识、人体科学认知等，对运动强健身心的作用未给予足够重视，心理卫生偶有涉及。

2.3.2 初步发展阶段（1950—1959 年）议题特征：除害灭病，保障生产

（1）社会背景：中华人民共和国成立初期，国防、生产、医疗任务艰巨。

中华人民共和国成立之初，百废待兴，国家开始了新的建设征程。工农业经过社会主义改造逐渐走上发展正轨，国民生活水平有了一定的保障。但由于国际敌对势力的阻隔和觊觎，边境争端的纷扰，更由于自然灾害等的影响，积贫积弱已久的中国几经波折，至 1978 年改革开放前，国家生产力水平较低，生产建设仍不能满足人们的生活需求。1949 年我国粮食产量人均 209 kg；1978 年人均产量增加到 319 kg。到 1978 年，人民群众的生活水平虽然有所改善，但仍处在温饱不足状态。中华人民共和国成立后直到 20 世纪 90 年代，短缺是我国经济运行的基本特征，商品和服务的供给不能满足广大人民群众基本的生活需要[1]。

卫生工作面临疾病丛生和缺医少药的局面，这一方面是由于旧社会的社会动荡，另一方面也是因为医疗服务能力有限和人民对医药卫生知识的匮乏。当时，传染病、地方病和生活不卫生引起的各种疾病非常普遍。数据显示，全国发病数年累计有 14 000万人，病死率达 30% 以上，婴儿病死率高达 200‰，其中多数死于可以预防的传染病。全国结核病患病率高达 4% 左右，居人口十大死因的首位[2]。1950 年的中国人民政治协商会议第一届全国委员会第二次会议提到当时中国的卫生状况，指出在中华人民共和国成立前，由于人民长期受封建势力摧残和民族压迫，处在贫困、迷信、不卫生的生活状态中，各种地方病、多发病仍很严重。中华人民共和国成立后不久，我国东北边境再燃战火，抗美援朝战争爆发。1952—1954 年，我国开展了以粉碎美帝国主义发动的细菌战争，消除传播鼠疫、伤寒、霍乱等传染病的媒介物和害虫的卫生防疫活动。抗美援朝取得胜利后，在国际政治形势短暂稳定、国内民

〔1〕 统计局资料. 新中国成立 60 周年经济社会发展成就回顾［EB \ OL］.［2014 - 10 - 6］. http://www. gov. cn/gzdt/2009 - 09/07/content_ 1410926. htm.

〔2〕 朱庆生，殷大奎，彭玉等. 中国健康教育五十年［M］. 北京：北京大学医学出版社，2003：1.

众国家认同强烈、生产热情高涨的背景下，“建设社会主义”成为国家的中心工作。有学者指出，1952 年“抗美援朝、反对美帝国主义细菌战”是国家的工作重心之一；1953 年抗美援朝胜利结束，我国进入有计划的经济建设时期，开始实行发展国民经济的第一个五年计划，并提出了党在过渡时期的总路线[1]，即“一化三改造”：社会主义工业化，对农业、手工业和资本主义工商业的社会主义改造。国家建设的重心转移到生产建设上来，卫生、科教等事业也围绕国家建设而开展。1954 年 4 月，毛泽东在《中央关于各级党委必须加强对卫生工作的政治领导的指示》中强调卫生工作是关系全国人民生老病死的大事，是一个大的政治问题，要求党必须把它管好。为了适应国家工作重心的转移，配合工业、农业的生产需要，这一时期，国务院发布了防止厂矿企业职业病、除“四害”讲卫生、消灭血吸虫等工作指示，卫生部门积极配合，加大了这些方面的宣传力度。我国卫生工作在初期不仅面临严峻的卫生防疫工作任务，还要为生产、国防建设服务，保驾护航，在发展过程中，卫生工作一方面延续了之前的卫生管理经验，另一方面充分借鉴了苏联医药卫生模式。卫生事业取得了明显的进步，国民健康极大改善。1959 年，卫生部副部长钱信忠在《大众医学》发表《沿着党所指示的卫生工作道路胜利前进》一文，文章一方面提到中华人民共和国成立前“卫生条件恶劣、瘟疫流行、疾病丛生的悲惨景况”；另一方面提到中华人民共和国成立后彻底和基本消灭危害严重的霍乱、天花、鼠疫，并开展了针对寄生虫病和传染病的防治斗争，大量病人得到有效救治，走上了生产战线。中华人民共和国成立前疾病丛生与中华人民共和国成立后多种疾病得到有效防治形成鲜明对比，既说明中华人民共和国成立初期卫生工作的困难局面，又表明中华人民共和国卫生工作的卓有成效。

中华人民共和国成立初期，国家体育政策的基调是服务于国民，开展普及性、群众性体育运动。毛泽东提出“健康第一”思想，要求青年要“身体好、学习好、工作好”，学校把身体健康放在首位。卫生、教育和体育工作部门实现合作。1951 年 11 月 24 日，中华全国体育总会筹委会、教育部等 9 个单位向全国公布并推行第一套广播体操，接着又推行了第一套少年广播体操和第一套儿童广播体操，在全国范围建立了广播操、工间操制度。1952 年，中央人民政府体育运动委员会成立，专门负责发展体育事业，促进国民健康。中华人民共和国提出了“新体育”思想，发

---

〔1〕 张自力. 健康传播与社会：百年中国疫病防治话语的变迁［M］. 北京：北京大学医学出版社，2008：139.

展新民主主义的国民体育，提倡体育运动普及化，让更多普通百姓接触体育运动，增强体质，把体育视为摘掉“东亚病夫”帽子的手段。1955 年，全国第一届工人体育运动大会举行，有 120 万厂矿职工参加了选拔，掀起群众体育热潮。1952 年，毛泽东为中华全国体育总会题词“发展体育运动，增强人民体质”，指出中华人民共和国的体育要以增强人民体质为宗旨，也就是改善人民的健康状况，为人民的身心健康服务。1952 年体育运动委员会成立，其成立之初也将工作的重点放在国民体育上，开展群众性体育运动，提出“使体育运动普及和经常化，积极地发展体育运动，增强人民体质，为加强生产建设和国防建设而服务”。在生产和国防任务为主的背景下，1954 年，国家体委颁布了《准备劳动与卫国体育制度暂行条例和项目标准》（以下简称《劳卫制》），在全国范围内掀起了学生、群众参加体育锻炼的热潮。体育部门充分认识到体育运动与群众身心健康的关系，1954 年《中央人民政府体育运动委员会党组关于加强人民体育运动工作的报告》（以下简称《报告》）指出，目前人民健康的不良状况，仍严重地影响着生产、工作和学习。报告认为产生严重健康不良的情况，除了卫生条件差，功课和工作过重又休息少及历史原因外，群众缺乏体育锻炼，也是重要原因之一。《报告》还强调加强体育的宣传推广工作，提出要重点宣传体育能够增进健康的科学价值。中共中央批转报告指出：改善人民的健康状况，增强人民体质，是党的一项重要政治任务；当前国家已进入有计划的经济建设的新的历史时期，更需要人民有健康的身体，但现在人民健康状况还远不能适应各项工作的需要。“为了改变这种情况，除了加强卫生工作和逐步改善劳动、学习等条件外，开展体育运动确是一种最积极有效的方法……”由于很多人不了解体育运动的重要意义，这就使得体育运动的开展远远赶不上客观的需要。人民的体育运动还是国家的一项新的事业〔1〕。国家体委把增进人民健康当作体育工作的重要任务之一，中共中央也历来把开展体育和卫生事业当作党的重要政治使命，因此十分认可国家体委对当前国民健康形势的分析和体育促进健康的积极作用，并要求各级党委加强对体育工作的领导和协助。周恩来〔2〕指出，只要坚持开展体育运动，五年、十年、十五年，中国人民的体质就会大大改变。在体育部门的积极倡议下，在中共中央的协调领导下，卫生、体育、教育等有关部门开展合作，推动群众体育

〔1〕 国家体委政研室．中共中央批转中央体委党组关于加强人民体育运动工作的报告的指示．体育运动文件选编（1949—1981）［M］．北京：人民体育出版社，1982：6－9．

〔2〕 中共中央文献编辑委员会．周恩来选集［M］．北京：人民出版社，1984：130－131．

开展。

这一时期，国家政权初建，社会主义改造成效显著，卫生、健康传播与体育工作都是在破旧的“烂摊子”基础上开基创业，经过第一个五年计划的发展，各项事业进步明显。

（2）媒介环境：健康传播媒体稳健成长，形式多元。

1949年前后中国共产党发布一系列媒介的接收、改造和管理办法，解决旧有媒体的组织、机构问题。如《中共中央关于新解放城市中中外报刊通讯社处理办法的决定》（1948年11月）、《对新解放城市的原广播电台及其人员的政策的决定》（1948年11月20日）、《关于处理新解放城市报刊、通讯社中的几个具体问题的指示》（1948年11月26日）、《对处理帝国主义通讯社电讯办法的规定》（1949年1月18日）、《关于未登记报纸施行新闻管制给华中局、华东局、西北局的指示》（1949年6月3日）、《全国报纸杂志登记暂行办法草案》（1950年）等。这些文件及其后一系列文件的颁布，使民国时期的不同政治取向、不同类型、不同创办主体的各类媒介都纳入到统一的管理体系中来，最终形成了效仿苏联的“无产阶级党营媒介模式”一元体制[1]。在实际工作中，国家重视健康传播的影响作用，对健康传播媒体进行了调整。1950年，《健康报》搬至北京出版。1950年8月召开的第一届全国卫生工作会议，朱德同志在会上指出：加强卫生预防工作，在文化教育方面推广宣传、普及卫生常识。郭沫若同志也指出：必须向群众普及卫生教育，利用展览、广播、讲演、通俗的戏剧、图画等方式，广泛地普及卫生常识[2]。

中华人民共和国成立初期卫生事业在严峻的局势中展开，面对我国卫生工作中的实际问题，卫生宣传工作受到重视，健康传播媒介环境改善。1951年，卫生部卫生宣传处宣告成立，从此我国建立起了专门的卫生宣传教育机构，后又相继成立了卫生部宣传教育器材制造所和电化教育所，改组卫生部卫生教育所，并建立了省市地方卫生宣传管理和工作机构。中国健康传播事业整体出现了欣欣向荣的局面。到20世纪50年代末，据不完全统计，全国公开发行的卫生报刊已达80种，其中卫生科普报刊6种，占19%，另外，还有内部发行的卫生小报11种，为当时开展卫生宣传教育工作做出了贡献[3]。当时卫生宣传重点主要包括：移风易俗、破除迷信，

〔1〕 潘祥辉. 中国媒介制度变迁的演化机制研究：一种历史制度主义的视角［D］. 杭州：浙江大学，2008：24.

〔2〕 陆江，李裕峰. 中国健康教育史略［M］. 北京：人民军医出版社，2009：58.

〔3〕 陆江，李裕峰. 中国健康教育史略［M］. 北京：人民军医出版社，2009：62.

爱国卫生运动的发展，传染病防治，妇幼卫生，职业病防治，等等。在卫生主管部门的指导下，卫生宣传的工作原则为：面向工农兵、预防为主、团结中西医、卫生工作与群众运动相结合[1]。我国卫生宣传工作取得了长足进步，形成了健康传播的良好局面，从事健康传播为主的媒体数量增加，因当时人们的知识水平、媒介技术和社会生产能力所限，除了《健康报》《大众医学》等主要媒体外，《中国卫生画刊》等宣传画册也相继出版，卫生部卫生宣传处主办了《卫生宣传工作》（月刊），卫生广播、宣传影片等陆续出现，卫生讲座、戏剧和卫生墙报等宣传手段多样。当时的媒体数量有限，健康类媒体屈指可数，以《健康报》《大众医学》为主，媒体行为受意识形态和行政部门引导，《健康报》《大众医学》等媒体的内容和议题与国家的政策导向接合。

（3）主要议题：除害灭病，为国防、工农业生产服务。

在新民主主义的时代，人民政府大力破除迷信，提倡科学。中华人民共和国成立之初，封建迷信思想在广大群众中还留有遗毒，卫生部门仍重视破除迷信、解放思想的工作。大众医学编委们通过杂志普及医学常识。1951 年，《生理卫生专号》撰文：把人体的构造和生理，做一个系统的介绍，把血液、神经、肌肉、骨骼、消化、呼吸、生殖、感觉等问题，用有趣味的图解说明，介绍给大众，使大众知道人体内的自然现象，并无鬼神存在于其中。《生理卫生专号》指出在医药卫生知识尚未普及的时代，人们没有生理和病理的常识，往往生病之后，不求医药，多问神鬼，并用“趣味的图解”普及人体的构造和生理，进行系统介绍，充分发挥杂志媒体图文并茂、信息翔实的优点。

《大众医学》1951 年出版《传染病专号》《生理卫生常识专号一、二》《心理卫生专号》，1953 年出版《妇女卫生专号》《工矿卫生专号》《农村卫生专号》，1955 年出版《消化道疾病专号》《荷尔蒙与维生素专号》等。《心理卫生专号》正确地看待身体与心理的关系，指出心理健康的重要性。编委们指出健全的身体，产生健全的精神，不健全的精神，也可影响到身体的康健。但总体而言，关于心理的议题较为少见。

抗美援朝战争中，美军动用了细菌、生物战，我国采取针对性措施，进行了军民健康的防护。1952 年，全国爱国卫生运动委员会成立，同年毛泽东同志号召：“动员起来，讲究卫生，减少疾病，提高健康水平，粉碎敌人的细菌战争”

〔1〕 陆江，李裕峰. 中国健康教育史略［M］. 北京：人民军医出版社，2009：64.

（图 2 -9）。《人民日报》于 1952 年 2 月 22 日发表《侵朝美军疯狂散布细菌》一文，揭露了美军的恶劣行径。随后，举国上下开展了爱国卫生运动。《健康报》等健康传播报刊和《人民日报》《新华日报》等开辟专栏宣传爱国卫生运动动态和知识。《大众医学》也发表了《控诉美军进行细菌战的罪行》《认识细菌战》《谈臭虫》《医务工作者在人民军队中应起的作用》等。《大众医学》于 1952 年 5 月刊发《反对美帝细菌战专号》，发表 17 篇揭露美帝罪行、防治细菌战、认识传染病和传染媒介等的文章。为了保家卫国，迎战美帝国主义发动的细菌战，卫生领域进入了“战时状态”，国家领导了这一关系到人民生命健康的重大战役。整个国家、社会、厂矿、农村、家庭被动员起来，采取了群体防疫的战略。

杜克海姆指出，来自外面无序状态（犯罪/罪过/疾病综合体）的威胁越大，群体成员意识就越强，对神圣力量的感觉也越突出[1]。疾病，尤其是烈性传染病等对人民群众、民族未来产生重大破坏力的疾病，对社会和个人的威胁最大。欧洲中世纪的“黑死病”、中国清末的鼠疫，动辄成千上万的人死亡，给人们留下了恐怖的记忆，与战争的死亡惨烈程度不相上下。为了应付这些危险的“无序状态”，国家往往采取应急措施，以应对战争的决心和行动（采取行动也冠以“打赢细菌战”等名称）加强监管、防疫，成员的群体意识增强，共同担当，凝心聚力，克服危及生命的险情。这种国家管控、群体动员的情况时有发生。改革开放后的艾滋病防治、2003 年的严重急性呼吸综合征等，都被看作关系到民族未来、社会稳定的重大事件，国家和社会的监管发挥了重要作用，群体参与程度高，健康传播的议题与国家指导高度一致，疫病的发生、防治情况成为重点，从而打造国家和民族认同感。日常生活方式议题也围绕疫病的防治而设置。

获得细菌战的胜利后，爱国卫生运动取得了显著成绩，积累了丰富经验。爱国卫生运动转向国民生产，继续深入开展，作为一项优良传统被保留下来。毛泽东在 1952 年底召开全国卫生工作会议期间写道：“我们必须告诉群众，自己起来同文盲、迷信和不卫生的习惯作斗争。”

---

〔1〕 特纳．身体与社会［M］．马海良，赵国新，译．沈阳：春风文艺出版社，2000：317．

健康報

动员起来
讲究卫生
减少疾病
提高健康水平
粉碎敌人的细菌战争
毛泽东

团结全国卫生工作者，依靠广大群众贯彻预防为主的方针，为保证国防、经济、文化建设而努力。
朱德

图2－9 《健康报》刊发毛泽东、朱德粉碎美帝细菌战的题词

1956年，我国制定卫生工作规划，指出卫生宣传的主要任务是：宣传卫生工作方针、政策和中心人物；推广卫生工作经验、祖国医学经验和卫生科学技术新成就；除“四害”、讲卫生，积极防治危害人民健康最严重的疾病；普及工矿（劳动）卫生、职业病防治知识及妇幼卫生和节制生育知识等。我国提出了消灭“四害”的日程表：从1956年起，在十二年内，在一切可能的地方，基本消灭老鼠、麻雀、苍蝇和蚊子。卫生、农业、工业等部门开展了轰轰烈烈的“除四害”运动。1957年，中国共产党第八届中央委员会第三次全体会议指出爱国卫生运动在新时期的任务是：除“四害”，讲卫生，消灭疾病，人人振奋，移风易俗，改造国家。爱国卫生运动转入一个新的发展时期，“除四害”成为爱国卫生运动与国家社会主义建设之间新的契合点[1]。《健康报》结合工作情况，从多角度进行卫生方针、政策的宣传报道，大量刊发关于工农业生产、防虫除害的文章。

卫生部门总结爱国卫生运动的一般性经验指出：必须使爱国卫生运动与生产任务及其他当前任务相结合，把爱国卫生运动看作是保证完成生产或其他当前任务的重要条件之一。强调生产忽视卫生是不对的，进行卫生工作时不照顾生产部门的具体情况也是不对的。

在生产与卫生的双重审视中，疾病的意涵、卫生与健康传播的重点聚焦于影响群众健康、破坏生产建设的病种。从流行于江南的血吸虫病，到四种害虫，爱国卫生运动针对的目标是“外在的”“丑陋的”“肮脏的”病害虫害。《消灭危害人民健康最严重的疾病》是李德全在第一届全国人民代表大会第三次会议上的发言。她指

〔1〕 张自力．健康传播与社会：百年中国疫病防治话语的变迁［M］．北京：北京大学医学出版社，2008：143．

出：毫无疑问，从流行地区大小、感染人数的多少以及对患者健康危害的严重程度看，其中最主要的是血吸虫病。《健康报》还刊发《积极行动起来消灭血吸虫病》《大力除灭四害》（1958 年 2 月 17 日）《规划期年内基本消灭鼠疫》（1956 年 3 月 16 日）、《坚决除“四害”，消灭疾病》（1956 年 3 月 23 日）、《把除害灭病运动推向新高潮》。《大众医学》发表《血吸虫病也是儿童的大敌》（1957 年 7 月）、《防治血吸虫病战线上的新高潮》（1958 年 7 月）、《消灭蚊虫，预防传染病》（1958 年 8 月）等，宣传除虫灭害知识。

这一时期，电影作为健康传播媒体具有较易理解和形象生动的优势，在人民群众中较受欢迎。我国电影制片厂拍摄了《预防鼠疫》《扑鼠灭蚤》等科教片，卫生部门拍摄了《产前检查》《大脑炎》等影片。

饮食议题以食品卫生、营养为主，防止消化系病和因食物而引起的传染病和营养改善是主要内容，主要针对妇幼、老人和营养不良等群体。如《大众医学》中《谈谈食物中毒》（1954 年 10 月）、《从花生、瓜子和糖炒栗子说起》（1954 年 11 月）、《怎样培养儿童的良好饮食习惯》（1952 年 4 月）等。

广播操、工间操、劳卫制的广泛开展，也受到了健康传播媒体的关注。《健康报》发表文章《担负起发展体育运动增进人民健康的任务》，指出中华全国体育总会成立，当时体育工作任务是发展体育运动，增强人民体质，为加强生产建设和国防建设而服务；大力开展各学校、机关、工厂、部队、农村等基层单位经常性、群众性的体育活动。卫生工作者认为：

这不只是体育工作者要以全力去贯彻和执行，我们作为人民健康保卫者的卫生工作人员，也需要十分注意并协助为完成毛主席和朱总司令所指示的“发展体育运动，增强人民体质，为生产和国防服务”的实现而奋斗。体育是健康的无穷尽的源泉，它本身对于增进人民的健康和幸福有着宝贵的贡献，它是提高生产效率的重要因素，它能提高战士的战斗力，对于加强国防有极重要的意义。(第 237 期)

在同期报纸中，荣高棠发表文章《为国民体育运动的普及和经常化而奋斗》。文章总结了体育工作开展情况，并提出了今后的方针和任务。报纸还发表了部分有关体育锻炼的文章，如《体育锻炼使我变得健康了》等。随后，《健康报》又开设了医疗体育、文化与体育等版块，但发表文章数量很少。

通过文本解读，可以发现，卫生部门能正确认识体育的健康价值。“体育是健康的无穷尽的源泉”等反映体育增进健康的作用。但卫生部门把开展体育运动当作“协助”完成毛主席和朱总司令指示来看待，并未把体育放到卫生工作的范畴之内，对体育的重视程度不足。

《大众医学》对体育的关注度也较低，大部分年份只有少量医疗体育内容出现。1951—1957年这一时期有两篇文章涉及体育，一篇为1951年9月刊中，梁之彦[1]撰写的《运动的生理》，文章介绍了人体运动的生理知识；另一篇为1955年7月刊中，邹宜昌[2]撰写的《预防因游泳所致的耳病》。两篇文章均出自医务人员之手，主要介绍基础的生理生化知识和游泳导致的耳病，与运动健身、大众体育活动关系不大。需要特别注意的是，《大众医学》在1959年的发表文章中涉及体育的文章数量出现激增，与20世纪50年代其他年份相比有明显的差异。究其原因，我国1959年举行第一届全国运动会，这是新中国举行的第一次全国性体育盛会，引起社会各界的广泛关注。因此，1959年的《大众医学》发表了多篇关于体育锻炼的文章，并有专门版块的设置，版块名称为“健身房”，突出了体育的健身功能。文章总计10篇，与群众体育相关的有：《体育锻炼和糖尿病》《体育锻炼饮水问题》《月经和体育运动》《准备活动的质量》（7月刊）；《我是怎样运用祖国健身法的》（8月刊）；《介绍第一届全国运动会》《举重运动的价值》（9月刊）《跳绳、踢毽、羽毛球》《高血压与体育运动》《体育医疗》（12月刊）等文章，对体育锻炼的价值，体育作为疾病康复和强身健体的功效有准确、到位的认识。《体育锻炼和糖尿病》《高血压与体育运动》介绍了体育对糖尿病、高血压类慢性病的积极防治效果，与目前医学的认知一致。还有介绍运动方法的文章，提及准备活动、锻炼与饮水等，也有对运动项目的介绍，包括举重、羽毛球、跳绳等。其中，也有著名体育专家的撰文，如吴蕴瑞[3]发表文章“中国人不是东亚病夫”，强调了体育增强体质、完善身心的作用，并指出我国体育事业在解放后取得的非凡成就。文学家俞平伯在1959年10月《大众医学》上发表《老年卫生歌》四则。词句中突出了体育锻炼的重要性，号召老年人参加体育活动，长期锻炼和适当劳动，参与祖国建设，保持身体健康。可见，老年同志为国家发挥余热的热情高涨，把体育锻炼和身体健康作为奉献力量的基础，并没有狭隘的追求延年益寿，乐享晚年。运动议题及内容突出表明当时社会背景下，政治导向、社会活动对健康传播的影响十分明显。运动议题文章对

---

〔1〕 梁之彦（1900—1986），毕业于同济大学医学院，曾留学德国，中国医学生化学科的奠基人之一，著名生物化学家，医学教育家。

〔2〕 邹宜昌，耳鼻喉科医生。

〔3〕 吴蕴瑞（1892—1976），我国著名体育家。他在东南大学体育系毕业后留学哥伦比亚大学，是中华人民共和国成立后成立的体育高等学校——华东体育学院的创始人，在体育理论方面发表多部专著。

促进群众参加体育锻炼，改善健康状况有很大的指导意义。只是此类运动议题文章只是昙花一现，因重大事件而短暂出现，未能成为健康传播的重要组成部分，对运动议题重视不够。

1959 年，中华人民共和国成立十周年之际，《大众医学》刊载文章《医学卫生战线的胜利》，对中华人民共和国成立十年来的医学卫生工作做了总结："解放后的十年，是翻天覆地的十年，唱不完祖国的大跃进，且巡视一下卫生战线。党的领导，政治挂帅，破除了迷信万千。救活钢人丘财康[1]，医学打开了新的局面。除害灭病全民动手，群众运动热火朝天。千军万马送瘟神，移风易俗，全国面貌一变。劳动卫生抓得紧，疾病事故都大减，卫生工作为生产，生产讲卫生才安全。卫生站和托儿所，公共食堂和敬老院，清洁卫生又方便，男女老少开笑颜。党提出了中医政策，祖国医学天日重见，中医西医紧紧团结，整理几千年来的宝贵经验。科学研究大跃进，创造发明人人争先，十年来的成就，胜过了过去的千百年。踏上了卫生战线，胜利的号角响彻云间，劳动人民都像生龙活虎，建设祖国的劲头冲天。"

该总结也体现了健康传播工作的重点议题，如"除害灭病全民动手""卫生工作为生产""祖国医学天日重见"等。该总结体现了强烈的政治臆想，医疗卫生、人民健康不仅关系到个人的生老病死，也是国家的政治认同和制度优越性的体现。尤其是对传染病、寄生虫病等流行病的防治，"千军万马送瘟神，移风易俗，全国面貌一变"。旧社会是"吃人的社会"，人民生活在水深火热之中，医疗保健无从谈起。马克思[2]曾指出：工人的肺结核和其他肺部的疾病是资本生存的条件。人必须先获得解放，才能得到全面彻底的治疗。政府作为"为人民服务"的、无产阶级专政的政府，带领人民获得了解放，人民当家作主、有田耕、有屋住，在医疗卫生领域也受到了几千年来未有的关照，人民生活实现了"翻天覆地"的变化，瘟神被送走、移风易俗、面貌一新；祖国医学重见天日（国民政府时期，余岩等提出"废止中医"，中医受到西医的强力打压）。因此，中华人民共和国成立后人民卫生条件得到显著改善，铸就了"十年来的成就，胜过了过去的千百年"的辉煌。

小结：在继续开展破除迷信，卫生知识普及、启蒙工作的基础上。这一阶段，

---

〔1〕 丘财康是上海一名钢铁工人，在一次事故中大面积烧伤，按当时西方医学理论，丘财康难以活命，在医院的大力抢救下，丘财康成功脱险，成为医疗领域赶超世界先进的典型案例。

〔2〕 马克思恩格斯全集［M］. 北京：人民出版社，1979：529.

经历了抗美援朝时期的细菌战，取得胜利后，为了配合红红火火开展的祖国建设，国家有关职能部门都将工作重心从军事国防转移到生产建设上来。卫生、体育、教育、媒体等大力支持工农业生产，健康传播议题围绕影响国民健康的常见病、多发病和影响工农业生产的地方病、寄生虫病和职业病展开。作为媒介一元体制下的卫生宣传和科普载体，健康传播媒体基本按照卫生部门的指示，设置卫生知识、除“四害”、防治地方病、传染病和职业病等议题。体育事业的蓬勃开展也受到健康传播媒体的关注，如《大众医学》配合全运会召开，刊登多篇运动议题文章，宣传体育健身和康复，并介绍了部分运动项目。毛泽东提出“动员起来，讲究卫生，减少疾病”，要求卫生工作结合“打打球，跑跑步”，重视体育促进健康的作用。卫生宣传四项原则提出“预防为主”，我国的媒体健康传播能把预防当作首要目标，但20世纪50年代后期，高涨的建设热潮及各个战线形成的冒进思想，把治疗地方病、消灭虫害等置于重要位置。这一阶段的议题以除害灭病，保障生产为主。

2.3.3 低谷阶段（1960—1976年）议题特征：救灾防病，倾向农村

1960—1976年，我国经历了三年困难时期、中苏关系紧张和“文化大革命”的动荡，国家发展一度停滞不前，国民生活较为艰苦。

在困难时期，物质极为匮乏，卫生工作以救灾防病为主，仍然将预防、公共卫生作为重点。国家逐步建立了医疗卫生保健体系，人们的卫生和健康状况仍在好转。在“文化大革命”期间，国家卫生保健资源，医疗费用、医务人员等重心向农村倾斜，出现了农村医疗队、赤脚医生等为农村医疗服务的力量，农村的医疗保健情况大大改善，中国人的整体健康水平提高。“文化大革命”结束后，国民预期寿命达到68岁。1966—1976年，针对农村长期缺医少药，城市消耗大量医疗资源的现状，毛泽东批评卫生部是“城市老爷卫生部”，号召医疗卫生要为五亿多农民服务，不仅要搞研究，解决高、深、难等尖端医学问题，更重要的是解决常见病、多发病等基础卫生问题，而农村是这些常见病、多发病的工作阵地。

健康传播媒体在这一阶段出现了电视的身影，中央电视台前身于1958年5月1日开播，作为第一座电视台条件艰苦，节目有限，曾在“科技卫生和实用知识节目”中播出卫生宣传科教片。至1960年，电视台试行固定节目时间表中，每周设有固定的“卫生节目”，播出“医学顾问”，播出时间较长。“医学顾问”请医学专家

介绍一些医学知识和成果及常见病、多发病的预治[1]。“文化大革命”开始后，卫生宣传工作基本停滞，健康传播事业被说成是“保命哲学”“修正主义”，备受批判和破坏。科教文卫电视节目因政治不突出，“只讲吃穿”，被停止播出。面向大众的健康传播媒体被撤销，以《健康报》《大众医学》为代表的医药、卫生、保健等刊物停刊，电视台、广播电台中的卫生节目停播，健康传播事业进入低谷时期。这一时期，健康传播着重宣传如何防止食物中毒，食品制造和营养不良、水肿、农村常见疾病和传染病、地方病的防治。因纸张缺乏，1960 年后《大众医学》停刊，1965 年短暂复刊，“文化大革命”又被迫停刊。1965 年和 1966 年的杂志除“防病治病”“妇女保健”等版块外，还设置“除‘四害’讲卫生”“卫生员园地”等版块，议题主要以救灾防病和农村医疗为主。如《能为贫下中农治病是我最大的幸福》《农村中麻疹的处理》《农民的脚底皮肤病》《这是钩虫病》《灭蚊方法》《下乡成药介绍》《土生土长的药物》《消灭老鼠》等。杂志刊载除“四害”讲卫生、防病治病、妇女保健、用药须知、简易诊疗技术、急救技术、生理常识、卫生员园地、卫生宣传资料等版块。文章以农村卫生和除虫除害为主，杂志带有明显的革命色彩，在“文化大革命”时期，政治形势较为紧张，文章：《接生就是干革命》《当一辈子“赤脚医生”》等，表现了很强的政治语调。

“文化大革命”时期《人民日报》发表《城市卫生部门把工作重点转向农村》（1965 年 9 月 27 日）、《全心全意为农村医疗卫生事业服务》（1966 年 1 月 18 日）、《一只能医能农的医疗卫生队伍》（1975 年 4 月 14 日）等文章。思想下乡、医生下乡、药品下乡是工作重点转向农村的重要表现。一方面，城市的医疗队下乡送医送药，被称为“共产党毛主席派来的好医生”。另一方面，开展合作医疗和培养赤脚医生，为农民看病解忧。“合作医疗遍地开花，百万赤脚医生茁壮成长”，大批“半农半医”的“赤脚医生”背起药箱是医生，扛起锄头是农民，某大队赤脚医生收集土方、单方、验方 1 000 多个。在农村的卫生工作主要是食品饮水卫生防疫、接生、肠道传染病防治等。

总结：这一阶段国家动荡，卫生、媒体、体育等各种工作几乎停滞不前。健康传播议题以救灾防病为特点，并将内容重点倾向农村。医药议题、饮食议题是主要内容。

---

〔1〕 吴纯. 中国健康类电视节目发展研究［D］. 济南：山东大学，2010：12.

2.3.4 快速发展阶段（1977—1999 年）议题特征：养生保健，融入生活

（1）社会背景：国民生活改善，健康水平提高。

1978 年党的十一届三中全会吹响了改革开放的号角。工业生产、农业耕作和科学研究不再言必称“马列主义、毛泽东思想”，国家发展、经济繁荣从实践出发、从实际问题出发，政治、经济和社会发展走上正轨。1992 年邓小平同志南方谈话，解开了人们心中的枷锁，建设中国特色社会主义步伐加快，更具活力、步子更大的市场经济给中国的发展注入了活力，让中国的发展引擎打开了“加速器”。1978 年国民生产总值 3 624.1 亿元，居民人均收入 343.4 元，1997 年国民生产总值 74 772.4亿元，居民人均收入 5 160.3 元，国民生产总值年平均增速 9.8%。2012 年与 1978 年相比，人均收入指数增长了 10 倍，居民生活水平显著改善。人们的消费结构、生活状态发生了很大变化。根据马斯洛需要层次理论，动机和需要由低到高可分为五层，包括：生存需要—安全需要—情感需要（归属和爱的需要）—自尊需要—自我实现需要。在低级需要得到满足后，才会继续发展高层次的需要。对于生命体来说，第一层是生存需要，也是首先要满足的需要。生存需要包括维持生活所必需的各种物质需要，例如食物、水、遮蔽所、睡眠等身体生存必需需要。显而易见，食物是人类都必须满足的基础需要，家庭或个人收入水平较低时，食物费用支出所占比例较高。收入增加，食物费用支出比例下降，基本的生存需求得到满足，消费重心才会向穿、用、娱乐消遣等方面转移。因此，恩格尔系数越高，国家或家庭越贫困；恩格尔系数越低，国家或家庭越富裕。恩格尔系数下降是经济发展的重要标志。中华人民共和国成立初期，我国城镇居民恩格尔系数在 80% 左右，之后长期在 60% 以上徘徊，温饱不足是那个时代我国百姓生活的真实写照。改革开放以后，恩格尔系数则从 1978 年的 57.5% 下降为 2008 年的 37.3%。如今，我国百姓的消费结构正在向发展型、享受型升级[1]。我国城镇居民恩格尔系数 1996 年降至 50% 以下，于 2000 年降至 40% 以下；农村居民恩格尔系数 1999 年降至 50% 以下，2012 年农村居民恩格尔系数为 39.3%，降至 40% 以下，标志着我国全面进入了富

〔1〕 黄丽珠. 从 80% 到 37.3% 我国城镇居民恩格尔系数下降生活质量提升［N］. 金融时报，2009-08-20.

裕国家行列[1]。根据联合国的标准，我国于2000年以前，全面进入小康社会，至2012年，全面进入富裕社会。数据见表2-6，根据国家统计局网站整理[2]。

表2-6 改革开放以来我国城乡居民收入和恩格尔系数统计

	2012	2010	2008	2006	2004	2002	2000	1998	1994	1990	1986	1982	1978
城镇人均收入/元	24 564	19 109	15 781	11 759	9 421	7 702	6 280	5 425	3 496	1 510	900	535	343
城镇指数 1978=100	1 146	965	815	670	554	472	383	329	276	198	182	136	100
农村人均收入/元	7 916	5 919	4 760	3 587	2 936	2 475	2 253	2 162	1 221	686	423	270	133
农村指数 1978=100	1 176	954	793	670	588	527	483	456	364	311	277	192	100
城镇恩格尔系数/%	36.2	35.7	37.9	35.8	37.7	37.7	39.4	44.7	50.0	54.2	52.4	58.6	57.5
农村恩格尔系数/%	39.3	41.1	43.7	43.0	47.2	46.2	49.1	53.4	58.9	58.8	56.4	60.7	67.7

“文化大革命”后卫生部将主要任务和职责定位为：根据党和国家建设的路线、方针、政策，管理全国卫生事业，开展防病治病工作，提高人民的健康水平。中华人民共和国成立后卫生事业的发展成果显著，虽有“文化大革命”期间的波折，但我国居民的健康状况得到了很大改善。1949—1978年我国居民的平均预期寿命从35岁增至68岁，2000年预期寿命为71.4岁，比改革开放前又增长3.4岁。国家先后颁布了食品卫生、药品管理、传染病防治、国境卫生检疫、红十字、母婴保健、献血、执业医师等8部卫生法律，制定了23件卫生行政法规和数百件卫生规章[3]。随着国家综合实力的增强，国民生产总值屡创新高，影响国民健康的致病因素发生变化。传染病、不良卫生习惯等导致的患病人数和死亡人数显著下降，而饮食结构不合理和静坐少动的生活方式导致的慢性疾病明显增多。1957年前五位死亡原因依次是呼吸系统疾病、急性传染病、肺结核、消化系病、心脏病。20世纪80

[1] 联合国粮农组织提出的标准，恩格尔系数在59%以上为贫困，50%~59%为温饱，40%~50%为小康，30%~40%为富裕，低于30%为最富裕。

[2] 国家统计局. 居民收入统计[EB/OL]. [2014-11-15]. http://data.stats.gov.cn/workspace/index?m=hgnd.

[3] 国家统计局编. 新中国五十年[M]. 北京：中国统计出版社，1999：85-86.

年代以来已转变为恶性肿瘤、脑血管病、心脏病、呼吸系统疾病、损伤和中毒[1]。从全国慢性病的统计数据来看，在19世纪和20世纪50年代相比，20世纪90年代的高血压患者增加了132%；和20世纪70年代相比，20世纪90年代恶性肿瘤患者增加了29%；20世纪90年代糖尿病患病率是20世纪80年代的4.8倍[2]。

医疗卫生科技能够提高人们的生活水平、培养人们良好的卫生习惯，使我国传染病的病死率显著下降，但慢性病的发病率却升高，危害性变大。现代医疗科技可以通过计划免疫、抗菌抗病毒控制传染病、寄生虫病和感染性疾病等，通过研发新药、新技术甚至器官移植等手段治愈疾病、康复损伤，延长寿命。但医疗科技面对因生活方式和机体衰老而致的慢性病却“束手无策”、进展缓慢，在药物、手术难以根治的情况下，改变生活方式成为最佳选择，人们通过健康认知和素养的提升，能够预防疾病、缓解症状，甚至恢复健康。对于WHO所列现代难治病，尤其是临床流行病如高血压、脑卒中、冠心病、糖尿病，重在制定科学合理的防治策略。要以“防”为主、为先，强化健康教育，提高民众卫生素养[3]。世界卫生组织于1992年发表了著名的《维多利亚宣言》，提出了健康的四大基石：合理膳食，适量运动，戒烟限酒，心理平衡[4]。我国的健康教育和健康传播中关于生活方式主题往往以《维多利亚宣言》为基础。

在体育工作领域，1979年全国体育工作会议召开，部署新时期体育工作。会议提出将工作重点放在体育业务上，提出普及和提高相结合，并侧重抓提高。竞技体育成为国家体育部门工作的重点与核心，形成“思想一盘棋，组织一条龙，训练一贯制”的竞技体育布局。尽管我国在1984年汉城奥运会取得金牌零的突破，在2000年悉尼奥运会位列金牌榜第三名，竞技体育开出诱人的花朵，但群众体育一直难有起色。20世纪80年代中期，国家体委提出了以青少年为重点的群众体育发展战略，1995年颁布了《全民健身计划纲要》和《中华人民共和国体育法》，相关法规和条文的制定在一定程度促进了体育事业的发展，但我国群众体育仍与发达国家有差距。至2000年，我国体育人口总数低于工业发达国家，但高于发展中国家的平均水平，我国体育人口的年龄结构偏高，锻炼方法多采用中国传统的健身养生方

[1] 国家统计局编. 新中国五十年［M］. 北京：中国统计出版社，1999：10.
[2] 茹韶华. 现代生活悄然改变疾病谱［N］. 洛阳晚报，2008-4-62.
[3] 王红漫. 医学社会学读本［M］. 北京：北京大学医学出版社，2010：序.
[4] 王文志，刘红梅. “维多利亚宣言”内容介绍［J］. 中国慢性病预防与控制，1995，4（3）：186.

法[1]。虽然气功、健美（健身教练马华的每天健身5分钟）等一度掀起热潮，但并未形成运动健身的良好局面。其原因在于，一方面体育职能部门受金牌至上思想的局限，群众体育在确保奥运争光的影响下，资源配置、规划开发受到了一定的挤压。另一方面，经济高速发展，片面追求增长率，忽视了群众体育等民生工程。体育促进国民健康的重要作用未受到充分重视，卫生和体育部门的合作并未深入展开。

（2）媒介环境：媒体数量增加，影响力日增。

改革开放以来，我国的卫生宣传事业取得了飞速的发展，从事健康传播的媒体数量大大增加，健康传播服务能力快速提升。1978年8月《大众医学》复刊；1979年7月《健康报》复刊，并且把报纸第四版设为“医学科普知识——知识与健康”专版，面向广大医务工作者及普通百姓传播卫生知识，这两份标志性的卫生保健刊物掀起了全国卫生报刊复刊的热潮，并引领了报刊办报、办刊的方向与趋势。据1981年在北京召开的第一次全国卫生报刊座谈会统计，当时有17种卫生科普报纸、10种卫生科普杂志获准向全国公开发行，此外还有220多种内部发行的卫生报刊[2]。其中，《健康报》每份发行量达60万份，《大众医学》月刊发行量达58万份，分别位列卫生报纸和科普期刊的第一位。其他较有影响力的报纸还有沈阳市卫生教育所出版的《卫生与生活》、湖南省卫生厅出版的《大众卫生报》、中华医学会浙江分会出版的《生活与健康报》等，发行量均达到20万份以上；有影响力的期刊有北京市卫生局主办的《健康》、新体育杂志社出版的《健康之友》等，发行量超20万册。1983年8月在沈阳召开了全国卫生科普报刊工作座谈会。卫生部顾问、全国卫生宣传教育协会主席黄树则对卫生宣传工作提出了“两个为主”方针，即卫生科普报刊要以群众需要为主和预防为主。1986年5月，全国第二次卫生报刊研讨会召开，当时面向全国发行的健康报纸36种，杂志17种。到1988年底，全国公开发行的杂志为22种，报纸为36种，未公开发行的报纸108种，杂志11种[3]。北京、上海、江苏、山东等地是科普报刊发行的大省，这与我国改革开放，解放思想的方针有密切关系，我国报业进入快速发展时期，卫生科普、健康报刊也迎来了黄金时代。此时，发行量最大的报纸，《健康报》和《卫生与生活》的发行量达50万份。发行最大的期刊，《大众医学》《健康》《家庭医生》超过百万册。1984年9月

---

〔1〕卢元镇．体育社会学［M］．北京：高等教育出版社，2006：97.

〔2〕陆江，李裕峰．中国健康教育史略［M］．北京：人民军医出版社，2009：84.

〔3〕陆江，李裕峰．中国健康教育史略［M］．北京：人民军医出版社，2009：105.

25 日中国卫生宣传教育协会成立大会召开。卫生部部长崔月犁出席会议，并发表了题为《卫生宣传是最大的预防》的报告[1]。1990 年 4 月 20 日，中国卫生宣传教育协会举行了理事会扩大会议，并更名为中国健康教育协会，协会成员包括医药、卫生、文化、教育、广播影视等部门，成员更为广泛。国家体育总局成为中国健康教育协会第二届理事会成员，协会先后有过 11 个专业委员会。通过了新的章程，规定协会宗旨：坚持党的卫生工作方针，团结各界健康教育工作者，为提高中华民族卫生科学知识水平，建立健康的行为与生活方式，增强健康素质，促进社会主义精神文明建设而努力[2]。卫生与文化和大众媒体合作日益成为健康传播的主渠道。1992 年，上海人民广播电台创办“悄悄话”栏目，进行性教育。1995 年 6 月，山西省卫生厅与山西省人民广播电台联合创办我国首家医疗卫生专业广播电台——“山西健康之声”。河北省健康教育所与河北人民广播电台合办卫生与健康栏目。1997 年，深圳市健康教育研究所与深圳广播电台开办“健康新地带”栏目，广东、四川、浙江、贵州等省市随后相继开通了类似“健康之声”的广播电台。

1981 年，《健康顾问》栏目在广西电视台播出。1985 年，《健康百话》在北京电视台开播。1996 年，中央电视台《卫生与健康》转型，《健康之路》栏目开播，2000 年改版，节目包括《直播版》和《周末刊》。1997 年起，卫生部与中央电视台《健康之路》栏目合作，进行了广泛的医药卫生知识宣传、教育活动，有影响力的健康类栏目还有《中华医药》等栏目。卫生报刊、卫生美术和卫生影视已成为我国卫生科普的重要途径和渠道，成为我国卫生科普的一支重要力量[3]。

“文化大革命”结束后，为扭转“文化大革命”造成的出版编辑工作的瘫痪局面，适应群众对报刊书籍的广泛需求，1978 年国务院、国家计委提出：出版全国性的社会科学、文艺、体育及工、青、妇等群众教育期刊，要经党中央宣传部批准；出版全国性的自然科学和医药卫生期刊，要经国家科委批准；地方性期刊，要经省、市、区党委批准。1978 年 10 月，中央宣传部通知：全国性刊物均由中央有关部门和国务院有关部委负责批准，不必再报中央宣传部。期刊的审批由各部委和省区市党委负责。审批办法和权力的下放使得出版单位和出版刊物的数量迅速增长。1977 年期刊种数为 628 种，1982 年期刊种数为 3 100 种，几乎增长 4 倍。由于期刊数量

〔1〕 朱庆生，殷大奎，彭玉，等. 中国健康教育五十年［M］. 北京：北京大学医学出版社，2003：35.
〔2〕 朱庆生，殷大奎，彭玉，等. 中国健康教育五十年［M］. 北京：北京大学医学出版社，2003：16.
〔3〕 朱庆生，殷大奎，彭玉，等. 中国健康教育五十年［M］. 北京：北京大学医学出版社，2003：37.

激增，1982 年 7 月，中央宣传部提出：哲学、社会科学类期刊由文化部审批，自然科学期刊由国家科委审批，解放军系统期刊由总政治部审批，地方期刊由省市党委审批。此后，国家出台相关文件指出：期刊出版后，有关办刊方针的贯彻和思想内容的审查，以及对刊物的行政领导，均由期刊的上级主管部门负责，期刊主管主办制度出现并确立。

1978 年，财政部同意以《人民日报》为主的八家单位试行报社企业化管理，从此中国开始了媒介体制一元，运作模式二元的体制改革，向有中国特色的“事业单位，企业管理”模式过渡。这次媒介制度变迁的渐进性表现在它不是同时改变一整套具有耦合关系的媒介制度簇，而是在保留既有媒介体制的情况下，改革媒介的经营制度，以此启动了 20 世纪 80 年代以来的媒介改革〔1〕。1979 年，《解放日报》率先刊登第一则广告，搅动改革开放后的媒体经营格局。1983 年，《中共中央、国务院关于加强出版工作的决定》指出：出版工作要为人民服务，为社会主义建设服务，弱化了政治服务功能。经文化部出版局批准，出版社定性为“事业单位，实行企业管理”，出版社开始面向市场寻求生存〔2〕。1984 年，全国地方出版社工作会议要求扩大自主权，提高经营主动性。出版社要将奖励、福利同利润挂钩，向生产经营型转变。1985 年《洛阳日报》自办发行，脱离了邮政发行系统，1987 年，国家科委首次将“新闻事业”和“广播电视事业”纳入“中国信息商品化产业”序列，这标志着国家对新闻传播业产业属性的认可〔3〕。1987 年《广州日报》扩版，中国开启了“厚报时代”。1995 年《华西都市报》创办，都市报热潮兴起，1995 年中国开始“触网”，Internet 兴起。20 世纪 90 年代以来，中国出版业出于自身发展的需要和迎接入世后的挑战，开始了组建出版集团的探索和实践。集团化是出版业改革的中心内容之一〔4〕。1978—1999 年，中国媒介体制变革的大事件层出不穷，媒介发展屡屡突破限制，激发了媒介的活力，媒介发展风起云涌。健康传播媒体格局发生改变，从过去的报刊为主，逐渐形成报刊、电视、广播爆发式发展的局面，尤其是电视媒体随着电视机的普及和电视台、电视节目的丰富，凭借电视及时快速、表现丰富、通俗易懂的优势而迅速成为媒体的宠儿，健康传播电视栏目于 20 世纪 90

〔1〕 潘祥辉．中国媒介制度变迁的演化机制研究：一种历史制度主义的视角［D］．杭州：浙江大学，2008：24.

〔2〕 郝振省．中国新闻出版业改革开放 30 年［M］．北京：人民出版社，2008：17 - 18.

〔3〕 方汉奇．中国新闻传播史［M］．北京：人民大学出版社，1999：426.

〔4〕 郝振省．中国新闻出版业改革开放 30 年［M］．北京：人民出版社，2008：26.

年代登陆荧屏，逐渐成为受众获取健康信息的主要渠道。网络发展日新月异，集传统媒体的优势于一身，在健康传播领域潜力巨大。而且，媒介体制变革，大部分媒体脱离了政府的“哺育”，自负盈亏。这一时期，健康类大众传媒市场意识觉醒，在媒体运作上表现为以市场为导向的发展理念逐步渗透[1]。媒体面临经济压力，转换经营理念，采取区别定位、细分市场等策略，展开竞争。

健康传播媒体百家争鸣、百花齐放。报纸、杂志依然拥有众多忠实的读者，是健康传播的主力军。《健康报》《卫生与生活报》《生活与健康报》等报纸创刊早，发行量大；《中国家庭医生》《大众医学》《健康》《大众健康》《家庭医学》等杂志办刊灵活，依托优质医疗卫生资源，部分杂志发行量达百万册，影响力较大。广播、电视等健康类媒体也抓住良好时机，迎头赶上，尤其是电视节目具有通俗、表现形式丰富等优势，迅速占据健康传播的高地，成为人民群众了解健康信息的重要渠道。

（3）主要议题：生活方式内容增加，日常保健受到重视。

自 1978 年开始，“文化大革命”前原有健康传播媒体逐渐恢复，并有大量新办媒体面世。媒体中的议题与改革开放前相比有较大的差别，媒体的政治色彩褪淡，市场力量发威，民众的日常生活受到关注。

《大众医学》是最早的大众科普医疗保健杂志，群众基础较好，1966—1977 年停刊阶段的十几年里，收到来自全国各地来信，要求复刊。在原卫生部钱信忠部长的支持下，《大众医学》在 1978 年 7 月复刊，抢得市场先机，其后发展迅速，影响力日盛。复刊初期，鲍国华主编带领编辑人员奔走于上海、北京、武汉等大城市的医学院校、各大医院、科研单位等，约请富有经验、掌握第一手资料的医生、研究人员撰稿。同济医科大学（现华中科技大学同济医学院）还专门成立了由校长、专家组成的《大众医学》编辑委员会，每年组织一期专稿。由于各医学单位和专家学者的大力支持，《大众医学》取得了辉煌业绩，期印数曾一度超过百万册。

曾任中国医学科学院院长、首都医科大学校长的我国著名医学家、医学教育家黄家驷在《大众医学》1978 年的创刊号（复刊）中发表《让医学科学知识普及全民族》的文章，文章指出提高国民健康水平要提高医学科学文化水平，一方面，要进行医学科学技术的攻坚战，赶超世界先进水平，造就一支宏大的、第一流的医学科学技术专业队伍；另一方面，还要大力开展医学科学的普及工作，使广大干部、工人、农民、战士和青少年，都能够懂得与自己的生老病死密切相关的医学科学道

[1] 张自力. 健康传播学：身与心的交融［M］. 北京：北京大学出版社，2009：137.

理，掌握必要的卫生保健的科学知识，使专业队伍和群众队伍结合起来，组成浩浩荡荡的医药卫生文化大军，加速实现四个现代化的步伐。《大众医学》就是开展医学科学普及工作的桥头堡，作为创刊最早的大众医学读物，大众医学带领了风气之先，受到医学专家、医务工作者、卫生管理机构和领导的重视，是健康教育、健康传播的一面旗帜。黄家驷作为医学家和科学管理者，不仅是蜚声国际的高端医学科学技术的研究者，也是医学科普工作的先行者和倡导者，他深刻认识到科普工作的重要性，所以提议：一切从事医学科研、教学、临床和卫生防疫工作的同行们，不论中老年和青年，大家都来重视医学科学普及工作，运用各种各样的科普阵地，采用丰富多彩的形式，把医学科学知识普及到城市去、到农村去、到工矿去、到边疆去，让医学科学知识普及全民族。

黄家驷的文章代表了当时医疗卫生工作者对健康传播的认识，推动了健康传播实践和活动的开展。因为刚刚从高压政治环境下走出来，人们的话语中政治色彩仍浓郁，卫生工作要为四个现代化建设服务。而服务的方式，对健康传播来说，就是“开展医学科学的普及工作”，就是“医学科学知识普及”。文章强调了医学科普工作的重要性，“科学”话语突出，“科学知识”“科学道理”“科学普及”等词汇陈列，建构了健康传播“医学+科普”的模式。该模式也成为我国健康传播的主导模式，强化了“医学”的强大主导地位，赋予医学绝对“话语权”。文章虽把普及“医学科学道理”“卫生保健知识”作为《大众医学》杂志的重要任务，重视医学的大众化，但文章未明确提及日常生活方式，没有将饮食、运动、心理等内容涵盖进来，还局限于狭隘的医学观念中，身体、心理、社会健康的大健康观念未确立。改革开放后，思想解放，经济发展迅速、人民生活显著改善，媒体健康传播中生活方式议题迅速增多。

《健康报》也于1979年7月1日复刊，复刊后的《健康报》仍以国家的医药卫生事业为宣传报道对象，肩负卫生部机关报的重任，不仅宣传我国卫生政策、卫生科技成果，而且开辟《知识与健康》专栏，面对普通读者，传播卫生保健知识，分设《医与法》《美的塑造》《科普小说连载》等版块，内容涉及提高群众健康的生活方式等内容，包括饮食、运动、心理等（图2－10）。

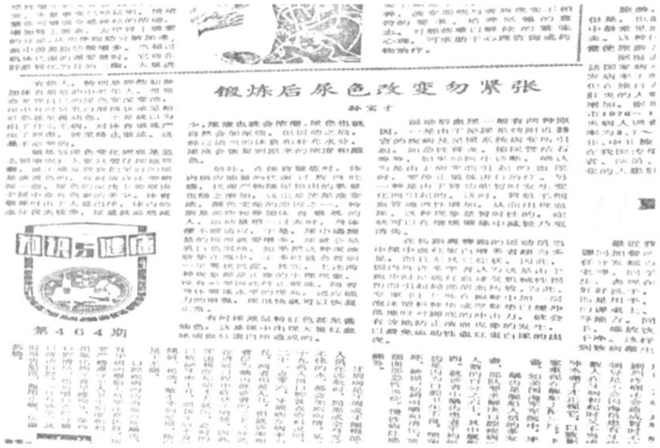
锻炼后尿色改变勿紧张

知识与健康

第464期

图2-10 《健康报》设置的《知识与健康》专栏

20世纪80年代开始，健康传播媒体如雨后春笋般出现。国家部委、省地级卫生部门均创办了相关的健康媒体，如《大众健康》杂志，该杂志1985年创刊，主办单位为健康报社。在发刊词编者写道：

《大众健康》名字好熟，似曾相识。但它确是一本新的刊物。顺应社会主义经济体制改革，为促进在全社会建设文明、健康、科学的生活方式，《大众健康》应运而生。

《大众健康》，顾名思义，凡属人们的衣食住行、家庭生活、个人心身状况、生老病痛、求医问药、医药信息、家庭护理、社会救治、精神文明种种，无不为本刊所涉猎。男女老少，城乡居民，各行各业，均宜订阅。(1985年7月)

中华医学会会长吴阶平在创刊号中发表《刊物为大众 大众办刊物》祝贺杂志创刊，指出：在我国经济建设顺利向前发展，人民的物质文化水平逐步提高的今天，党中央号召我们，要努力在全社会形成适应现代生产力发展和社会进步要求的文明的、健康的、科学的生活方式。我们的医药卫生科普宣传工作，我们的刊物都要为这个目标服务，这是在更高层次上的“为大众”。(1985年7月)

《大众健康》杂志将“医药卫生科普宣传工作”作为刊物的目标，创刊阶段的主要版块有健康咨询、家庭护理、专访、现代生活、用药须知、人到中年、残疾人之友、健与美、人体奥秘、讲科学破迷信等。作为健康传播媒体的“国家队”，卫生部主管主办的健康报系媒体，代表了健康传播媒体的发展方向。《大众健康》杂志是面向大众、以家庭保健、生活方式等为主的期刊，旨在倡导“文明的、健康的、科学的生活方式”，议题向民众的生活领域倾斜。

电视普及和制作内容丰富，电视作为健康传播媒体的作用日渐重要。从20世纪

60年代的《医学顾问》等科教类栏目，至20世纪80年代后的《卫生与健康》《健康与长寿》《健康百话》等健康栏目，健康类电视栏目崭露头角。但是，受限于当时的经济社会发展水平和媒介关注度，健康栏目还不能成为大众接收健康知识和信息的主要渠道，人们思维中还未形成积极的健康理念[1]。20世纪90年代后，电视作为最具影响力的媒体，成为人们休闲娱乐、获取信息的重要方式。中央电视台于1996年开播《健康之路》栏目，栏目中健康传播议题以疾病防治为主，部分议题关注生活方式。《健康之路》《中华医药》等栏目开播早，播出时间长，内容通俗易懂、贴近生活，电视健康传播也迅速发展起来。

1950—1978年以前的媒体是国家卫生主管部门的宣传工具，属于“计划”内的媒体，是卫生战线里“党的喉舌”，政策上遵守国家关于卫生、新闻等法律和管理条例，经济上依赖于国家的财政拨款，人员安排上遵从国家的调度，而传播内容和主题吻合于国防、生产和卫生工作的路线方针。尽管，各种媒体在传播健康知识、改善人民健康状况上作出了突出贡献。但，媒体的自主性较差，媒体健康传播议题与人民日常生活结合不紧密。如《大众医学》杂志版块设置较少或者没有版块设置，文章篇幅较长，不定期的发行专号。1978年以后，国家的各项事业解放思想，发展迅速，媒介体制突破一元局限，媒体自主性增强。《大众医学》等健康传播类杂志、报纸利用发展机会，版块调整与设置顺应时代发展，与时俱进。

1978年，《大众医学》因为刚刚复刊，人力、物力有限，出版工作在停止了十多年后“重打锣鼓再开张”，既要跑发行、印刷，又要联系专家组稿件，所以复刊的《大众医学》出版任务艰巨，刊物的版块设置还没有成型，采用的无版块编排，杂志页数为40页，发表文章约20篇。1980年，《大众医学》设置了10个版块，在这些版块的基础上进行组稿，编排。复刊后《大众医学》的关注对象是病患和弱势群体，如妇女、儿童、老年，以及疾病防治，重点突出肿瘤防治。生活方式方面设置了医疗体育、饮食与营养版块，主要内容还包括：卫生常识、基础医学知识、中西药物，并为祖国医学和针灸推拿保留了版块。从1980年开始，《大众医学》的版块设置数量呈现逐渐增加的趋势。1980年为10个版块，1982年为15个版块，1984年为19个版块。复刊初期，《大众医学》不断进行适当的版块调整，1986年新增肝炎防治、吸烟与疾病、性医学与生育等版块；改版后设立了心理卫生、康复医学和预防环境医学版块，取消了气功——体育与医疗版块。至20世纪90年代，美容、

---

〔1〕 姜思羽. 健康类电视栏目的健康传播研究［D］大连：大连理工大学，2013：12.

性保健和食疗等议题在《大众医学》中受到重视。该杂志1991年新增医与美版块和食疗版块，开设性知识百问版块。1995年新增女性世界、我的育儿经、护肤美容版块；医与美改版为美容医师版块。1998年护肤美容改版为健康时尚、美容新干线。1999年女性世界改版为红颜知己，性知识百问改版为百姓问性。居民生活水平得到改善后，更高层次的需求得到释放，对容貌美、性爱享受和食品美味的追求也受到了媒体的关注。杂志的版块变化，反映了群众患病、社会需求等情况的变动。

在重大公共卫生事件面前，媒体健康传播对传染性疾病防疫工作也予以重视。人类的历史，也是与疾病抗争的历史。自有生民以来，人类即饱受各种疾病的侵恣；一直到现代，人类和疾病的斗争也从未停止过[1]。各种恶性疾病威胁着人类的生命，其中“艾滋病”是最难以攻克，且危害极大的新病种之一。20世纪80年代，我国的公共卫生事件重点有艾滋病、甲肝等。1982年，来自非洲大陆的一种疾病被命名为“艾滋病”，我国1985年出现首例病例。媒体对艾滋病的报道和宣传成为这一时期的重要议题。艾滋病防控不仅是病毒的灭除，更是个体生活的规训。因为艾滋病以血液、体液接触为传播渠道，个体的性生活、血液接触等行为需要“严加看管”。现代卫生学的成果显示细菌和病毒无处不在。个体行为的散漫，不仅可能导致自身的疾病，也危及他人的健康，进而威胁着民族的复兴和国家的强盛。经由这种话语转换后，卫生不再是单纯的个体行为，而与保种救国的大计紧密地联系在一起。于是，个体的自由在群体自由面前被轻视，个体行为也被纳入整体行为要求的统一形塑之中[2]。在关乎民族危亡、国家安定的重点公共卫生事件面前，健康传播媒体能够担当起重任，强化有关议题，突出疫病的防控。

《大众医学》在1988年新增艾滋病与性病版块；性医学与生育改为性教育、饮食与营养改为吃的科学。1988年在世界卫生组织的倡议下，世界许多国家设立了“无烟日”和“艾滋病日”，杂志设立了吸烟与健康和艾滋病与性病版块。艾滋病是世纪之病，没有药物可以预防和治疗艾滋病，只能通过健康的性行为等方式，避免血液和体液接触。因此，全世界范围内开展了艾滋病预防的宣传工作，国家还出台有关政策，强制要求主要媒体必须配合预防艾滋病宣传，为艾滋病防治提供媒体平台。通过大量的宣传报道，艾滋病的蔓延才得到遏制。正是在这个意义上，联合国

---

〔1〕 胡宜. 送医下乡：现代中国的疾病政治［M］. 北京：社会科学文献出版社，2011：8.

〔2〕 胡宜. 送医下乡：现代中国的疾病政治［M］. 北京：社会科学文献出版社，2011：46.

艾滋病署全球总裁彼得·皮澳特强调，记者可以比医生挽救更多的生命[1]。

快速发展阶段，健康传播媒体议题对慢性病予以关注。《大众医学》常年设置“征服癌症”版块，从20世纪70年代末就重视心脑血管病的防治，《高血压与中风》《高血压病防治常识问答》（1978年12月）。20世纪80年代开始，慢性病危害日益严重，关于心脑血管、糖尿病的文章逐渐增多。《高血压病人的治疗选择》《为什么吃盐过多会引起高血压》《诊断冠心病的好方法》《饮食与冠心病》（1980年12月）；《糖尿病防治知识讲座十二讲》（1981—1982年）等。随着疾病谱系的变化，进入20世纪90年代，国家卫生部门逐渐将慢性病防治作为卫生工作的重点之一。1997年，卫生部疾病控制司颁布《全国社区慢性非传染性疾病综合防治方案（试行）》，对慢性病的防治高度重视。报纸、杂志、电视、广播等媒体根据国家有关部门的指导精神，也顺应民众的需求，大量设置慢性病防治的内容。

内容分析的量化统计显示，饮食议题增长最迅速。《中华人民共和国食品卫生法（试行）》，1988年，《卫生部关于加强营养工作的通知》要求加强对人民群众进行营养知识宣传和营养指导，使他们认识到合理膳食的重要性，懂得食物搭配。1995年，《中华人民共和国食品卫生法》。1997年，《国务院办公厅关于印发中国营养改善行动计划的通知》要求加强信息工作，促进营养知识，尤其是母乳喂养、科学育儿、膳食平衡等知识的宣传与普及。《健康报》（1986年12月18日）向全世界公布全国营养调查结果。居民主要营养素摄入量略高于亚洲平均值，但儿童青少年部分营养素缺乏。饮食问题逐渐成为社会热点。《大众医学》开设科学饮食、食疗等版块。《食油储存不应超过一年》《主食佳品——面包》《铁锅烧菜加点醋》《溃疡病人饮食新知》《阻止血脂升高的食物》（1987年）等文章，涉及食品安全、饮食习惯、营养等议题。

改革开放以后，生活节奏加快，来自学习、工作、家庭的压力增加，心理问题凸显。《大众医学》开设《心理卫生》版块，发表《你了解孩子的心理需要吗》《临考紧张如何消除》《由不良情绪引起的头痛》等文章，心理议题紧贴受众生活。

《大众医学》在性知识、性医学议题的传播上“敢为天下先”，率先突破文化、世俗的禁锢，在医学科普杂志中为性科学开辟一块天地。当时，人们对性问题依然讳莫如深，媒体更是谈“性”色变，性保健、性疾病等科普宣传依然是一片寂静。

---

〔1〕 赵曙光，李鼎，倪燕．中国健康传播研究：从媒体舆论到医患沟通［M］．长春：吉林大学出版社，2010：3.

姚德鸿（上海交通大学医学院男科学教授、优秀科普作家、中华医学会男科学会委员）撰写了一篇男性性功能方面的科普文章——《男子的性功能障碍》，向《大众医学》编辑部投稿。他在以后发表的文章《〈大众医学〉点燃我的科普写作热情》中记述了他与编辑部的信函往来过程，他于1978年秋天寄出稿件，数天后接到编辑部回函。《大众医学》编辑连洁群在回函中写道："现在虽然时机尚未完全成熟，但是科学的春天已经到来，开展性科普教育也已指日可待。你能大胆跨出这一步，精神可嘉，来稿我们会妥善保存，一旦适合刊登时，定会及时让它'出笼'，请放心并静候消息。"终于在1979年2月《大众医学》上发表了该文章。《现代家庭》杂志2005年发表文章称1979年姚德鸿的文章"一石激起千层浪"。此后，关于"性"的文章不再是"难言之隐"，不再遮遮掩掩。《大众医学》开辟了专门的"性医学"版块，并多次改版，还增设过"性知识百问""百姓问性"等性医学问答的版块，文章涉及的主题也大胆突破，从过去的生育卫生、妇女卫生、男性卫生等传统性观念，发展到"性情趣""性高潮""性爱"等性文化议题，并得到了读者的认可。直至近日，由于私密性和媒介表现特征，杂志在性医学、性保健领域中仍然是健康传播的中坚力量，《大众医学》在这方面的开拓与进取功不可没。

健康传播中关于运动的内容也受到一定重视。20世纪80年代的气功热潮，催生了各类气功健身杂志、报纸。20世纪90年代中，媒体中大众健身的项目增加了时尚元素，马华参与的每天五分钟健身节目曾掀起健身操、舞蹈、街舞等热潮。1995年全民健身计划实施等，让体育成为媒体和大众关注的焦点。

但我国居民体质情况并未得到明显好转，尤其是学生体质下降令人担忧。中国学生体质与健康调研工作起步于20世纪70年代末期，以1979年开始的"中国儿童青少年身体形态、技能和素质的研究"为发轫，先后在1985年、1991年、1995年、2000年、2005年、2010年进行大规模的调研工作。1985—2000年，身高、体重、胸围等身体形态指标均呈增长趋势，肺活量、速度、爆发力、力量耐力、耐力素质等身体素质指标呈下降趋势，不同指标下降幅度呈现不同特点[1]。1996年，中国约有4.2亿人口不同程度地参加体育锻炼及活动，但以中学生和老年人居多，中青年偏少。而且，群众体育锻炼缺乏科学指导，甚至造成"运动猝死"，中国居民参

〔1〕 中国学生体质与健康研究组. 2005年中国学生体质与健康研究报告［M］. 北京：高等教育出版社，2008：9－48.

加运动健身的科学性和系统性亟待提高[1]。媒体健康传播对运动议题的传播力度和效果不尽如人意。

《大众医学》中的运动议题：1978 年杂志发表李春阳撰写、刘世颖绘图的《五禽戏选操》，介绍了起源于汉末名医华佗的传统导引项目五禽戏，动作名称分别为上山虎、仰脖鹿、双臂猿、单臂熊、斜飞鹤。每套动作有歌诀，有方法说明，并配以详细的图解。如“斜飞鹤”歌诀：展翅斜飞好轻灵，高空飞翔落草坪；肢体下蹲理三焦，直接作用大肠经。赵光胜撰写的《高血压病的自我治疗》指出，高血压病人的自我治疗方法很多，代表性的是气功和太极拳。赵光胜认为，气功是一种整体治疗，降压只是它的效果之一，它尚能振奋体力与精神，培养自我控制和与疾病作斗争的信心，明显改善症状，完全没有用降压药后可能发生的副作用。夏廉博撰文《与老年人谈保健》指出，适当的活动可以防止肌肉萎缩和骨骼的脱钙和疏松，减轻关节增生，改善血液循环，提高神经系统功能，解除焦虑和松弛精神，有助于睡眠，并谈到了具体的锻炼强度为“步行 23 ~ 30 分钟”。范振华发表《让截瘫病人重新站起来》一文，指出锻炼可以促进外伤性截瘫的康复，并保持伤员的健康，防止各种合并症。何仰英、邹大华、郑吟亚等撰写《从小锻炼身体好》一文，邹大华编著《幼儿体育在国外》，分别介绍了体育锻炼对老人和儿童的健身作用，提倡他们参加体育运动。1978 年后，《大众医学》设立“医疗体育”“医学与体育”“气功体育与医疗”等版块，但运动版块未受重视，有时被取消。《大众医学》杂志相继发表《自我按摩和医疗体操治疗慢性前列腺炎》《骨折后膝关节功能障碍的体疗》《乳腺癌手术后的康复锻炼》《低血压保健操》《气喘病人的保健操》等文章。运动议题以康复、医疗为主，利用运动恢复身体功能，运动项目以传统体育，如气功、太极拳等为主，还有各种保健操，对体育的认识还较为狭隘，对体育健身、健心的功能挖掘不够。

总结：1978 年，党的十一届三中全会胜利召开，党和国家工作的重点转移到国家现代化建设上来。与改革开放前相比，生产力得到进一步解放，生产效率提高，中国慢慢摆脱了物质紧缺、精神生活单调、文化限制的时代。科学技术快速发展，人们的生活水平大大改善，生活方式也悄然发生变化。吃不饱、穿不暖的日子离人们远去，人们过上了富裕的生活，饮食结构、休闲方式和因此而产生的健康问题与

[1] 中国群众体育现状调查研究组．中国群众体育现状调查与研究［M］．北京：北京体育大学出版社，1998.

改革前大不相同。

因为城镇和农村卫生状况的改善，民众对生活卫生知识的掌握程度提高和卫生服务工作的开展，我国的健康传播媒体的医药议题已较少关注除虫除害、黑热病、疟疾、血吸虫病等传染和寄生虫疾病。医药议题关注的重点为改革开放后中国居民的常见病、多发病和危害较重的病。20 世纪 80 年代开始，以心脑血管病、糖尿病为主的慢性病成为危害我国人民健康的“罪魁祸首”，慢性病发病率和因慢性病导致的死亡率逐年递增，慢性病的高发使国家医药卫生费用快速增长、人民健康状况受到影响。健康传播媒体对慢性病的关注逐渐加强，关于慢性病议题的设置和文章增加。改革开放以来，居民生活水平显著改善，消费方式和消费类型转变，居民消费恩格尔系数降低，人们对美好生活的追求更加强烈，出现了更高层次的需求。对于美容的需求、美食的需求和性的需求在健康传播中站稳脚跟，从悄然出现到大张旗鼓，这些议题成为纸质媒体的常规设置，在其他健康传播媒体中也占据一定分量。媒体对健康议题的设置逐渐突出大众的自我保健，议题融入生活元素，注意生活方式的宣传和引导。

2.3.5 多元竞争阶段（2000—2014 年）议题特征：慢病防治，生活品质

（1）社会背景：生活步入小康，文明病危害严重。

进入 21 世纪，中国进入发展的快车道，各项事业蒸蒸日上。加入世贸组织、成功申办和举办北京奥运会、举办世博会、国民生产总值跃居世界第二等一系列令人瞩目的成绩，向世界证明中国的崛起。我国的综合国力、人民生活水平显著提高，同时医疗体制改革、医保制度的完善，使我国医疗服务能力都大大改善。2000 年全国第五次人口普查数据显示，中国人均预期寿命为 71.4 岁；2005 年人口变动抽查数据显示，预期寿命为 73 岁；2010 年第六次人口普查数据显示，中国人均预期寿命为 74.8 岁，上海、北京等大城市人口预期寿命达到 80 岁。

20 世纪初，影响人类健康、造成死亡的主要疾病是传染病、寄生虫病和营养不良等；20 世纪中叶，医疗科技水平明显提高，预防接种和抗生素技术的发展和成熟使传染病、寄生虫病黯然失色；生产力提高、经济发展使营养不良问题大大改善，人类“疾病谱”和“死亡谱”发生历史性转折，一些“现代病”成为了新的杀手；20 世纪下半叶，世界范围内心脑血管、恶性肿瘤、糖尿病等慢性疾病发病率、死亡率明显上升，目前医疗科技仍难以克服以心脑血管疾病、癌症为代表的慢性病。世

界卫生组织指出，慢性病属于病程长且通常情况下发展缓慢的疾病。心脏病、中风、癌症、慢性呼吸系统疾病和糖尿病等慢性病是迄今世界上最主要的死因，因患该类病死亡的人数占所有死亡人数的63%[1]。近年来，随着工业化、城镇化、老龄化进程加快，慢性病患病、死亡呈现持续、快速增长趋势。我国已经进入慢性病的高负担期，具有“患病人数多、医疗成本高、患病时间长、服务需求大”的特点，慢性病在疾病负担中所占比重达70%。慢性病已经成为影响我国居民健康水平提高、阻碍经济社会发展的重大公共卫生问题和社会问题[2]。而且，慢性病的蔓延趋势愈演愈烈，患病人数不断增加，世界卫生组织称之为慢性病“海啸”。2012年，世界卫生组织在其报告中指出：中国因肺癌、中风、心脏病和糖尿病等慢性非传染性疾病死亡的人数高达860万人。该组织还称，中国逾半数男性是吸烟者，超过4/5的青少年没有进行足够的体育活动，约1/5的成年人患有高血压[3]。

20世纪50年代，中华人民共和国成立前肆虐的传染病、寄生虫病已得到遏制。从20世纪60年代开始，慢性病逐步取代传染性和感染性疾病等，成为导致死亡的原因，大城市这种趋势更明显。痢疾、甲肝等传统高发传染病大幅度下降，但因生态环境恶化，社会压力增大和生活方式不合理等因素导致的慢性病的患病人数日益增加。2000年卫生部曾通报：我国公共卫生突发事件频繁，各种职业中毒、放射事故及工业污染带来的居民健康危害事故呈上升趋势[4]。疾病谱的变化可以通过卫生统计数据找到规律。我国卫生工作从1993年开始，进行了每隔五年一次的全国范围内的卫生服务调查。截至2013年，我国共进行了五次卫生服务调查，其中，第四次国家卫生服务调查（2008年）涉及全国31个省，调查56 400住户，近20万城乡居民，数据可靠翔实。因第五次调查结果暂未发布，通过整理四次卫生调查及以前资料，可以发现我国居民医疗保健方面的变化，尤其是心脑血管疾病、糖尿病和癌症等慢性病的增长。

1993—2008年调查地区居民慢性病患病率可以发现，慢性病增长迅速。1993—2008年，高血压总体增长近5倍，城市糖尿病增长4倍多，见表2-7，图2-11。

---

〔1〕 世卫组织. 慢性病［EB/OL］.［2015-1-23］. http://www.who.int/topics/chronic_diseases/zh.

〔2〕 中国网新闻中心. 卫生部：目前我国确诊慢性病患者已超过2.6亿人［EB/OL］.［2015-1-23］. http://www.china.com.cn/news/2012-07/09/content_25853987.htm.

〔3〕 柳伟建. 外媒：世界卫生组织呼吁中国阻止慢性病“海啸”［EB/OL］. 2014-05-06http://news.china.com.cn/world/2015-01/21/content_34615972.htm.

〔4〕 卫生部. 公共卫生突发事件呈上升趋势［N］. 人民日报，2006-6-26.

表 2－7　1993—2008 年调查地区居民前十种慢性病患病率　　单位:‰

慢性病	合计				城市				农村			
患病率	1993	1998	2003	2008	1993	1998	2003	2008	1993	1998	2003	2008
按例数	170	158	151	200	286	273	240	283	131	118	121	171
按人数	132	128	123	157	192	200	177	205	105	103	104	140
高血压	11.9	15.8	26	54.9	29.8	39.2	54.7	100.8	5.9	7.91	16.4	38.5
肠胃炎	16.2	14.2	10.3	10.7	16.1	16.2	8.8	7.9	16.3	13.6	10.5	11.7
糖尿病		3.15	5.6	10.7	6.4	9.83	16.3	27.5		0.89	1.9	4.8
类风湿	13.5	9.63	8.6	10.2	14.6	9.26	8.4	7.2	13.2	9.76	8.7	11.3
脑血管	4.0	5.85	6.6	9.7	9.8	13.1	13.0	13.6	2.0	3.4	4.4	8.3
椎间盘	2.5	3.78	5.0	9.5	5.6	7.08	8.1	10.2	1.5	2.66	4.0	9.3
慢阻肺	13.8	12.1	7.5	6.9	16.0	12.4	8.2	6.6	13	8.81	7.3	7.1
心脏病	2.0	4.35	5.7	5.1	16.4	11.7	8.5	5.0		1.86	4.7	5.2
消化性溃疡	6.3	3.96	3.7	3.3	8.5	5.00	3.4	2.8	5.5	3.60	3.8	3.5

对调查地区城市居民慢性病患病率的统计表明，大部分慢性病呈下降趋势，如肠胃炎、类风湿、椎间盘、心脏病等。但慢性病总体患病率并未有大幅度下降，有的阶段甚至回调上升。这主要是由于部分慢性病的患病率大幅度增加所致。高血压患病率增加最为明显，1993—2008 年一直保持增长，2003—2008 年增幅增大。糖尿病也呈增长态势。

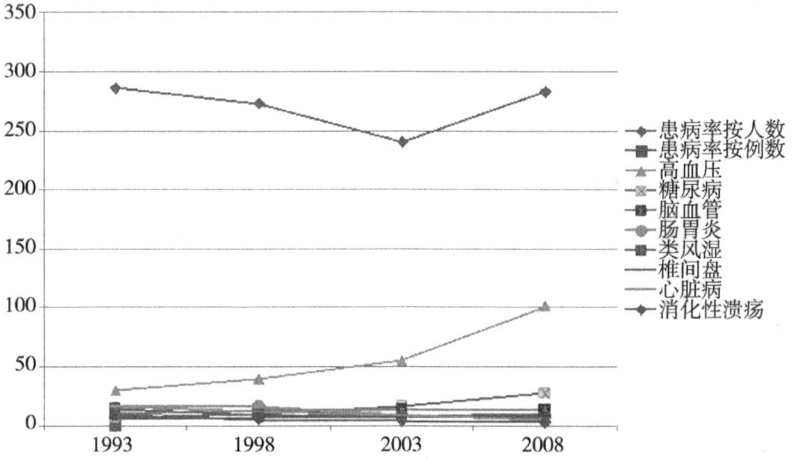

图 2－11　1993—2008 年城市居民慢性病患病率

全民健身计划、北京奥运会的召开等体育大事件增强了人们的体育健身意识，参与体育锻炼的人数增加。体育尤其是群众体育与健康事业的紧密结合正在形成。根据卫生调查数据整理，1998 年，15 岁及以上居民主动锻炼率，城乡合计为 7.79%，城市合计为 16.33%，农村合计为 4.52%。2003 年，15 岁及以上居民主动锻炼率，城乡合计为 14.76%，城市合计为 36.28%，农村合计为 6.44%。2008 年，15 岁及以上居民主动锻炼率，城乡合计 21.9%，城市合计 49.6%，农村合计 11.0%〔1〕。城乡居民主动锻炼的比率增加明显，从 1998 年的 7.79% 增长到 2008 年的 21.79%，几乎增长 3 倍，变化喜人。2013 年《关于促进健康服务业发展的若干意见》（以下简称《意见》）指出支持发展多样化健康服务，提及发展全民体育健身。《意见》不仅在体育场馆、设施方面提出指导，要求加强基层多功能群众健身设施建设，还在体育指导、体育信息服务方面提出了要求。《意见》要求有关部门加强全民健身运动，宣传、普及科学健身知识，提高人民群众体育健身意识。《意见》鼓励发展多种形式的体育健身俱乐部和体育健身组织，以及运动健身培训、健身指导咨询等服务。大力支持青少年、儿童体育健身，鼓励发展适合其成长特点的体育健身服务〔2〕。

（2）媒介环境：竞争加剧，媒体生存压力增大。

1999 年末，《中共中央办公厅 国务院办公厅关于调整中央国家机关和省、自治区、直辖市厅局报刊结构的通知》（以下简称《通知》）决定对全国报刊进行调整。这次调整旨在转变政府职能，建立市场经济体制，将行政与出版业务分离，提高报刊的质量。《通知》要求中央和国家机关部门原则上不办机关报，2000 年 1 月 1 日起，继续办的报纸自负盈亏，只保留一种主管主办的期刊，其余则停办、划转，下属企事业单位主办报刊要精减压缩。由于当时健康传播报刊的主管、主办单位大部分依托于国家和省市卫生部门，如《健康报》是卫生部的机关报，《健康》杂志由北京健康教育所主管，《家庭医生报》由南昌卫生局主管等，调整报刊结构的通知将部分挂靠于卫生部门的报刊推向了市场。2001 年 4 月，中华人民共和国新闻出版署调整为中华人民共和国新闻出版总署（以下简称“新闻出版总署”），发布《关于

〔1〕 世界卫生组织有关体育锻炼和健身活动定义为：每周一次以上体育训练或比赛、每周四小时以上的慢跑或健身，即主动锻炼。相对于业余时间参加体育锻炼而言，人们由于工作和日常生活需要而进行的骑车等活动，称为被动锻炼。

〔2〕 中国网.《关于促进健康服务业发展的若干意见》全文［EB/OL］.［2014－02－01］. http://www.china.com.cn/fangtan/2013－10/15/content_30296959.htm.

深化新闻出版广播影视业改革的若干意见》，新闻出版业改革步入试点阶段。2002年，新闻出版总署发布《关于深化新闻出版广播影视业改革的若干意见》实施细则等8个配套文件，就新闻出版集团化发展、融资渠道、内部改革等方面提出指导意见。2003年12月，《国务院办公厅关于印发文化体制改革试点中支持文化产业发展和经营性文化事业单位转制为企业的两个规定的通知》指出，出版集团可实行企业化转制，吸收社会资本申请上市。《中央关于深化文化体制改革推动社会主义文化大发展大繁荣若干重大问题的决定》指出，鼓励有实力的文化企业跨地区、跨行业、跨所有制兼并重组，培育文化产业领域战略投资者。学者黄升民就媒介产业化指出媒介产业化的主要动因有：一是媒介大市场的形成，二是对应大市场的存在、媒介内部规模化的趋势，三是作为纽带的大资本的需求作用[1]。媒介产业化是文化体制改革的方向之一。

新闻出版总署颁布的《报纸出版管理规定》和《期刊出版管理规定》于2005年12月1日起施行。2005年12月中共中央、国务院发布《关于深化文化体制改革的若干意见》，要求部分事业单位性质的出版单位或集团改制为股份制企业。一般出版单位和生活、科普类等报刊社，以及影视制作和销售单位，逐步转制为企业。一大批传媒类集团组建，并进行上市改制，促进了传媒市场的发展，也加剧了市场的竞争。2013年国务院将新闻出版总署、广电总局的职责整合，组建国家新闻出版广播电影电视总局，加强对媒体的统筹管理，活跃媒体环境，我国媒体的市场运作和企业化管理格局更加明显。

总体来看，2000年以后，传统纸质健康类媒体数量虽一度增多，但经营举步维艰。2000年左右，部分增量纸质媒体即新办报纸、杂志利用“后发制人”的优势，找准市场切入点，高起点、高投入换来了高速发展，如《健康时报》《时尚健康》等。但健康类纸媒的整体境遇开始走下坡路。陆江等[2]进行的数据统计（图2－12）表明1977—2009年我国卫生科普报刊发展迅速，自20世纪90年代开始，报纸和杂志的数量增长明显。截至2009年，我国有卫生科普报纸52种、杂志149种。

---

〔1〕 唐玥薷. 中国媒介体制改革中媒介经营观念的变更［J］. 青年记者，2011（11）：43－45.

〔2〕 陆江，李裕峰. 中国健康教育史略［M］. 北京：人民军医出版社，2009：148.

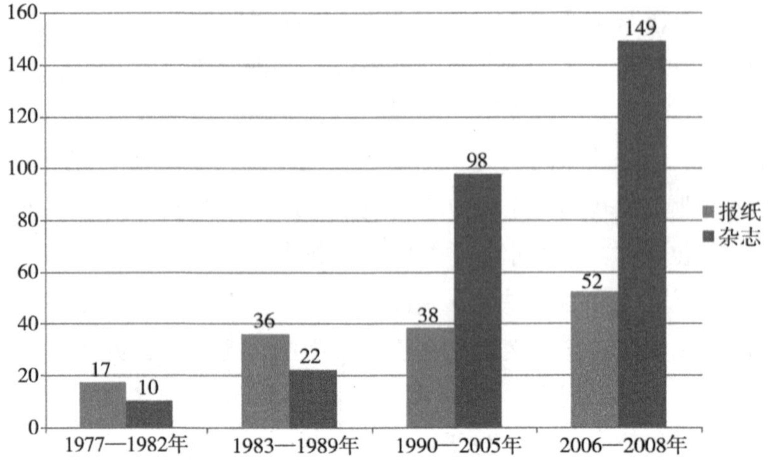

图 2－12　1977—2008 年健康传播类报纸、杂志数量变化

健康传播类报纸、杂志在 2000 年左右出现了创办的小高峰，1997 年、1998 年、1999 年分别新增健康类杂志 1 种、3 种、2 种，而 2000 年新增 21 种，2001 年新增 6 种，2002 年新增 9 种。2007 年新增的《医食参考》还进入 2014 年全国邮政发行杂志 50 强。

《健康时报》创刊于 2000 年，利用人民日报社的金字招牌，后发先进，2014 年成为全国报纸 50 强，在大众健康传播类报纸中拔得头筹。在“自主经营，自负盈亏”的制度下，1978 年以后媒介的“自由”发展和竞争开启。为了追求最大化利益，刊登更多的广告，大量报纸改版、扩版。由原来全国一律的四版，增加到八版或更多。许多机关报开始出版发行辅助性的小报、刊物、文摘报、周末版或周末报[1]。这种趋势在都市报创办热潮中，达到顶峰。其后，有线电视频道、上星卫视频道增加，直播技术成熟，电视成为人们休闲娱乐、获取资讯的首选媒体。报刊发展出现转折，纷纷进行精细化定位，深耕目标受众，力争在细分市场挽留受众。但网络、通信技术的变革，电脑、手机终端的普及又给了纸质媒体一记重拳。报纸发行量大减，一些有影响力的报纸如《杂文报》《竞报》《新闻晚报》都不得不休业。报纸停办的重要原因之一是广告大幅度下滑。中国报纸的广告额开始大幅度下滑，导致报纸营收欠佳，报纸的发行和采编都受到冲击。报纸开始瘦身，版面数缩减。

〔1〕 潘祥辉. 中国媒介制度变迁的演化机制研究：一种历史制度主义的视角［D］. 杭州：浙江大学，2008：64.

目前，报纸减版的趋势越发明显，可以预料，未来报纸必然是“薄报”的天下[1]。面对报刊发展整体下滑的大趋势，健康类报刊也难以独善其身，除个别报刊逆潮流而上外，大部分报刊都遭遇了瓶颈。中国报刊行业面临艰难的境况。2013 年全国报刊出版总量基本持平，总印张的数量出现下降。可见报刊的发行量出现转折。2013 年报纸业发行下降明显，主营业务收入与利润总额都有大幅降低，43 家报业集团中，已有 15 家营业利润出现亏损。传媒研究领域的很多人都表示，纸媒的冬天来了，甚至更有悲观者认为传统纸媒已经进入了“冰河时期”[2]。健康类报刊发行受到冲击，部分报刊正艰难转型，利用优质的健康信息资源和丰富的办刊经验，从纸质报刊向电子媒体转变，众多健康类报刊纷纷“触网”，增设电子版、开办网站、微博，推出手机报、手机杂志，开始数纸融合的积极探索。

2014 年中国传媒产业总值首次超过万亿元，2014 年是中国传媒产业走向媒介融合之路的关键时点，也是传统媒体与网络媒体霸主地位变化的重要节点。当今传媒格局，呈现 PC 互联网、移动互联网、电波媒体、平面媒体四分天下的格局。传媒产业构成占比显示媒体的座次为移动增值、网络、电视、报纸、图书、电影、期刊、广播、音像。2014 年中国网民达 6.49 亿人，互联网首次超过电视成为第一大广告媒体，报纸广告于 2011 年达到顶峰，从此逐年降低，2014 年降速更是达到 15%，报业发展尽显颓势[3]。网络时代如滚滚洪流，必将残酷地吞没部分传统媒体，传统媒体迫于形势艰难转型，新媒体在绞杀中壮大规模。

近年来，媒体健康传播出现新问题——健康信息由不足变为过盛，伪健康传播出现。从数量上来说，健康传媒已经由过去的“短缺时代”进入“相对富余时代”[4]。从质量上来说，近年来，健康信息泛滥，造成信息垃圾、信息污染，给人带来不良、不健康的信息，影响了正确信息的正常传播，造成对受众的信息超载。这种信息超载现象在健康传播领域越演越烈，2010 年中国健康教育中心主任兼卫计委新闻发言人毛群安教授在中华医学会健康大讲堂上曾表示：健康传播本身现在也面临很多困惑，前些年是找不到健康知识，现在的问题是知识太多，老百姓区分不

---

〔1〕 滑璇. 报刊发行“国家队”的适者生存，中国新闻周刊 [EB/OL]. [2014 - 12 - 01]. http://news. inewsweek. cn/detail - 1021. html.

〔2〕 滑璇. 报刊发行“国家队”的适者生存，中国新闻周刊 [EB/OL]. [2014 - 12 - 01]. http://news. inewsweek. cn/detail - 1021. html.

〔3〕 崔保国. 中国传媒产业发展报告（2015）[M]. 北京：社会科学文献出版社，2015.

〔4〕 夏琼，王超群. 大众传媒健康传播的资源分布与理论模式 [J]. 中国媒体发展研究报告，2010：182 - 205.

出哪个对，哪个错[1]。虽然健康传播快速发展，健康信息大量传播，但过量的信息又使人们面临新的健康信息匮乏。由于健康信息量太多、太杂、太大，身处信息的海洋中的受众一方面接触海量信息，另一方面却找不到自己所需的健康信息，不仅导致大量传播资源浪费，而且健康信息接收和利用率反而下降，甚至给民众健康带来负面影响，对健康传播的发展也不利。例如，对群众影响较大的电视，尽管众多养生节目推陈出新，层出不穷，但能够收视长红的栏目并不多，有影响力、品牌力的栏目较少，其中养生堂、健康之路等栏目播出时间长，收视率高，播出内容科学可信，受到观众的青睐。而大量养生栏目或由于制作不严谨或迫于收视压力被禁播、停播。曾被炒得沸沸扬扬的张悟本事件，就是典型案例。2009 年底湖南卫视《百科全说》开播，2010 年初，张悟本在该栏目创下收视高峰，其本人也名声大噪，但最终因言论无科学依据，言过其实，而且涉嫌学历和资质造假，致使其被封杀，《百科全说》栏目也因审查不严等原因停播。张悟本事件影响重大，许多不明就里的民众对他的言论深信不疑，甚至一时造成全国上下吃绿豆的热潮，绿豆价格也一路飙升。张悟本不仅参与养生节目，而且出版养生畅销书《把吃出来的病吃回去》，主讲《大国医道》系列养生节目。没有接受过医学、保健和营养的正规学历教育，没有医师、营养师资质的他大谈特谈养生，抛出绿豆、茄子治百病的谬论，甚至明确提出糖尿病、高血压病人不必终生服药。2010 年 5 月，经媒体和监管部门的查证，张悟本冒牌专家身份曝光。张悟本的行医场所——悟本堂被北京工商部门查处，暂停营业。2010 年 6 月，张悟本所著书籍《把吃出来的病吃回去》下架。让张悟本知名度大涨的湖南卫视《百科全说》被停播。

从 2000 年开始，我国健康传播媒介环境变化明显。传播媒介更加多元，竞争加剧，强者恒强，新军突起，弱者淘汰出局。健康类媒体发展迅速，竞争环境日趋紧张，竞争压力加大。

（3）主要议题：推广健康生活方式，提升生命质量。

21 世纪，健康话题成为全球关注的焦点。健康产业是继网络经济后发展动力最为强劲的领域。尤其是亚健康概念的提出让更多的人感受到压力，有数据称符合世界卫生组织关于健康定义的人只有约 5%，其他人大部分处于亚健康和患病状态。人们越来越重视健康，催生了巨大的市场。各种保健产品、医药服务等充斥于市场，

---

〔1〕 毛群安. 加强健康教育提高健康素养新浪健康［EB/OL］.［2014 - 10 - 01］. http：//news. sina. com. cn/h/2010 - 04 - 04/142920006581_ 2. shtml.

健康传播内容从医药到生活方式，五花八门，良莠不齐。

2000 年，中国科协召开捍卫科学尊严、破除封建迷信、反对伪科学论坛，主题是“走出迷信误区，提倡科学养生”。专家指出，在健康养生方面，存在伪科学和愚昧迷信，要大力普及医药卫生知识，扶正祛邪。2002 年，中央文明办和卫生部下发《关于开展相约健康社区行活动的通知》，聘请了 11 位健康教育巡讲首席专家。2003 年，中央文明办、卫生部联合主办，中国健康教育协会承办全国“相约健康社区行”专家巡讲活动，主题是“学习科学、拥有健康、享受生活”，内容以文明健康生活方式为主，包括常见病、多发病防治、心理健康、合理膳食、适量运动等。2006 年，全国相约健康社区行活动阶段性总结大会，表彰了《健康之路》等 5 个单位在健康传播中的贡献。2006 年健康迎奥运大型科普宣传活动举行，活动主题是“提高全民健康意识，增强健康体质，迎接北京 2008 年奥运会”。2005 年 2 月 27 日，《世界卫生组织烟草控制框架公约》生效，10 月我国举办中国履行《世界卫生组织烟草控制框架公约》启动仪式。2007 年，疾病预防控制局、全国爱国卫生运动委员会和中国疾病预防控制中心发起了全民健康生活方式行动，积极推广“每日一万步，食动两平衡，健康一辈子”活动。2007 年，中华中医药学会发布了《亚健康中医临床指南》，从中医药角度对改善亚健康提出建议。2008 年，中华医学会发起“健康大讲堂”公益活动，围绕“健康奥运，健康生活方式”的主题，提出“健康以食为天”“我运动，我健康”“我养生，我健康”等。卫生部发布《中国公民健康素养——基本知识与技能（试行）》，提出 66 条健康知识和技能，开展公民健康素养教育、宣传活动。

《大众医学》2000 年第 1 期发表时任卫生部副部长殷大奎的文章《健康新地平线——21 世纪医学科普工作的起点》。殷副部长指出：“健康新地平线，从理想到实践”是世界卫生组织在跨世纪之际，针对全人类健康问题提出的口号。它的基本观点是卫生工作必须由传统的以疾病为中心，转变到以人为中心，以健康为中心，以人类发展为中心上来。

殷副部长对健康传播媒体提出期望：教育和引导人民群众破除迷信、摒弃陋习，培养健康的生活方式和心理素质，提高人民群众自我保健能力。

世界卫生组织和我国卫生主管部门都认识到人类健康事业的新命题。21 世纪，卫生工作要“以人为中心、以健康为中心、以人类发展为中心”。卫生和健康传播工作者不仅要重视疾病的防治，也要关怀“人”，树立以人为本的理念，为人的发展开展教育和引导工作。

现代社会要求公民作为国家和社会的一员要承担一定的责任和义务，公民具有良好的教育、遵守国家法律和社会道德规范，是理性的主体。因此，如果公民有义务成为理性的人，那么他也有义务成为安康的人。病人有义务去诊所，关于病人身体紊乱的知识可以用来教育健康的人。医学不再仅限于治病，也成了教育公民健康生存的更广大的运动之一部分[1]。合格的公民应掌握一定健康知识与技能，提高“健康素养”，并通过自律、积极参与而培养科学、合理的生活方式，提高生活质量。

2000 年 1 月隶属于《人民日报》的《健康时报》创刊，发刊词中写道：“所有的历史都因生命而书写，所有的颂歌都为生命而欢唱。我们的祖先正是踏着生命的节拍，走过了千百万年的漫漫岁月。世纪之变，新千年到来，意气风发的中国人，从来没有像现在这样关注自身的健康，珍视生命的质量。今天，《健康时报》就在这用生命和时代谱写的诗歌中应运而生了。”

21 世纪，我国的综合国力提升，国际影响力增强，中国人“意气风发”，从维持温饱向小康和富裕生活迈进，人们更加关注自身健康，不仅要减少病痛、延长生命，更要“珍视生命的质量”，用生命谱写优美的诗歌。《健康时报》在“新千年到来”之际，敏锐地抓住了时代的脉搏，前瞻性地引领和传播中国人对健康的关注，对生命质量的追求。创刊时，版面设置既包括疾病治疗、医疗服务，也有专门版面涉及饮食、心理、运动。因此，健康传播不仅要有利于缓解病痛、延续生命，也要有利于提高生命质量，让人们享受有品质的生活。

世界卫生组织给生命质量的定义为：不同文化和价值体系中的个人对于他们的目标、期望、标准及所关心的事情有关的生存状况的体验。美国加州大学一位教授就生命质量提出“生得好，活得长，病得晚，死得快。”生命质量是指人的身体和心理特征及由此而确定的个人行为功能状态。健康仍是生命质量的重要构成部分，是生命质量的核心。生命质量水平的高低首要的是健康水平的高低，健康的好坏直接关系到整个生命质量。一个身心健康的人才有机会有能力更好地生活，健康水平低下或受到损害的人很难有好的生命质量[2]。生命质量不仅指个人的身体、心理等体征，而且指个体的执行功能及满足状态，提高生命质量就要使个体有较强的执行功能。通俗地说，人不仅要延年益寿，也要能够生活自理，能够享受生活，甚至有

〔1〕 特纳．身体与社会［M］．马海良，赵国新，译．沈阳：春风文艺出版社，2000：318.
〔2〕 汪凯．生命质量、生命数量与健康［J］．医学与哲学，1998（4）：192－194.

更高的人生目标和追求。

面对激烈的媒体竞争环境，《大众医学》坚守健康传播阵地，继续发挥“医学归于大众”的良好办刊传统，在寻求增加发行量、拓展市场的同时，严格保证期刊质量，为读者提供优质、可靠的医疗保健信息。2014 年，《大众医学》读者约 50 万人[1]，印数在同类杂志中始终位居前列。

《大众医学》作为创刊最早的健康传播媒体，曾经留下“辉煌”的功绩。但时代发展的车轮滚滚向前，把人类带到了电子信息时代，健康信息市场供给关系发生逆转，信息提供者数量大增，而且形式更加丰富、获取更加便利。传统纸媒难以再延续过往的辉煌。《大众医学》面临“内忧外患”的两难境地，“内忧”指在传统纸质媒体市场，涌现出一批新贵。报纸的时效性较强，信息更新快，新闻编写能力强，如《健康时报》《家庭医生报》。新兴杂志印刷精美、靓男俊女，走时尚路线，如《时尚健康》《家庭医生》《健康之友》等。“外患”指电子媒介，电视、网络、手机等，表现形式丰富、信息量大，如电视节目《健康之路》、网站“39 健康网”等。“内外”侵扰之下，《大众医学》市场份额受到瓜分，杂志不得不寻求转型，在议题设置上进行了大量改革、尝试。

2000 年《大众医学》改为全彩色印刷，并增加杂志页数到 80 页，新增读者俱乐部等版块。2003 年新增不妨一试、生活实验室、运动健身、慢性病用药、健康消费指南、美容新主张、自我药疗。运动议题再次出现在杂志的版块设置中，而且版块名称突出了运动的健身、保健功能。

2004 年新增食疗馆、养生益寿。随着养生热潮的兴起，饮食议题逐渐成为热点，中医药食同源的理念、西医膳食营养的指导让食品、保健品等成为市场的热点，各种产品层出不穷，也成为健康传播的焦点。

2005 年新增心脑健康、肝病驿站、糖尿病之友、减肥进行时、生活百事通、就近就医。《大众医学》继续发挥医学版块的优势，设置心脑健康和糖尿病之友专门版块，以前的疾病防治内容也一直将这两个病症作为重点。单独设置心脑血管和糖尿病的版块更显示了杂志对该病症的重视，这与慢性病持续高发、蔓延有必然关系。

2007 年新增食品安全、健康大讲堂、居家推拿、消化病防治、硒与健康。2008 年新增我与大众医学、我的故事。2008 年是《大众医学》创刊 60 周年，杂志设置读者互动版块，加强与读者的沟通，也起到宣传杂志，提升形象的效果。

---

[1] 由《大众医学》广告代理公司提供数据。

2009 年新增试听播客。2010 年新增健康世博、健康卫士 12320。2011 年新增药物安全、数据声音、健康城市知识讲堂、微访谈、体检、健康上海，取消健康世博。《大众医学》开始增加微博、博客等媒介融合版块，并开始加强与当地卫生部门的合作。面对来自媒介环境的压力，传统纸质媒体不得不尝试转型，通过开拓网络、社交媒体等渠道，扩大影响力；通过本地化、区域化和与当地政府、卫生部门的合作，提供服务、互动来做强、做扎实健康传播的终端，更多地为读者提供健康指导。

2012 年新增妈妈宝宝、美食秀。2013 年新增健康 315。2014 年新增古方 DIY、中药园。《大众医学》继续关注生活方式议题，注意预防工作，并通过美食秀、妈妈宝宝等版块吸引更多年轻读者。

2000 年以来，部分重大公共卫生事件仍旧是媒体关注的焦点。艾滋病仍未有治愈良方，出血热、疟疾等传染病卷土重来，严重急性呼吸综合征、禽流感等疾病危害加剧，更有苏丹红、三聚氰胺等人祸殃及无辜。严重急性呼吸综合征流行期间，我国面临前所未有的卫生危机，几乎所有媒体披挂上阵，共同参与这场“攻坚战”。最终，众志成城，战胜严重急性呼吸综合征，国家和社会发展恢复如常。《大众医学》等健康传播媒体发挥了重要作用。

由于慢性病成为危害群众健康的最主要的威胁，国家有关部门将慢性病防治作为卫生工作的重点，发布了慢性病防治的指导性文件，主要针对发病率高的癌症、心脑血管疾病和糖尿病等。慢性病议题几乎是所有健康传播媒体中所占比例最高的内容。《大众医学》在保留征服癌症版块的基础上，又设置了心脑健康和糖尿病之友版块。

2011 年有研究指出，电视媒体健康传播议题分为五类：疾病防治；健康生活理念认知；饮食；中医民间养生及其他。健康类电视栏目以实用的养生、健康饮食资讯为主，鲜有“心理健康”的议题，更遑论“道德健康”的议题〔1〕。

另有健康信息调查表明，电视观众更喜爱养生饮食，其次是健康知识和疾病预防，心理健康内容虽被大多数健康类电视栏目所忽略却是仅次于前两种的第三个受众喜爱观看的内容。同时调查还发现，疑难杂症虽博人眼球，却不是受众追捧的节目内容〔2〕。饮食与运动是电视媒体养生内容的主要构成。如中央电视台财经频道

〔1〕 方洁，李宇，莫竟西. 生态学视野中的健康类电视栏目研究［J］. 国际新闻界，2012（6）：36－42.

〔2〕 姜思羽. 健康类电视栏目的健康传播研究［D］. 大连：大连理工大学，2013：21.

的《健康早班车》就包括：健康饮食、健身运动。

摄取能量、维持生命是保持健康的重要条件。从古至今，人们对食物的热爱、对美味的追寻从未停止。在健康传播中，饮食议题的热度有增无减。尽管人们摆脱了忍饥挨饿，物质生产丰富，食物供应充足，但人们的饮食习惯、膳食搭配不合理却带来了新的问题，营养过剩及食品安全问题尤为突出。媒体对饮食议题大做文章，几乎所有健康传播媒体都大量设置饮食内容，指导受众如何合理饮食，涉及食物的安全及营养素、食疗、药食同源、烹调等。再加上一些企业、伪大师等的推波助澜，合理饮食被转换成各种保健食品、长寿良方。前文提到的张悟本事件就是一个奇特的“媒体景观”，借助媒体的力量，伪大师们宣传扭曲的养生理念，一时成为追捧的对象，造成了不良社会影响。《大众医学》中饮食议题也出现了明显的增长，不仅有食疗、食品安全，还有美食秀等版块。食疗的文章如《冬季养生汤品》《慢性胃病饮食调养 6 原则》；营养膳食的文章如《贪杯——你离糖尿病又近一步!》《解除疲劳吃什么》《孕妇餐桌上不可缺少的 6 类食物》等。媒体对饮食议题的重视程度增加，不仅有食疗养生，还把人们对美食的追求融入健康传播。

《大众医学》杂志先后设置《心海导航》《心事》等版块，刊登如《强迫症患者如何“自救”》《透视“少妇杀子”的悲剧》《从“爱抚治疗”事件看心理咨询》《地震后，如何领养孤儿融入新家》《后悔药到哪里去买》《爱，让家庭绽放和谐之美》等文章，心理议题关注工作、生活压力调适、案例分析等。

随着慢性病等疾病发生模式的转变，以及医学研究的发展，尤其是运动医学等学科的发展，“运动是良医”成为医学界、公共卫生界和体育界毫无争议的定论，运动在促进身心健康、预防疾病等方面效果显著，而且简单易行。但运动议题的文章在《大众医学》杂志中并没有出现显著的增长。有关运动的文章表明，运动的功能从医学康复、强身健体的手段拓展到美体塑形、减肥减压的时尚活动，运动不仅是医学、体育的工具，也是追求生活品质、提升生命质量的路径。媒体中运动议题也更倾向生活质量的提升，运动与康复保健、美容美体、减肥等版块相互交叉，例如文章《美腹徒手操》《让锻炼生活化》《步行上下班走去大肚腩》等。《全民健身科学健身》还登上了杂志的健康随笔版块，由中华预防医学会会长、中国工程院院士王陇德执笔，指出要全民健身，还要科学健身，才能预防损伤、保证健身效果。运动项目不仅有太极拳、气功、保健操，还有瑜伽、快走、骑车等。《大众医学》中的运动议题以重视全民健身、增强体质为主。

《大众医学》作为老牌杂志做出了许多努力，以求重新焕发青春。一方面，《大众医学》继续在优势版块中精耕细作，如肝病驿站版块、癌症防治版块等。另一方面，《大众医学》紧跟时代步伐，开辟新的领地。如心脑健康、减肥进行时、中药园、硒与健康等版块。同时，《大众医学》尝试与新媒体融合，2005 年《大众医学》官网开办、2007 年《大众医学》官方微博开通、2013 年 11 月《大众医学》微信公众平台上线，《大众医学》还开设了手机版、提供 App 下载等。新媒体延续原创、权威的杂志风格，在健康传播领域独树一帜开拓新媒体传播渠道。微博、试听播客等版块加强了杂志与读者的互动。媒介融合充分利用了《大众医学》杂志现有的采编资源，增加了传统渠道，拓展了受众人群，加强了与读者的互动，如我与《大众医学》版块、古方 DIY、我的故事等。最后，面对激烈的市场竞争，《大众医学》采用了立足本地，服务全国的策略，成为上海建立“健康城市”的指定合作媒体，为当地卫生工作提供媒体平台。版块设置中大量增加了与上海周边、华东地区情况相关的内容，如健康世博版块、健康城市版块、就近就医版块等，并常设健康上海版块，经常性地与有关部门合作，开展上海当地社区医疗信息服务和指导工作。

通过向杂志副主编、编辑部主任姚毅华了解情况[1]，《大众医学》杂志在加强纸媒内容建设的同时，近年来网络化发展走在了健康类杂志的前列。一些内容在纸媒上不容易表现，在网站、微信、微博中进行了丰富和再加工。如杂志希望运动内容以健身方法和手段为主，并配以图片等，能够让读者形象的感知，有些难以表现的运动内容就放在网络中去丰富，但运动内容在杂志中较少。

总结：进入 21 世纪，我国国家实力进一步增强，人们生活水平大大提高，严重急性呼吸综合征、禽流感等公共卫生事件和高发的慢性病让人们的健康意识显著增强。媒体技术变革带来的冲击与日俱增，传统传播媒介中电视一枝独秀；报纸、杂志等媒体开始走下坡路，现有的老牌健康传播纸媒面临艰难转型。新媒体一拥而上纷纷争抢健康传播这块大蛋糕，但它们的优质医疗、卫生资源有限，媒体权限较低，挑起健康传播大旗还有待时日。

激烈竞争阶段，媒体健康传播以防治结合为主，防治对象主要是慢性病、多发病，慢病防治所占比重逐渐提升，心脑血管疾病、癌症、糖尿病等疾病是关注重点。生活方式议题数量增加明显，食疗美食、健身塑形、美容休闲等内容增多，健康传播议题不仅有防病治病，而且有美食美体等议题，向人的健康、全面发展转向，开始注重生活品质和生命质量。

---

〔1〕 通过邮件和电话了解编辑部主任姚毅华对杂志发展和议题设置的看法。

2.4 健康类平面媒体的议题变迁总结

历史学家布罗代尔曾表示，人为维持生命，至少要在两条战线上进行不断的斗争。一方面是食物的欠缺和不足，因为人在宏观上以捕食其他生物为主；另一方面许多潜伏的疾病又以人作为捕猎的对象[1]。历史的进程就在人作为捕食者和被捕食对象的转换中展开。人的健康需要捕食其他生物，又需要防止被其他生物、甚至人类本身所“捕食”。在二者之间，关于健康的话题此消彼长，变动不居。

本章通过对健康类媒体发展阶段进行分析，尤其是对以《大众医学》为代表的平面媒体的议题历史变迁的梳理和部分文章的细读，结合杂志发展的时代背景和不同议题文章的数量变化，可以分析健康传播议题的变化，总结不同时期传播的议题特征，探寻议题的变迁。

发端初期，面对传染病、寄生虫病高发，国家形势动荡，人们对健康卫生知识匮乏，封建迷信盛行的情况，加之医疗卫生体系不健全、医疗服务和科技水平整体低下，杂志议题以生物防护为主，主要传播生活卫生常识和医药常识，例如出版关于婚育卫生、儿童哺育、夏季卫生、肺结核、传染病等专号普及相关知识，并大量介绍西方医学技术，对运动锻炼和身心结合等关注较少。

初步发展阶段，杂志的健康议题和国家卫生事业议题“合谋”，配合国家生产建设和卫生运动的开展，成为卫生政策的吹鼓手，除职业病、常见病的防治外，还集中开展除“四害”、消灭血吸虫病、“打赢细菌战”、学习苏联医学卫生技术和经验等内容传播。运动锻炼的价值在杂志中得到体现，开始有心理议题的内容。初步发展阶段杂志议题设置以治防结合为主，对锻炼有了一定重视，但仍然忽视心理健康和身心和谐。曲折发展阶段，杂志的各项工作搁浅。

快速发展阶段和激烈竞争阶段，我国生产力水平提高，人们生活改善，医疗科技和服务发展迅速。疾病谱系从传染病、寄生虫病向慢性病转变，国家更加重视慢性病的预防工作。《大众医学》杂志的议题重点也随之向慢性病防治倾斜，《心脑健康》《糖尿病之友》等成为固定医疗版块，生活方式议题增多，其中饮食议题增长明显，《饮食营养》《食疗馆》等注重静养和身体的补益，运动议题中增强体质、美

---

〔1〕 布罗代尔．15 至 18 世纪的物质文明、经济和资本主义［M］．施康强，顾良，译．北京：三联书店，2002：101．

体塑形的内容增加，杂志议题向提高生活品质转向。与前几个阶段不同，改革开放后，媒介体制改革，让《大众医学》脱离政府，成为企业，杂志的市场化取向明显，政府的行政力量影响力减弱。快速发展和竞争阶段，杂志议题设置突出慢性病防治，以防治结合为主，更加关注生活方式，并向提高生命质量发展，但对动养和身心和谐仍然关注不够。

通过历史阶段的梳理，可以发现健康类平面媒体健康传播的主题呈现一定的变迁趋势：生物防护—生产保障—生活方式—生命质量。当然，不同阶段不是截然而分的，相互之间也有交融贯通之处。总体来说，议题设置的重点从新中国成立前的生物常识启蒙到新中国成立初期的国防、生产保障；从改革开放开始的生活方式引导到新千年后追求更优生命质量。

3 健康传播媒体议题变迁的理性思考

“欲知大道，必先知史”，通过对历史的反思，总是能大浪淘沙，删繁就简，发现事物发展的动力和规律。在整理了健康类平面媒体发展历程和议题变迁后，对媒体开展健康传播的历史进行反思十分必要。本章首先分析媒体进行健康传播的历史进程中产生议题变迁的动因，然后探寻议题设置的场域生态模型，并进一步挖掘议题的深层话语结构，提出媒体设置健康传播议题的原则，达到以史为鉴、由表及里、从现象到本质的过渡。

3.1 健康传播媒体议题变迁的动因

媒介社会学视角下，媒体对健康传播议题的选择、建构与卫生和媒体部门有关，更与社会生产力、医药事业发展，生活方式改变等整个社会环境的变迁有关。

3.1.1 从群众运动到公民素养：政策导向是议题设置的辕轨

19 世纪，公共卫生运动的兴起与医学科学的发展，使政府和慈善机构加强了医学科学的投资力度，并进入关注医学与社会关系的“蜜月期”[1]。随着政府将医学纳入国家机构部门，政治与医学的关系更近一步。中华人民共和国成立之初，党把发展体育和卫生事业作为政府的重要职责，提出要党管卫生事业。党的十七大报告明确提出“健康是人全面发展的基础，关系千家万户幸福”[2]，而千家万户是统指，是全体国民的代称，是国家的组成成员。卫生部2008 年发布《中国公民健康素

〔1〕 李静. 医学、现代国家与传媒——论《人民日报》对农村医疗卫生问题的传媒再现［D］. 上海：复旦大学，2009：1.

〔2〕 胡锦涛. 高举中国特色社会主义伟大旗帜为夺取全面建设小康社会新胜利而奋斗. 在中国共产党第十七次全国代表大会上的报告，2007.

养——基本知识与技能》，旨在提高群众维护健康内在动力和基本能力，政府希望通过提高人民群众应对健康问题的能力，充分发挥群众促进自我健康的潜能。2009年出台的《深化医药卫生体制改革的意见》中要求：医疗卫生机构及机关、学校、社区、企业等要大力开展健康教育，充分利用各种媒体，加强健康、医药卫生知识的传播，倡导健康文明的生活方式，促进公众合理营养，提高群众的健康意识和自我保健能力。政府出于社会稳定发展和国民基本权力的角度考虑，重视国民健康，制定了公共卫生管理、新闻媒体监管等涉及健康传播的法律和规章，从而为健康传播的议题设置设定了辕轨。

中华人民共和国成立后政治环境的变迁表现为：中华人民共和国成立初期政治目标以稳固政权和开展社会主义建设为主，抓生产、促革命，健康事业要保障工农业生产的顺利进行。“文化大革命”时期，上山下乡运动，让医药卫生的主要服务对象倾向农村。改革开放后，健康作为公民基本权利受到国家的重视，医药卫生改革向服务民生转变。有学者指出，透过医疗卫生建设过程，我国的社会政治理念隐含着一条脉络：从官医系统中的子民到“病夫”刺痛下的国民，再到规训的“人民”以及权力要求的“公民”。国家政治不断从危机政治、动员政治走向日常政治和生活政治[1]。国家对健康传播的运作从国家认同、大规模动员等“强制”手段，向生活化、理性化和制度化转变。国家对健康传播采取的态度表现为“统摄”和“养护”。面对重大疫情、关乎群体安危的情况，国家以及主流媒体以“统摄”态度为主，把民众团结起来，“规训”“摄制”民众的日常生活行为，防治传染性、危害性大的疫病。而面对民众的个体生活，国家和媒体往往采取“养护”的态度，给予关怀和指导。

3.1.2 从缺乏到丰裕：市场效益是议题设置的驱动力

中华人民共和国成立以来，我国从一穷二白起步，完成了社会主义改造，经历了“文化大革命”的曲折，改革开放后逐渐建立了社会主义市场经济，30多年的励精图治，完成了迈向世界第二大经济体的华丽转身。人民生活水平从温饱到小康，并步入了富裕国家的行列，恩格尔系数大幅下降，人民生活水平显著提高。

一方面，关系国民健康的产品和服务实现了快速的发展，与中华人民共和国成立初的缺医少药、物资匮乏相比，现在市场上的医药、食品、保健品、医疗服务等琳琅

[1] 胡宜．送医下乡：现代中国的疾病政治［M］．北京：社会科学文献出版社，2011：218.

满目，各种企业井喷式发展。公众对现代医学能力的态度和期望发生了根本性的转变——生命更加乐观，更加信任医学，也诱发了过度投资与消费[1]。健康产业的巨大市场潜力，引起各方力量的关注和投入，有人称健康产业将带来第五次财富革命，比尔·盖茨说，超过他这个世界首富的人一定来自健康产业领域。人们日益增长的健康需求让“花钱买健康”成为普遍的生命价值观。这也正中医药企业、保健品、食品、健身行业的下怀，各种产品和服务都打着健康的幌子投入市场。全面深入人们生活的保健革命让资本力量渗透到社会各个角落。从健康家居到健康旅游，从摇篮到坟墓，健康关系到人的生老病死，健康市场也与人如影随形，吃穿住行都关系到健康。2013年国务院印发《关于促进健康服务业发展的若干意见》，指出到2020年，基本建立覆盖全生命周期、内涵丰富、结构合理的健康服务业体系，健康服务业总规模达到8万亿元以上，健康产业被国家定位为战略产业。

另一方面，从事健康传播的媒体数量在中华人民共和国成立之初的《健康报》《大众医学》等少数报刊的基础上逐渐增加，如近年来的《健康之路》栏目、《39健康网》等受到大众欢迎。健康传播的媒体也实现了从单一向多元的转变。改革开放后，媒体逐渐走向市场，经济效益成为媒体追求的重要目标之一[2]。媒体作为企业化管理的事业单位，脱离了国家财政的支持和补贴，需要“自谋生路”。媒介受生存法则的影响，面对激烈的竞争，要为媒介产品寻求市场，即获得受众的关注，唯如此，才能获取“注意力经济”，立于不败之地。因此，媒体希望传播能够吸引注意力，受到受众认可，能够产生效益的内容。媒体的经济目标是通过生产吸引受众的媒体产品，通过发行、广告或其他经营活动实现经济效益[3]。媒体作为市场竞争的参与者，面对巨大的经营压力。在此压力之下，媒体经营者不得不倾向制作费用低，收视（阅读）率高，广告销售好的内容。

健康产品与服务从缺乏到丰裕，媒体数量从少到多、从单一到多元，让市场的竞争机制充分发挥作用，企业与媒介组织在市场中的逐利行为成为设置健康传播议题的驱动力，能够获得市场回报的议题得到重视。

---

[1] 王一方．中国人的病与药［M］．北京：当代中国出版社，2013：87.
[2] 刘海龙．大众传播理论：范式与流派［M］．北京：中国人民大学出版社，2008：392.
[3] 刘海龙．大众传播理论：范式与流派［M］．北京：中国人民大学出版社，2008：391.

3.1.3 从除灭传染病到防治慢性病：医药科技是议题设置的“元话语”

历史学家大卫·罗斯纳指出，20世纪里，人们对疾病的体验以及疗效的期望发生了根本性的改变。科学和医学洞察生命、治愈疾病的能力大为增加[1]。从血清抗毒素被发现、青霉素应用、天花被灭绝、DNA和基因技术的突破，人类消灭病毒、治疗疾病的能力大大增强。基于科赫原则[2]的应用，许多病种找到了专属的致病原因。如果把微生物的存在看作病因，医学就可以看作一种与价值无关的确切的科学，关于疾病的争论就可以摆脱社会、道德和神学框架[3]。医学成为消灭疾病——尤其是传染、外因导致的疾病的重要法宝。尤其是医学发展让人们认识、分类疾病的能力大大加强，例如乙肝、丙肝等肝炎病毒的发现；艾滋病的确认；严重急性呼吸综合征、禽流感等。各种新发现和命名的疾病，让医学的触角不断延伸，医学对环境和生活的监控和指导作用得到加强。

近年来，慢性病流行、老年病顽固以及大规模、大范围循证医学的采用，让公共卫生事业获得了新的发展路径。单一特定病因的模式被大量研究和调查所推翻，长期多因素病因论被认可，促使公共卫生工作的重点从疾病预防转移到健康促进，健康促进的概念也从原来的为预防感染性疾病，增强机体抵抗力，避免感染机会的内涵转到强调个人生活方式改善，最近又发展到环境条件整备领域[4]。医疗技术引领了健康内涵和获取手段的变革，在科技力量的指导下，媒体的健康议题不仅涉及治病良方，也涉及防病良策，医药和生活方式都是影响科技消灭疾病，保持健康的因素。

医药科技的进步直接导致了人类生命年限延长、生存状况的改变，是健康领域无可争议的元话语，拥有健康传播议题设置的主导权。医药科技建立了科学权威，带来了健康观念、获取手段的一系列变革，定义了健康与疾病，甚至操纵了生与死。20世纪以来，健康观念不断变迁，卫生革命走过了生物时代、药物时代、生活方式

---

〔1〕 王一方. 中国人的病与药［M］. 北京：当代中国出版社，2013：87.

〔2〕 罗伯特·科赫，诺贝尔奖获得者，提出科赫原则：通过从患病寄主分离微生物，接种健康寄主，引发疾病，再分离微生物的方法，确认某种疾病的致病原因。他发现了肺结核病菌，为纪念他，世界防治结核病日定于每年3月24日。

〔3〕 特纳. 身体与社会［M］. 马海良，赵国新，译. 沈阳：春风文艺出版社，2000：304.

〔4〕 刘扬，潘国伟，刘毅，等. “健康日本21”产生的背景及其意义［J］. 中国公共卫生，2002，18（4）：509－510.

时代。现代医学从生物医学模式到生物—心理模式，并发展为生物—心理—社会模式，健康观念经历了身体健康—身心健康—身心群健康的转变，并涉及道德和生态健康，健康概念的内涵不断丰富。随着医学模式的发展，健康获取的手段也随之改变，经历了卫生防护—防治虫害、病菌—改善生活方式的发展历程。

3.1.4 从防病到养生：受众需求是议题设置的拉力

中华人民共和国成立以来国民健康的状况显著改变，人们的疾病谱系、寿命长短和生活方式等发生变化。人们对于健康信息的需求也相应变化，整体表现为从对疫情、流行病的需求为主向慢性病防治和养生保健的需求为主转变。国民健康的变迁可以从以下几方面显现：疾病谱——从传染病到文明病、老年病；寿命——从而立（中华人民共和国成立初预期寿命 35 岁）到古稀（21 世纪以后，预期寿命超过 70 岁）；生活方式——从营养不良到营养过剩、从辛苦劳作到静坐少动；身体形态——从“东亚病夫”（“面黄肌瘦，形容枯槁”）到身体肥胖（国民体质部分指标下降）。虽然寿命大幅度增长，但国民健康水平仍有提升空间，健康生活方式是促进健康的重要手段，养生不仅是生命的延续，更是生命质量的提升。

健康关系身家性命，受众是健康信息的接收者，受众追求健康、关注健康媒体。受众也是疾病与健康的承受者，受众始终处于健康、疾病、健康的循环之中，面对生老病死任何人都没有选择的权利，只能全然接受。对健康的渴望，对病痛的无奈，让受众用金钱、时间和生命去消磨疾病。受众对媒体健康传播议题的影响主要在其反馈和互动上，而这种反馈和互动正是受众用身家健康做出的投票。人们健康状况的变化和健康信息需求的变动必然引起媒体的关注，受众的需求就是媒体的风向标，成为影响媒体议题设置的拉力。

3.1.5 从卫生宣教到健康传播：媒介环境是议题设置的原生态

媒体作为健康传播的主体，其生存环境是直接影响议题设置的原生力量。我国媒介环境的变迁，可以从数量、形式和体制等方面看出端倪。媒体数量：从一报一刊（《健康报》《大众医学》），到百花齐放，健康传播媒体数量增加；媒体形式：从平面媒体、广播媒体到电视栏目、网络等，传播渠道丰富，竞争加剧；媒介体制：从事业性质，向事业单位、企业化管理转变，媒体经营压力加大。健康传播角色的变迁：从“卫生宣传 + 群众运动”到“健康教育 + 健康传播”。卫生宣传、健康教育和健康促进体现我国健康教育事业发展的3个阶段，也是不同的促进健康策略。20世纪80年代初期之前，我国处于卫生宣传教育阶段；20世纪80年代中期开始，由卫生宣传发展成健康教育；20世纪90年代中期以来，我国进入了健康教育与健康促进发展阶段。目前，3种工作模式在我国处于并存状态[1]。从知识教育到行为促进，健康传播的模式不局限于健康知识和信息的单纯传递，而逐渐向健康素养的提升、健康观念的培育和健康行动的倡导等领域拓展。健康传播内容从“提供生物医学知识”转变为“促进行为改变”[2]，通过提高公众自我保健意识和技能，改善健康状况。在信息化高度发达的现代社会，通过大众媒体进行健康传播越来越成为经济高效的传播形式，媒体的健康传播活动日益受到重视。

总结：健康类平面媒体的议题变迁显示，媒体健康传播主要受政治、经济和医疗科技力量的影响。总体而言，健康传播议题建构格局为：改革开放前，科技与政治联袂；改革开放后，科技与经济齐飞。政策导向为健康传播指明方向，市场效益为健康传播提供动力，而医疗科技始终是健康传播的“元话语”，大部分时间拥有话语权，主导议题的建构。医学进步、控制疾病能力的变化和公共卫生理念的变革让健康传播议题从传染病、寄生虫病向慢性病、生活方式议题转变。在科技和政治联袂下，社会生产力低、政治力量的介入、国家目标的导向和媒介体制的约束让健康传播在改革开放前把传染病和职业病防治、除“四害”、保障工农业生产作为重要议题。改革开放后，健康传播受科技与经济双飞的影响，议题设置更多因经济因素、受众需求和媒体环境而变化，生活方式议题增多，饮食保健内容增加明显。

3.2 媒介社会学视角下议题设置的模型分析

对健康类平面媒体的健康传播议题进行梳理，分析媒体不同时代背景、社会环境中的议题设置，可以洞见媒体进行健康传播议题的设置并不是任意而为的，而是受到来自政治、经济、受众和卫生专家等多种力量的牵制。根据媒介社会学理论，结合健康传播实践和历史发展，本书试图构建健康类媒体传播生态模型，见图3-1。

[1] 余金明．健康行为与健康教育［M］．上海：复旦大学出版社，2013：10.
[2] 余金明．健康行为与健康教育［M］．上海：复旦大学出版社，2013：217.

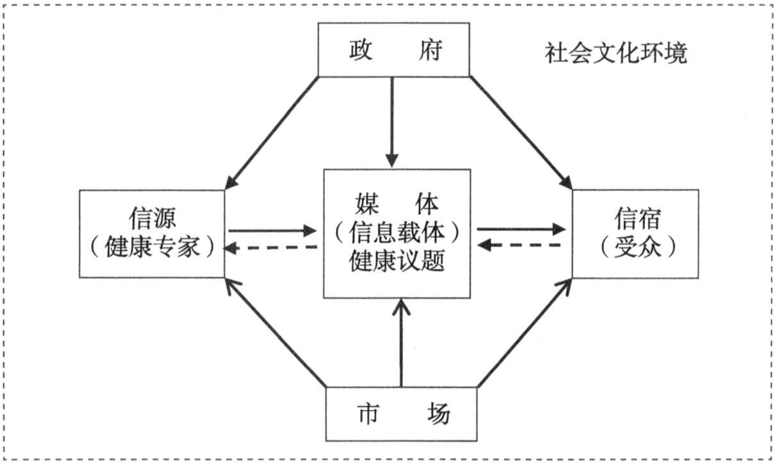

图3－1 健康类媒体传播活动的生态模型

传播的基本过程包括：信源通过信道把信息传播给信宿。健康传播活动中，信源往往是卫生、饮食、运动等领域的专家，他们拥有健康信息的话语权，具有专业资质，利用专业知识发布信息。媒体作为信息的载体，是信息传播渠道，主导了健康信息的制作生产，与信源合作完成健康信息及议题的设置与发布。受众作为信宿是信息的接收者，因此建构了健康传播的基础模型和参与主体，即信源（健康专家）—媒体（信息载体）—信宿（受众）。但参与主体并不是孤立存在的，信源、媒体和受众受到多方面的制约与影响。影响的因素主要包括政治和经济，即政府和市场，因此构成了图中5个维度的生态模型。当然这五个维度处在一定时间和空间的社会文化环境中。

在信源—媒体—信宿的通道中，信息流主要呈现从源头到归宿的线性流动，通常表现为信源显性地主导媒体信息，媒体显性地向受众传播信息。而民众对媒体的影响、媒体对信源的影响相对较弱，也相对隐性，因此用虚线表示。

根据健康类平面媒体的议题变迁历程，议题设置的路径可以总结为：科学外衣下政治、经济的规训。因健康传播活动的信息壁垒较高，健康专家是“合法”发声者。布尔迪厄的场域理论认为，社会是由不同的场域构成，场域是在各种位置之间存在的客观关系的一个网络或一个构型。根据场域概念进行思考就是从关系的角度进行思考。每个场域在“经济的”和“政治的”两级之间复制更大的社会区隔，围绕着“他律的”级与“自治的”级之间的对立而建构。科学研究也是一个场，科学场以其高度的学科壁垒，形成了较为封闭的自治体系，可能是相对距离政治、经济两级最远的场域。医学，尤其是现代西方医学也可以视作科学场的一部分，拥有较为独立的自律性[1]。虽然政治、经济对纯粹的医学科学场域影响较小，但在以普通大众为对象的健康传播领域，政治和经济发挥了惯有的强大作用。通过对媒体施加压力，政治和经济因素实现了力量的传导。政治和经济力量对健康传播的影响，往往披着科学的外衣，间接地通过健康专家、卫生权威的渠道向受众传递信息。所不同的是，政府通过行政力量和司法秩序，确立了它的强势地位，政府设有卫生部门，卫生部门主管医药卫生工作，可以通过“培养”“遴选”“授予”专家，而与专家建立紧密联系。政治因素通过媒介体制限制和有关法律制度、组织管理等手段实现对媒体和民众的管控。而信源、媒体和受众对政府的影响则相对较弱。

市场经济条件下，市场虽被称为“看得见的手”，但市场对健康传播的影响不是“显而易见”的，而是间接的、不易察觉的。虽然经济因素、金融资本可以通过资金运作影响医药科技和专家的研发方向与成果，可以赞助、购买媒体，向消费者销售推广商品和服务，但因健康信息有其特殊性和重要性，医学有“独立的自律性”，市场的强大力量难以直接地、强制地施展，总是借助医学的光环推销产品，谋求利益。

在健康议题的长期和整体的建构过程中，媒体是作为一个大的组织机构和整体环境出现的，个别媒体从业者虽然对部分媒体的议题有一定影响，可能会根据个体的偏好、经验和认知来设置部分议题。但在长期的、多样的和多元的整个媒体环境中，个别人的力量则显得微乎其微，在历史长河中可以忽略。因此，对媒体健康议题的影响以整个媒体环境为考量单位，而淡化个人的分量。

健康信息类型可以分为两种情况，一种是疫病危机，另一种是日常生活引导。通常情况下，疫病危机以政治与医学的统摄和接管为主；生活引导以经济与医学的渗透、塑形和政治的推动为主，如图 3－2 所示。

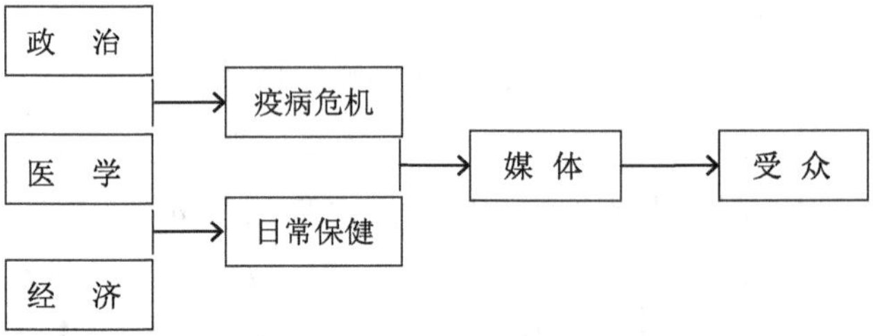

图 3－2　不同健康信息类型的简化媒体生态模型图

---

〔1〕 布迪厄，华康德．实践与反思：反思社会学导引［M］．李猛，李康，译．北京：中央翻译出版社，2004：139.

在疫病危机下，面对危及广大民众的疫情，政治力量利用相关的制度、权力和组织机构等结合医学力量，从而接管了健康传播的主导权，并采取强制、高压的态势控制疫情、控制信息的传播内容和渠道。例如，有关法律条例《中华人民共和国传染病防治法》《公共场所卫生管理条例》《中华人民共和国突发事件应对法》《突发公共卫生事件应急条例》等。特别是严重急性呼吸综合征暴发后，《突发公共卫生事件应急条例》明确指出国家建立突发事件应急报告制度，建立重大、紧急疫情信息报告系统，建立突发事件的信息发布制度。国务院卫生行政主管部门负责向社会发布突发事件的信息，必要时可以授权省、自治区、直辖市人民政府卫生行政主管部门向社会发布本行政区域内突发事件的信息。通过制度建立和组织实施，政府和卫生机构掌控了疫病危机下的话语权。福柯认为国家对流行病的控制，需借助一种警察力量的监控，并由国家制定相应的卫生法规，传染病医学及其实践，更导致医生政治化，他们受命监视本地区的时疫流行情况，医生的权威同国家结合起来〔1〕。这样国家确定医学的政治地位，建构国家层次的医学意识〔2〕。医疗卫生也就与政治建立了紧密联系。

日常生活的健康传播实践中，媒体的主体性较强。媒体根据经营需要来自我定位和设置议题，经济力量通过媒介体制和有关企业的市场行为影响健康传播活动。布迪厄的场域理论指出媒介场比其他的场域更容易受外部力量的作用，尤其是商业电视的兴起，经济力量对其渗透，操纵了新闻机构等媒介的传播活动。他认为场域中的资本表现为3种基本类型：经济资本、文化资本和社会资本，后来又加入了符号资本〔3〕。而且，资本之间可以进行转换，经济资本是其中较为活跃的元素。经济力量可以转化为文化资本、可以渗透社会资本，从而干预媒介场的运转和关系构成。改革开放后，事业单位、企业管理的双重属性使媒体面对激烈的市场竞争压力，健康类媒体出于生存的考虑要兼顾社会责任和经济效益，媒体的健康传播活动与来自企业的营销推广行为实现联姻，共同塑造着大众的健康文化—通俗文化的一部分。菲斯克指出金融经济影响大众文化有两个路径：一是直接生产出物质商品，并出售给消费者；二是利用生产出来的文化商品，吸引受众的注意力，再把受众的注意力出售给广告商。在这一过程中，金融资本可以部分决定生产的内容和结构〔4〕。日

〔1〕 刘北诚. 福柯思想肖像［M］. 上海：上海人民出版社，2001：124.
〔2〕 孙雯波，胡凯. 论政治伦理与疾病［J］. 医学与哲学，2009（3）：30－32.
〔3〕 李全生. 布迪厄场域理论简析［J］. 烟台大学学报（哲学社会科学版），2002（2）：146－150.
〔4〕 刘海龙. 大众传播理论：范式与流派［M］. 北京：中国人民大学出版社，2008：372.

常保健类的信息受政府监管较松、与市场中的产品和服务关系紧密，因此经济力量集中在此类信息上做文章，一方面媒体为了经济利益，利用卫生资源，争取高订阅量、收视率、阅读率；另一方面，产品和服务提供商利用广告、赞助等经济行为，打着医学的旗帜，裹挟媒体传播信息。当然，政治力量也致力于推广有利于国民健康的日常生活保健，大力提倡媒体对此类信息的传播，并提供政策支持和信息指导，利用媒体的健康传播树立政府形象，强化以人为本、为人民服务的政治诉求。

3.3 媒体健康传播议题的话语解构

媒体对健康因素议题的设置不仅有表层上的、显性的结构呈现，而且还有隐性的、深层结构的话语体系。英国语言学家费尔克拉夫[1]认为，话语是对主题或者目标的谈论方式。话语是社会化、历史化和制度化的产物。话语有社会实践的功能，话语建构人们所处的社会，建构人本身。话语建构知识客体和社会主体，建构社会关系和概念框架。不同的话语以不同的方式建构着知识客体，如精神疾病、文化水平等；并将人们置于社会主体的地位，如成为医生或成为病人[2]。话语代表着权力，代表着建构的力量。话语可以彰显社会秩序和权力分配。福柯就关注机构的、社会的话语秩序，每一个社会中，话语的生产都受到控制、选择、组织和重新分配。他指出，话语分析是从社会和历史的角度具体说明变化着的“话语结构”，并说明规则系统——它们使得某些陈述、而不是其他陈述有可能在特定的时间、地点和机构情景下出现[3]。话语研究不再关注事物的本质，而是把关注点放在了对事物本质所做出的种种话语的可能性上。换句话说，话语研究不是研究一个事物是什么，而是研究为什么人们用某种方式对该事物进行表述，是什么社会条件导致了这种话语[4]。话语体系和话语结构的分析，可以借鉴结构主义的方法。

人们习惯的思维模式影响其认识世界的视角与思路，在人们常用的认知习惯中，结构主义是一种较为简化的方式。这种认知习惯也同样存在于媒体工作者、媒介组织，以及由他们所生产的媒体中传播的议题和文本中。索绪尔认为，语言中只存在

---

〔1〕 费尔克拉夫．话语与社会变迁［M］．殷晓蓉，译．北京：华夏出版社，2003：19.

〔2〕 张自力．健康传播与社会：百年中国疫病防治话语的变迁［M］．北京：北京大学医学出版社，2008：225.

〔3〕 福柯．知识考古学［M］．谢强，马月，译．北京：生活·读书·新知三联出版社，2007.

〔4〕 刘海龙．大众传播理论：范式与流派［M］．北京：中国人民大学出版社，2008：5.

差异，决定意义的不是“内容”，而是系统中的“关系”[1]。结构主义奠基者法国人类学家列维·斯特劳斯认为文本中存在着系统性的关系即结构，通过差异而产生意义。他指出社会或文化活动中隐含着一定的关系与结构，结构往往以二元对立的方式组对出现，即聚合性。结构主义者习惯认为二元对立是人类思想的基础，是表达意义的基石[2]。但从辩证主义角度出发，文本或事物的二元性，不仅有对立，也有对立中的统一。健康社会学家沃林斯基[3]曾指出，现代医学有 4 个组对出现的二元性结构，分别是：依靠巫术还是科学；倾向个体还是群体（倾向个体的医学原则是治疗和康复，倾向群体的医学原则是预防）；肉体和心灵是彼此独立还是一个整体；科学碎片化还是人类学整体论。沃林斯基的 4 个二元结构中，不仅有医疗卫生领域的话语体系，如治疗康复与预防，也有医疗卫生领域之外的话语，科学与巫术、科学碎片还是人类学整体论，不仅涉及医学本身，还包括作为自然学科——医学之外的人类学、民俗学、社会学等领域。

健康传播中，医药、饮食、心理和运动等常见议题还存在着深层结构。施拉姆曾说：“在人类社会中，传播是最繁忙的交叉口，但许多人只是路过而不逗留。”传播学、医学、社会学等学科在路过传播学这个交叉口时做了“逗留”，并逐渐产生了“健康传播”[4]。因此，健康传播作为交叉学科具有多重属性，既有社会属性，又有自然属性，拥有自身的特点。健康传播是一种传播活动，具有传播的普遍属性。健康传播要促进健康，更体现其卫生属性。健康传播的自然和社会双重属性决定了其话语分析可以从卫生、非卫生即社会实践两个角度进行解构。

3.3.1 健康传播的卫生话语解构

利用结构主义理论，常见健康议题从卫生角度可以解析出静养与动养、身与心、治与防等结构元素：根据人外在活动状态可以分为静养与动养（也可理解为养与练、静与动和吃与动）；根据健康的作用对象分为身与心；根据人类健康—疾病的干预手段可以分为治疗与预防。健康传播常见议题，可以从以上 3 个卫生角度分析其话语。

---

〔1〕 伯格．媒介分析技巧［M］．李德刚，等译．北京：清华大学出版社，2011：6.
〔2〕 伯格．媒介分析技巧［M］．李德刚，等译．北京：清华大学出版社，2011：20.
〔3〕 沃林斯基．健康社会学［M］．孙牧虹，等译．北京：社会科学文献出版社，1999：8－10.
〔4〕 余金明．健康行为与健康教育［M］．上海：复旦大学出版社，2013：217.

3.3.1.1 静养与动养

静养与动养是获得健康的外在活动形式。在人的健康问题上，静养与动养可以理解为吃和动、静和动的关系。人的存在、存活表现为生命的活动，有生命迹象和体征。生命体的生命现象主要表现为以下5个方面的基本特征：新陈代谢、兴奋性、应激性、适应性和生殖。新陈代谢是生物体自我更新的最基本的生命活动过程。新陈代谢包括同化和异化两个过程[1]。生物从体外环境中获取物质，并将其转化、合成为生命体自身的过程是同化过程。生物体将体内的物质进行分解，释放出能量进行生命活动的过程是异化过程，见图3－3。

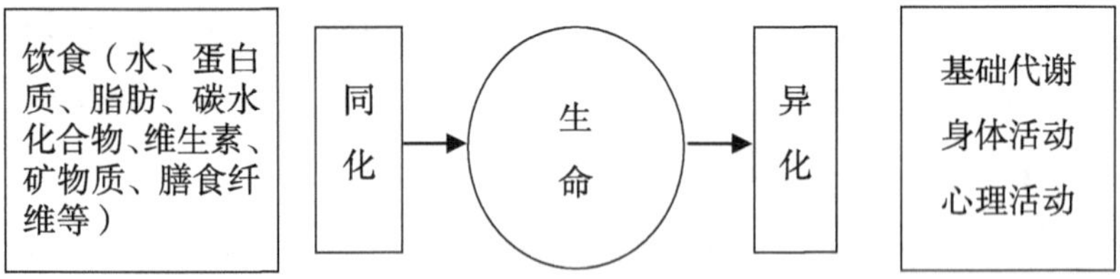

图3－3　生命同化与异化过程

人的健康就是在同化和异化过程中达到均衡和谐的。若同化、异化某一过程出现问题，就会产生疾病。同化过程就是人体能量摄入过程，人的能量来自饮食，从水、蛋白质、脂肪、碳水化合物等物质中吸取人体所需的营养，转化为维持身体正常运转所需的能量。异化过程包括基础代谢、身体和心理活动。三者之间又相互影响，共同将饮食产生的能量和人体积蓄的能量进行消耗分解，进行必需的生命活动。同化和异化都是重要的生命活动，缺一不可。吃与动也是一对辩证统一的命题。只吃不动，能量积蓄，身体不堪重负，机能紊乱。只动不吃，能量消耗，难以长久维系。吃与动是人日常生活的必需的形式。吃相对于动来说是静态、养护。动对于静来说是活动、消耗。吃＝养＝静＝饮食等。动＝练＝身体活动等。生命体是以生命体征的存在为生存的表现。生命体征如心跳、呼吸和新陈代谢，都是身体内部运动的表现。在促进健康的因素中，运动代表着动，代表身体的内在和外在的活动，能量的消耗。相对于外在的身体肢体的活动，饮食、营养和心理等表现为身体内部的活动，是一种相对的静。

希腊哲学家说，人不可能踏入两条相同的河流，强调了运动是事物的发展本质。

---

〔1〕 全国体育院校教材委员会. 运动生理学［M］. 北京：人民体育出版社，2002：3.

老子指出“归根曰静，静曰复命”。王弼认为“动起于静”，强调了静是动的初始。周敦颐提出“一动一静，互为其根”。王夫之指出“方动即静，方静旋动。静即含动，动不舍静”，认为动静相互转变。我国古代导引养生之术重视动静结合。近代以来，人们普遍接受了运动的普遍存在性，辩证地看待动与静的关系。近年来，卫生部门、宣传部门将提倡动静结合、吃动平衡作为重点。2005 年开始，卫生和新闻部门开展实施了健康知识传播激励计划。中国健康知识传播激励计划每年有不同的主题，2010 年提出吃动平衡；2012 年、2013 年，提出吃动平衡、走向健康。其他年份高血压、糖尿病主题也涉及饮食和运动。静养和动养对健康同样重要，因此媒体议题应以动静结合为标准。

3.3.1.2 身与心

梅洛·庞帝曾说：世界的问题，可以从身体开始。身体情况影响心理状态，现代医学指出心理变动会影响人的身体，改变内分泌、调控免疫力、神经功能，甚至导致或治疗疾病。中医认为怒伤肝、喜伤心、思伤脾、恐伤肾、悲伤肺。身与心的关系即物质与意识的关系，是由来已久的哲学话题，也是健康的基本问题。唯物主义认为身体是心理的基础，身体是物质基础，心理、意识是上层建筑，物质基础决定上层建筑，马克思历史唯物主义多秉承这种观点。唯心主义认为心理、意识等是身体的基础，主张精神、意识、理念等为第一性，物质为第二性。身体因为意识而被感知，物质依赖意识而存在。笛卡尔的身心二元论认为有 3 个实体：心灵实体、物质实体和上帝实体〔1〕。二元论的哲学家认为身、心并列，没有谁是基础和本原，谁也不能产生谁。但二元论本身也矛盾重重。笛卡尔讨论物质和精神的关系时，承认上帝是“绝对的实体”。他的二元论最终倒向了客观唯心主义一元论，依赖上帝来统一物质实体与精神实体。我国先秦时期，管子称“天出其精，地出其形，合此以为人”。荀子提出“形具而神生”，肯定身形的物质基础。汉代的桓谭用烛喻形，用火喻神，认为神像烛火不能脱离作为蜡烛的形体而独存，认为身存则神存，身灭则神灭。我国也有禅宗“幡不动心动”，身是幻象，心是本原的论调。

追求健康，需要身心和谐。健康是身体、心理和社会适应的良好状态。在健康问题上，不论是一元论的唯心主义或唯物主义，还是二元论的身心并行观点，面对

---

〔1〕 江雨．浅析笛卡尔的二元论和西方近代哲学中的身心关系问题［J］．华中师范大学研究生学报，2011，1（18）：24－27.

人的健康实践活动，都会重视身体作为物质实体的生老病死等状态，也不能忽视心理对身体的影响与作用。英国教育学家、哲学家洛克曾说：健康之精神寓于健康之身体。国人多采用基于身体为物质基础、心理为上层建筑的辩证观点，毛泽东曾说“体者，载知识之车而寓道德之舍也”，提出“文明其精神，野蛮其体魄”，并指出“身体健全，感情斯正，可谓不易之理”，强调了身体的第一性，但也应辩证地处理身心健康。心理影响健康的问题得到了医学的证明，文学家也感叹：旷达者长寿，忧伤足以致命。身体是意识的基础，意识反作用于身体，二者实现和谐统一。身体与意识，生理与心理，肉体与精神不能二元对立，只有辩证统一，才能达到身心群的良好、平衡。身体和心理、精神相互影响，相互作用。要健康，就要身心和谐，媒体对健康的引导也应身心并重。

3.3.1.3　治与防

医学视野中，治疗与预防都是针对疾病而言的。预防是防止疾病发生，保持健康；治疗是针对疾病采取行动，恢复健康。但预防和疾病并不是截然二分的不同事物。预防中往往还有治疗的理念，治疗中也有预防的成分。治疗与预防是辨证统一的关系，共同维护人类的健康。人在生命状态中大多处于健康—疾病二者之间的循环往复中。生病就要治疗，健康就尽量保持，预防生病。在医学体系中，预防和治疗是主要的维护健康的手段，中医、西医均是如此。《黄帝内经》中提出：上医治未病，中医治欲病，下医治已病 。“治未病”的理念始终贯穿于中医的几千年医药实践中。高明的医生不单单是能起死回生的人，而是能够防患于未然，预防疾病，让疾病不能产生危害的人。现代医学也将预防医学列为医学专业 7 个门类中的一个。西医按疾病发生发展的不同阶段，分为前期、发病期和后期。预防工作针对 3 个发展阶段进行干预和控制，防止疾病及保证病后能良好康复。现代预防理论把预防工作分为三级，分别是病因预防、“三早”预防、施治和预后。“三早”指发现早、诊断早、治疗早；还有疾病发生后的治疗、康复及预后管理等工作。

人的切身体验和社会资源的优化希望预防优于治疗。治疗是疾病发生后的补救与修护，疾病已经发生，难免对人体产生伤害，有时甚至是难以挽救的伤害，致残致死，影响生活质量。所以，《黄帝内经》说：已经生病，身体感到不适，然后服用汤药、开刀动手术，寻求治病的方法，就像口渴了再打井取水，大战在即再打造兵器，为时已晚。人人想要健康，人人希望健康，不希望得病。虽然，生老病死是人类不可逾越的命运安排，但确实可以通过预防而减少疾病的发生，提高人们的生存质量。预防和治疗的最终目标都是让疾病产生的危害减至最小。疾病一旦发生，既会让人感到不适、痛苦，又占用医疗资源，影响生产和生活。减少痛苦和损失的最好办法，就是增强体质、加强防护、抵抗疾病，尽量不让它发生，所谓“正气存内，邪不可干”。从这个角度来说，预防要优于治疗，媒体议题设置不宜以治病为主，而应以预防为主，以健康为导向，改善、维护和保持健康同样重要。

3.3.2 健康传播的社会实践话语解构

健康传播活动传播的是健康信息，其本质属性应以“健康”来界定，属于医药卫生领域的范畴，其核心属性主要表现为自然科学的特征。但健康传播又是一种信息传播行为，传播是社会活动，具有明显的非卫生、非自然科学特征。

3.3.2.1 理论与实践

健康传播发端于卫生宣传，主要以健康信息的普及为主，曾长期被看作科普工作中的一种。黄家驷曾把“开展医学科学的普及工作”作为《大众医学》的工作目标。但健康传播的科学普及工作有其局限性。在科学与普及、理论与实践之间，健康传播存在难以逾越的悖论。因为医药、饮食、运动等领域存在大量学术争议和悬而未决的难题，作为非医学卫生专业的大众媒体难以辨别高低、正误。因此，媒体在健康信息的传播中较为谨慎。《生活文摘·养生》的特别声明能够体现媒体的无奈。摘录如下[1]：

本刊内容仅供参考，不作为诊断及医疗依据。本刊所有关于健康保健的内容、资料均来自有关学科的专业人士推荐，也经过大量实践，符合现行医学理论，可以用于大多数人群健康保健活动参考。其中个别条文尽管存在学术争议，也采用了大多数学者的观点，并且在叙述中比较委婉折中，符合医学科学和卫生管理部门倡导的精神。由于每个读者的身体差异和健康状况不同，应该针对你个人身体的特殊情况进行有针对的健康保健行为。擅自盲目进行的一切行为与本刊无关。

毕竟治疗疾病需要医生和病人的配合，每个人体质、病症和生活环境千差万别，再高明的医生也难以凭空想象，不接触病人而妄下诊断。不论中医、西医，总要望闻问切、查体问诊，有无病史、有无过敏，甚至要做进一步的化验检查等。媒体中出现的疾病治疗和药方验方，一般强调谨遵医嘱，普通受众不能盲目服用、治疗，

〔1〕 声明发表于2014年《生活文摘·养生》杂志的扉页。

养生保健内容也要谨慎采纳。《生活文摘·养生》指出其内容仅供参考，“符合医学科学和卫生管理部门倡导的精神”，但读者“擅自盲目进行”后果自负。虽然媒体中的内容大部分符合卫生健康科学和理论，但具体到个人的医疗实践和养生行为则不能盲听盲从。这就体现了健康传播活动中科学理论与普及实践之间的话语矛盾。

3.3.2.2 危机与日常

健康事关个体生命安危，也关乎民族和国家兴亡。当个体病痛遇到群体疫情，当慢性病与烈性传染病、养生保健与生命垂危的内容进行取舍，健康传播关注的议题往往会倾向风险和危机。个别病患还是全民疫情、养生与救命之间的轻重缓急，在健康传播的议题设置中时常体现。中华人民共和国成立初细菌战、20 世纪 80 年代艾滋病、2003 年严重急性呼吸综合征、2008 年三聚氰胺等一系列健康危机不仅是健康传播的重点议题，也成为整个社会的焦点。中华人民共和国成立初细菌战是打倒美帝国主义的重要战斗阵线，“打死一个老鼠，就是消灭一个敌人”、把蚊子、臭虫、苍蝇等看作是“美帝的援兵”，面对战争的威胁，卫生工作不仅是维护个体健康，更是关系到战争胜败、国家存亡的大事。2000 年以来，严重急性呼吸综合征、禽流感等重大公共卫生事件牵动了整个国家的神经，严重急性呼吸综合征的疫情控制、危机处理也上升到战备高度，“万众一心、众志成城”彰显了政府和民众的坚决态度，健康危机、公共卫生事件受到了主流媒体、健康类媒体的重点关照。无论人类科技多么发达，威胁人类的疫病危机始终难以清除，艾滋病、严重急性呼吸综合征、埃博拉、禽流感等疾病，地震、核辐射等天灾，苏丹红、三聚氰胺等人祸时常让一个国家、甚至整个世界紧张、震动。健康传播中国家至上还是民生为本，危机处理还是日常保健，议题的设置要考虑风险与平时、危机与日常的话语转换和倾向。

3.3.2.3 现代与传统

人类医疗卫生水平的大幅提高是现代医学发展的结果，现代医学的诞生离不开西方文艺复兴、思想启蒙和工业革命带来的思想变革和技术革新。现代医学是在解剖、生理等卫生学科的基础上与现代生物、物理、化学等学科融合的产物，是科学进步的典型代表。福柯用历史的、批评的方法分析了现代临床医学的诞生。他指出现代临床医学通过“还原性”“科学的目视”，开创了一个稳定可见性的世界[1]。而传统的医学则采用缺乏感官基础、幻想的语言解释疾病与治疗。现代医学的话语逐渐成为主流，确立了健康领域的主导地位。我国的中医理论延续千年，在实践中也卓有成效，因此，我国在引入西医的同时，保留了中国传统医学。我国的法律规定“国家发展医疗卫生事业，发展现代医药和我国传统医药”。

在我国的健康传播中，西医与中医长期并存。洋务运动以来西医凭借科学的理念和技术打破了中医悬壶济世的格局，受到政府的大力支持，介绍西医理论和知识的健康传播常见于媒体。中华人民共和国成立初期医疗卫生系统借鉴苏联的模式，在防治传染病、寄生虫病、职业病等疫病以及卫生宣传的过程中以现代医学为主。改革开放后，文明病、慢性病增加，现代医学难以根除，传统医学在养生保健方面的价值受到重视，中医的时令养生、食疗、按摩针灸等在媒体中受到追捧，中医大家频频发声，争得一定话语权。

3.3.2.4 社会公益与市场效益

现代国家都重视公共卫生工作。政府部门大力提倡各种有益于健康的社会活动，卫生部门定期发布的疾病防治手册和生活指南等健康信息在媒体的健康传播中被奉为圭臬。医疗不仅涉及个体利益，也关乎社会公共利益和民众的福祉，在以政府和公益社会力量为主导的健康传播中，病患是需要照顾的对象、是弱势群体，此时的健康传播有很强的公益性质，是医疗救助和慈善事业的组成部分。为配合艾滋病的“红丝带”行动、麻风病慈善关怀等活动开展的健康传播公共话语色彩明显，具有人文情怀和公益性质，并不涉及某类产品或服务的销售与推广。

另外，市场经济体制下健康产业的巨大财富效应吸引了众多追逐经济效益的参与主体。参与其中的主要是产品和服务提供商以及部分媒体和医药卫生工作者，商家通过信息传播销售其产品与服务，卫生工作者通过信息传播成为布迪厄所称的“快思手”（为了迎合媒体，宣传学术、科学以获得声誉的专家学者等），并有可能借此与商家合作、获得报酬和利益。商家甚至有可能利用雄厚的资金赞助医药研究项目、培养学术明星或者购买媒体的版面、时段影响媒体传播内容。著名学者坎贝尔撰文批评部分媒体和医生宣传营养品和补充剂，导致消费者对营养品补充剂等产品的信赖。医生也向大众推荐营养品补充剂。而大多数的消费者被愚弄了，他们相

[1] 福柯．临床医学的诞生［M］．刘北成，译．南京：译林出版社，2001：2.

信花钱可以买到他们所想要的健康[1]。最终，消费者却被制造学术噱头的专家或炒作商品概念的企业所利用，成为商家的提款机。2009 年甚嚣尘上的张悟本事件，以及国家有关部门对部分养生栏目虚假宣传的制裁等给健康传播敲响了警钟。媒体既是社会公器，又是经济组织，因此从事健康传播的媒体始终要在谋求公共利益最大化和谋求经济效益最大化之间寻找平衡。

3.4　对媒体设置健康传播议题的原则之思考

媒体传播健康议题设置既要符合健康传播的自然属性，又要考虑健康传播的社会属性。议题和内容应遵循医药卫生科学规律，也要针对社会现实、在社会实践中为社会和民生谋福利，符合媒体基本的监测环境、联系社会、传承文化功能。以上的变迁梳理和话语分析可以体现媒体设置健康传播议题的基本原则。

3.4.1　科学性原则

从健康与卫生角度看，健康传播是健康教育和健康促进的手段，是传播理论在卫生领域的应用。健康传播是健康信息的传递、交流和互动，信息主要涉及疾病医药、生活方式议题，也可解构为身与心、动与静、治与防。健康传播应在保障信息科学、准确的基础上，对议题进行科学合理的配置。议题的组织设置和内容要真实、客观、准确，应遵循医疗卫生领域的科学规律，符合健康传播的卫生属性。

现代医学经历了生物、药物、生活方式的卫生革命。中华人民共和国成立以来，大幅度提高国民寿命和健康水平，卫生工作能够合理对待治与防、身与心、动与静的健康关系。我国卫生工作方针历来提倡“预防为主”，上医治未病。健康传播不能等同于医疗诊断，毕竟媒体不是专业医疗机构，健康信息传播者的有些言论不能直接作为疾病诊治的依据。因此，健康传播议题设置应以预防为主，普及疾病基本知识，重视生活方式议题。对于生活保健，中医提倡养生要：法于阴阳，和于术数，食饮有节，起居有常，不妄作劳。“有节”“有常”没有定数。世界卫生组织提出健康生活方式：合理膳食、适当运动、心理平衡、戒烟限酒[2]。除了“戒烟”是强

---

〔1〕 柯林，托马斯．中国健康调查报告［M］．张宇晖，译．长春：吉林文史出版社，2006：230.

〔2〕 世界卫生组织的指导来自维多利亚宣言对生活方式的建议。中医的提倡来自黄帝内经。我国卫生部门提倡的健康生活方式，与二者相似。

制性、明确性的要求，强调的是“合理”“适当”“平衡”“限酒”等。“中和”是中国哲学的核心命题，也被认为是养生保健的总原则〔1〕。中国人形成了“阴阳和谐”“正气内存，邪不可干”“法天之纪，用地之理”和“节阴阳，调刚柔”的保健理论与原则〔2〕。阴阳、刚柔、动静、身心等不同因素达到“致中和”的状态，才是健康的理想状态，故“中和”是身心和谐、动静平衡的“圣度”。无论中医、西医，都认为中和均衡是获得健康的“金标准”。议题设置应遵循医药卫生的基本规律，应符合中西医对获得健康提出的中和均衡的原则。

3.4.2 通俗性原则

大众媒体针对广大受众，其健康传播内容和议题既要科学准确，又要通俗易懂，根植于社会文化土壤，才能有效引领健康文化。中华人民共和国成立初，有关部门开展卫生宣传就采用科普报刊、宣传画、卫生电影、科普广播、戏剧等形式，利用媒体、工作组、宣传队等组织，针对普通百姓，甚至文盲，进行喜闻乐见的宣传教育。改革开放后，大众媒体发展迅速，健康传播受众普及面广、人数多，健康传播议题和内容贴近百姓生活，成为人们茶余饭后的热点话题。

文化不仅因传播而存在，而且文化就存在于传播之中。文化没有传播就不能生存、发展、延伸和成功。通过传播，人类创造文化。一方面，媒体有传承社会文化的功能。健康传播议题和内容要符合受众习惯、符合社会文化规范。健康传播要考虑受众健康信息的接受能力、理解能力和执行能力，议题设置要优先发展受众可获得的健康促进手段，生活方式议题便利性、可行性强，群众基础好，应作为重点。另一方面，传承不是原样照搬，而是选择性的扬弃与改进。有些传统社会文化规范和风俗习惯是违背科学、违背医学规律的，现代医学已证实了部分传统习俗的错误。媒体应通过议题的设置和引导，引领社会文化规范向正确、科学的方向发展。我国普遍存在好静重养，轻练少动的文化传统，健康传播议题设置应有利于转变不利于健康的文化规范。

3.4.3 现实性原则

媒体有环境监测、联系社会的功能，媒体就是社会现实的放大镜和扫描器。健

〔1〕 谭华．体育史［M］．北京：高等教育出版社，2005：54.

〔2〕 熊晓正，林登辕．元气论与代谢说：中希古代健康观念的比较［J］．北京体育大学学报，2007，30(10)：1297－1302.

康传播媒体应关注我国国民健康的现状，尤其重视公共卫生中存在的主要问题，并有针对性地设置议题，为改善国民健康现状发挥作用。

中华人民共和国成立之初，卫生状况堪忧，疾病丛生。健康传播重点关注传染病、寄生虫病等对群众危害较大的地方病、多发病。改革开放后，我国的医药卫生事业发展迅速，为国民健康提供了有力的保障，健康传播注重慢性病防治和生活保健。1949 年至今，我国居民健康水平大大改善，居民预期寿命延长，医疗卫生条件显著提升，医疗服务能力加强。但我国健康事业仍任重而道远。目前，我国尚处于慢性病高发时期，由于环境改变，人口老龄化，人们静坐少动，吃动不平衡的生活方式和社会压力增大等原因，使我国慢性病患病人数居高不下，给国民健康带来了严重影响，也大幅增加了国家在慢性病治疗方面的财政支出，给国民经济的发展带来负面影响。同时，我国国民体质下降，尤其是青少年体质在某些指标上的下降也十分不利于国民健康的改善。而且，传染病、公共卫生事件仍是国民健康的重大威胁，艾滋病、严重急性呼吸综合征、埃博拉等恶性传染病仍对人类敲响警钟。健康传播议题应关注国民健康中的危害较大的传染病、慢性病、高发病和体质下降等突出现实问题。

3.4.4　多元性原则

由于健康观念的多维，健康影响因素的多样性，卫生话语的多面性，卫生健康事业的多个参与主体，因此健康传播的议题设置应遵循多元性原则。

健康观念随着社会发展，所涵盖的内容不尽相同。从最初的神灵医学、朴素医学、生物医学，发展到现代医学公认的生物—心理—社会医学模式，健康概念也拓展为身、心、群的三维观。健康影响因素也相应地包括了医疗服务、遗传、社会环境和个人生活方式等多种因素。1986 年，首届国际健康促进大会指出：健康是每天生活的资源，并非生活的目标。健康是一种积极的概念，强调社会和个人的资源以及个人躯体的能力〔1〕。1999 年 WHO 又提出道德健康观，进入 21 世纪，生态健康〔2〕观念受到重视。人们对健康的理解更加全面和多元。正确的健康观念正向大

---

〔1〕 倪红梅，何裕民，吴艳萍等．中西方健康概念演变史的探析及启示［J］．南京中医药大学学报，2014（2）：79－83.

〔2〕 生态健康指人与环境关系的健康，是社会、经济、自然复合生态系统尺度上的概念，认为不仅包括个体的生理和心理健康，还包括人居物理环境、生物环境和代谢环境的健康，以及产业、城市和区域生态系统的健康。

健康、大卫生转变，健康理解需要多维度，健康资源需要多种力量参与。正确健康观念应变被动健康为主动健康，现代医学将推动“主动健康”的发展，21 世纪的医学将从传统的“医生—病人，处方—手术”的纯治疗型模式转变为群体、保健、预防和主动参与的模式[1]。健康不仅是医药卫生领域的工作范畴，是中医西医的研究和服务领域，也是食品生产加工和体育运动健身等行业的工作方向，健康还是整个社会、民族和国家的共同愿景与努力方向。

媒体通过对医药卫生、政治、经济、受众等的调动和联系，融合环境、文化、工农业生产等有关健康行业，有利于“非医学干预手段”的融入，达到不同议题的均衡；能够建构整合的大健康、大卫生的多元格局，能够引导受众形成符合社会发展和健康趋势的正确观念。

3.4.5 公益性原则

从传播角度看，媒体承担社会责任和义务，健康传播要以促进国民健康为己任。大众传播活动中，媒体组织目标包括：政治的、经济的[2]。政治目标最终是为公众服务，经济目标是为市场服务。要实现政治目标和经济目标，必须要考虑公众的目标。从公共卫生角度看，健康事关公众的个人性命，事关民族兴亡和国家兴盛，宪法规定国家发展医疗卫生事业[3]，保证公民的健康权利。健康传播是医疗卫生事业的组成部分，是国家事务的重要元素，是国民大众的健康福祉。因此，健康传播应兼顾政治目标、经济目标和公众目标，将国民健康放在首位，充分考虑社会公平和社会效益，实现受众利益最大化。健康传播中的医疗保健、食品药品等商家的市场行为应受到监管。议题设置不能被经济效益绑架，媒体应以政治目标和公众目标为主，经济目标为辅。

---

〔1〕 刘国永，杨桦，任海．中国群众体育发展报告（2014）［M］．北京：社会科学文献出版社，2014：209.

〔2〕 刘海龙．大众传播理论：范式与流派［M］．北京：中国人民大学出版社，2008：391.

〔3〕《中华人民共和国宪法》（2004 年修正）第二十一条指出：国家发展医疗卫生事业。

4 历史变迁对当代媒体设置健康传播议题的启示

通过对不同传播方式的媒体进行内容分析，掌握媒体健康传播的议题设置现状，并分析议题的话语偏好及原因。

4.1 当代健康类媒体的议题设置现状

对健康类媒体的议题现状进行研究，有利于展现现阶段媒体中健康议题的结构，分析媒体对健康议题设置的偏好及原因，从而更好地提出优化策略，建构有利于国民健康的媒体传播环境。

议程设置理论指出媒体通过对议题数量和方向的建构，产生议程设置效果，影响受众关注和谈论的议题，并影响受众的认知。本章研究根据议程设置理论，利用内容分析法统计媒体中不同健康议题的数量，并结合结构主义理论解析议题设置的偏好。本章对不同媒体的议题进行了细致分析，对运动议题予以重点关注。

（1）样本选取。本章以主流健康类媒体为对象，包括报纸、电视、杂志、网络、广播等。电视栏目的选择以省级及中央级卫视为主，通过查看卫视频道节目表，研究选取覆盖广、影响大的健康、养生类日播栏目《健康之路》《养生堂》。对于报纸和杂志，作者通过检索2014年的邮政报刊订阅总目录，查询面向全国发行的医疗卫生类报刊，筛除专业性强的医药卫生报刊，并将针对某种病症、某些特定人群（学生、妇婴、解放军等）的报刊去除，剩余面向广大群众，普及医药卫生、健康生活知识和技能的刊物有报纸21种、杂志43种。本章根据分层抽样（按级别分为中央级、地方级；按主办单位分为卫生、非卫生单位）方法确定样本，选取其中4种报纸、5种杂志为研究样本，查阅样本报刊的发行物进行版面、版块和文章主题统计。对于网站选择，作者通过门户网站百度网对健康网址的分类，并根据网站不同属性，选择《39 健康网》《中国健康教育网》《新浪健康》。广播以《山西健康之声》为主。微信以《健康中国》为例。

（2）抽样时段。本章对 2013—2014 年，电视、报纸、杂志媒体的传播内容进行统计。电视以 2 年间播出的栏目为统计样本。报纸、杂志内容较繁杂，考虑疾病、饮食、养生等内容主题随季节变动，健康信息的季节性较强，采取隔季度抽样的方法。2013 年抽取春秋两季，2014 年抽取夏冬两季，2 年共抽取 12 个月样本刊物。因网络信息数据量大、变动性强，网络等新媒体抽样时段为 2014 年 4—6 月、10—12 月，即夏季和冬季两个季节。

（3）议题内容分析类目建构。根据媒体内容的规律，议题分为：疾病医药、饮食、心理、运动。

（4）编码及信度。编码过程由两名运动人体科学研究生完成，两人具备一定的生理、心理和卫生基础知识，对医疗卫生科普类信息能够正确理解。编码信度采用 $C.R. = 2M/(N1 + N2)$ 算法，对编码信度测试统计表明，$C.R. = 0.84 > 0.7$，高于研究者一般对编码者间信度标准的设定（编码信度计算与前文议题变迁部分采用的方法相同）。于 2015 年 1 月 5—25 日正式进行编码。

居民获取健康信息的概况：根据卫生服务调查，2003 年，15 岁及以上居民主要通过电视、报刊书籍和医生 3 个途径获取健康知识，选择率分别为 71.58%、27.33%、25.89%。其中城市地区获取渠道中电视为 82.58%，报刊书籍为 55.54%，广播为 22.82%。农村地区获取渠道中电视为 67.20%、医生为 28.28%、报刊书籍为 16.15%。2008 年，15 岁及以上居民主要通过电视（78.6%）、医生（47.0%）和报刊书籍（28.2%）获取健康知识。城市地区获取渠道中电视为 83.5%，报刊书籍为 53.8%，医生为 39.8%。农村地区获取渠道中电视为 76.6%，医生为 49.7%，报刊书籍为 18.3%。（根据第三、第四次卫生服务调查数据整理[1]）。由此可见，电视是城乡居民获取健康知识和信息的最主要渠道，传统纸质媒体的影响力下降。近年来，健康传播网络媒体异军突起，但调查中，网络媒体的健康传播影响力未能体现。有研究表明（2009—2010 年），互联网是大众主动接触

〔1〕 卫生部新闻办公室. 第四次国家卫生服务调查主要结果［EB/OL］.［2014 - 11 - 27］. http://politics.people.com.cn/GB/101380/8882246.html.

健康信息（健康生活方式、疾病早发现和疾病治疗）的首选渠道[1]。电视、互联网、报纸/杂志是公众被动接触健康信息的主要渠道。电视是公众被动获得健康生活方式信息的首要渠道，选择比例为61.4%，其次是“互联网”（56.0%）和“报纸/杂志”（53.5%）[2]。网络正成为人们接触健康信息的重要渠道。

4.1.1 电视媒体的议题设置现状

近年来，健康类电视栏目发展迅速，成为大众获取健康信息的主要渠道。健康类栏目一度数量众多，经过大浪淘沙，优胜劣汰。目前，所剩栏目数量有限。2014年仍在播出的健康类卫视节目主要有：《健康之路》（中央电视台科教频道1996年开播）、《养生堂》（北京卫视2009年开播）、《中华医药》（中央电视台国际频道1998年开播）、《X诊所》（东方卫视2014年开播）、《我是大医生》（北京卫视2013年开播）。有大量健康类节目未能“健康长寿”，播出几年就因为收视率、制作压力等原因停播。此类节目有：《健康就好》（江西卫视2012—2014年）、《国医养生堂》（河南卫视2011—2012年）、《养生》（贵州卫视2012—2014年）、《养生》（山东卫视2008—2014年）、《天天养生》（深圳卫视2012—2013年）、《健康早班车》（中央电视台财经频道2009—2013年）、《健康有道》（广东卫视2011—2014年）、《健康007》（浙江卫视2014年）、《养生一点通》（广西卫视2011—2014年）、《百科全说》（湖南卫视2009—2010年）《健康大财富》（宁夏卫视2012—2013年）、《养生汇》（云南卫视2011—2013年）、《我的健康我做主》《健康大学堂》《健康一身轻》《养生新概念》《健康早知道》等。健康类节目竞争惨烈，存活下来的栏目有限，大部分栏目在激烈的竞争中退下阵来，有部分节目创办播出几期就停播了。电视健康栏目从遍地开花到硕果仅存。

2014年，健康传播栏目主要有8个，见表4-1，其中中央电视台科教频道（CCTV10）《健康之路》、中文国际频道（CCTV4）《中华医药》和北京卫视《养生堂》栏目是收视率、收视人群和传播力较高的三个栏目，位于第一阵营。北京卫视《我是大医生》以及东方卫视《X诊所》（2014年8月试播，10月正式开播）位于

---

〔1〕两次调查结果差异较大，尤其是互联网媒体的健康传播地位，可能缘于国家卫生服务（2008年）调查对象为0~65岁及以上，城乡比例为26.2%、73.8%，而赵曙光所主持调查（2009—2010年）以城镇居民为主，城乡比例为58.9%和41.1%，对象为12~64岁的居民。

〔2〕赵曙光，李鼎，倪燕．中国健康传播研究：从媒体舆论到医患沟通［M］．长春：吉林大学出版社，2010：13.

第二阵营，其他栏目收视情况欠佳，甚至2014年或2015年已经停播，如《健康有道》栏目（2014年6月停播）。优势栏目主要来自中央电视台和北京、上海电视台，这些电视台地处北京、上海，有大量优质医疗卫生机构和专家学者，依托这些优质资源，栏目播出得到保障，成为健康传播的主要电视媒体。健康栏目播出时段分为三档，分别为早晨5点至6点、傍晚5点至7点和晚上9点至10点以后，主要健康栏目在下午档播出。

表4－1 健康传播电视栏目基本情况统计表（2014年）

栏目名称	主办	周播/次	时长/min	开播	首播时间
健康之路	CCTV10	7	40	1996	18：15
养生堂	北京卫视	7	60	2009	17：25
中华医药	CCTV4	1	45	1998	22：00
养生	贵州卫视	2	60	2012	22：10
养生	山东卫视	7	30	2008	5：25
我是大医生	北京卫视	1～2	45	2013	22：00
X诊所	东方卫视	1	60	2014	21：00
健康有道	广东卫视	5	30	2011	17：25

据2014年1—3月福建省的电视收视率调查，面向全国的健康类栏目《中华医药》在晚间档22点播出，收视率最高，为0.41%。其次是《健康之路》为0.24%，《我是大医生》为0.22%，《养生堂》为0.22%，《养生》（贵州卫视）为0.11%，《健康有道》为0.03%。《健康之路》《中华医药》受到各个年龄段人群关注，《养生堂》主要是老年观众，55岁以上观众占70%，退休女性居多，《我是大医生》的25～44岁观众占比52.8%。《健康之路》与《中华医药》观众中高学历人数多于其他栏目[1]。

根据健康栏目内容特点，对栏目主题进行归类，主要有疾病医药、意外伤害、饮食、心理、运动。通过2013—2014年栏目播出的视频分析其主题（资料通过频道官方网站和视频搜索网站获得），统计健康栏目不同议题（主要包括疾病医药议题、生活方式议题）的设置情况，见表4－2、图4－1。

〔1〕 常卫平. 福建市场健康类电视栏目收视比较分析［J］. 东南传播，2014（7）：80－82.

表 4 –2　健康栏目议题设置情况

议题	健康之路		养生堂	
	N	%	N	%
慢性病与传染病	103	100	117	100
常见慢性病	101	98	117	100
常见传染病	2	2	0	0
生活、饮食议题	125	100	92	100
食品安全	0	0	2	2.2
饮食习惯	6	4.8	6	6.5
膳食营养	119	95.2	84	91.3
其他	0	0	0	0
心理议题	3	100	15	100
心理疾病	0	0	3	20
应激应对	1	33.3	5	33.3
人格	2	66.7	1	6.7
其他	0	0	6	40
运动议题	42	100	20	100
疾患康复	4	9.5	0	0
运动损伤	3	7.1	5	25
健身	31	73.9	14	70
休闲娱乐	1	2.4	1	5
其他	3	7.1	0	0

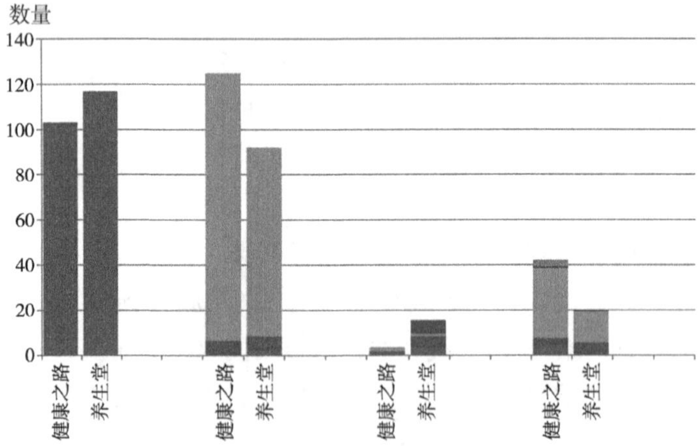

图 4 –1　电视健康传播议题设置

图 4－1 中，从下到上分别代表，疾病（慢性病、传染病）；饮食（食品安全、饮食习惯、膳食营养、其他）；运动（疾患康复、运动损伤、健身、休闲娱乐、其他）。（报纸、杂志、网络等图例与此相同。）

议题及属性设置统计表明：疾病医药议题（以部分多发慢性病和传染病为统计指标，慢性病主要包括心脑血管疾病、癌症和糖尿病；传染病主要包括肝炎、艾滋病和肺结核及肺炎）是电视健康传播重要议题，若再加上其他慢性病、传染性疾病、医药器械等议题，疾病医药议题所占比例很高，且几乎全是慢性病。生活方式类议题中，饮食议题数量最多，其中膳食营养所占比例较高。运动议题中健身所占比例较高，康复、损伤数量相当，心理议题很少见。

以《健康之路》为个案，可以具体呈现电视媒体健康传播的特点。在正在播出的众多栏目中，以 1996 年在中央电视台开播的《健康之路》栏目开播时间最早，栏目播出年份最长，受众最多，影响力最大，而且是日播节目，颇具代表性。《健康之路》是关注大众身心、保健意识、倡导健康生活为主旨的直播栏目，它虽然脱胎于有 20 年历史的卫生节目《卫生与健康》，但不论从节目的定位还是形式来看，它都是一个崭新的开始[1]。根据央视栏目内部评价资料，《健康之路》在 2013 年第 4 季度科教频道栏目综合得分与排名为第 1 名。《健康之路》的收视群体中，城市观众 45～65 岁以上中老年观众所占比例达 64%，是主要收视人群。男女比例、城乡比例几乎相同，从学历构成来看，初中学历收视观众最多，小学、高中、大学及以上学历的观众所占比例大致相当[2]。

通过访谈，《健康之路》栏目制片人吕芸表示该栏目对健康议题的设置尽量保持均衡，医药议题较多，其中中医、西医专家主讲栏目数量相当。饮食议题节目也较多，会适当在不同的时间段分配。心理议题和两性议题因为话题私密性的原因，不适合电视这种以家庭为收看单位的媒体呈现，所以设置比例很小。另据统计，近年来《健康之路》加强了运动议题的制播数量，2014 年与 2011 年、2012 年和 2013 年相比，运动议题数量明显增加。2011 年（10 月改版后—12 月底）为 2 期，2012 年为 1 期，2013 年为 4 期，2014 年达到 29 期（表 4－3）。

〔1〕 秦瑜明．专业化与对象化：电视社教节目发展走向分析［J］．现代传播，2002，24（2）：67－71．
〔2〕 由中央电视台《健康之路》栏目组提供。

表 4－3 《健康之路》运动主题节目统计（2011 年 10 月—2014 年 12 月）

序号	时间	标题	主讲人	单位
1～2	2011－12－1—2	锻炼那些事儿（上、下）	王健全	北京大学第三医院运动医学研究所
3	2012－7－31	运动损伤莫小视	王岩	北京积水潭医院创伤骨科
4～7	2013－10－5—9	高血压 巧锻炼；糖尿病 巧锻炼；肩颈痛 巧锻炼；腰腿痛 巧锻炼	黄光民	国家体育总局运动医学研究所
8～11	2014－1－1—4	娱乐运动两不误；家务运动两不误；上下班巧运动；办公室里巧运动	黄光民	体育总局运动医学研究所
12～14	2014－5－31—6－2	千年长寿操八段锦（上、中、下）	张晋	中国中医科学院西苑医院
15～17	2014－6－23—25	要运动不要损伤（上、中、下）	侯世伦	北京体育大学康复系
18～20	2014－8－6—8	体质好坏谁说了算（上、中、下）	任满迎 张彦峰 矫纬	北京体育科研所 体育总局科研所 北京体育大学
21～22	2014－8－9—10	健康走起来（上、下）	矫纬	北京体育大学
23～26	2014－8－14—17	甩掉脂肪一身轻（一、二、三、四）	常翠青	北京大学第三医院运动营养研究室
27～28	2014－8－18—19	长个儿的秘密（上、中）	罗冬梅	北京体育大学
29～30	2014－10－18—19	会运动才能瘦（一、二）	张漓	国家体育总局科研所
31～33	2014－8－30—9－2	太极传人养生经（一、二、三）	芦春	陈式太极拳十九代传人
34	2014－11－18	想聪明玩体操	罗超毅 胡巍	体育总局体操中心主任 快乐体操项目负责人
35	2014－11－19	快乐健身广场舞	王广成	体育总局韵律操协会
36	2014－2－19	你的心脏还好吗？	王正珍	北京体育大学

运动议题增加与体育主管部门的推动与配合密不可分。在 2014 年初国家教科文卫体组织联席会议上，中央电视台科教频道有关领导和体育总局有关领导就体育健身的传播问题达成意向，后促成了中央电视台科教频道与体育总局的进一步接触。

2014 年 6 月，宣传司邀请中央电视台科教频道和《健康之路》栏目领导与制片人，与总局群体司、体科所、科教司、体操中心、运医所等部门召开专题会议，各方就进一步拓展全民健身宣传平台，加大科学健身知识普及工作力度，开展全民健身宣传，特别是加强健身理念和科学健身知识的推广工作进行了深入交流[1]。

通过访谈，体育总局宣传处周京处长、中国体育科学学会副秘书长杨杰都表示体育总局对《健康之路》栏目运动节目的制作很重视，并积极配合，为栏目组推荐、联系专家，以后会加强合作[2]。周京处长认为运动健身在健康传播中占重要的地位，体育工作者应拓展渠道增加健康传播中运动内容，提供有利于大众健康的体育健身信息和指导。体育宣传工作不能只关注竞技体育、关注明星赛事，也应重视普通百姓的体育活动，体育总局在这方面做了很多工作，例如评选群众体育优秀新闻作品、组织记者走基层报道群众体育活动，组织体育明星拍摄全民健身宣传片、在奥运会举办期间组织奥运冠军参加电台报时录制等。体育总局十分重视科学健身活动的宣传，印制了科学健身宣传册，与中央电视台合作也是一种新的宣传途径。这是中央电视台与体育总局就全民健身、健康传播的“一次亲密接触”。体育总局协调部分体育健身方面的专家，配合中央电视台栏目进行录制。在合作过程中，体育总局也提出要求，希望栏目配合 8 月 8 日全民健身日的宣传。《健康之路》栏目组十分配合，在 8 月份密集推出了大量体育健身节目，总共 11 期，达到当月节目的 35.5%，另外在十一黄金周时期，重播了部分体育健身节目。媒介社会学理论中的政治、社会因素再次发挥作用，体育总局的建议与合作显著增加了媒体中运动议题设置与呈现。

运动议题的节目与《健康之路》其他议题的传播效果相同。制片人吕芸说运动议题与其他议题的收视率无明显区别，有些运动节目收视率比同时期其他议题的节目收视率还高。2014 年，运动议题节目首播收视率平均为 0.187%，首播加重播收视率平均为 0.246%。《会运动才能瘦》《想聪明玩体操》首播收视率最高达到 0.3% 和 0.29%。《太极传人养生经》首播收视率平均为 0.133%，最低为 0.12%，见表 4-4。收视率的高低与节目内容有关，与节目播出季节关系也很大。总体来说，夏季收视率偏低，秋、冬季节收视率较高。

---

〔1〕 体育总局. 宣传司组织召开科学健身知识宣传工作联席会议 [EB/OL]. [2014-10-09]. http://www.sport.gov.cn/n16/n33193/n33208/n33523/n2229519/5411295.html.

〔2〕 2014 年 12 月 20 日，对体育总局宣传处周京处长、中国体育科学学会副秘书长杨杰的咨询资料。

表 4－4 《健康之路》栏目部分运动节目收视率情况

节目名称	编导	首播收视率	重播收视率一、二		合计
娱乐运动两不误	薛瑶	0.21	0.04	—	0.25
一、二、三、四		0.23	0.03	—	0.26
		0.26	0.06	0.05	0.37
		0.18	0.08	0.07	0.33
千年长寿操	刘萍	0.17	0.06	—	0.23
一、二、三		0.18	—	—	0.18
		0.15	0.04	0.03	0.22
要运动不要损伤	许光	0.15	0.03	0.05	0.23
一、二、三		0.12	0.04	0.04	0.2
		0.14	0.06	0.08	0.28
体质好坏谁说了算	商晓刚	0.18	0.03		0.21
一、二、三		0.17	0.04		0.21
		0.18	0.06		0.24
健康走起来	白静	0.17	0.05		0.22
一、二		0.18	0.04		0.22
长个儿的秘密	李晔丽	0.24	0.07		0.31
一、二、三		0.17	0.03		0.2
		0.15	0.04		0.19
太极传人的养生经	刘萍	0.13	0.05		0.18
一、二、三		0.14	0.05		0.19
		0.13	0.04		0.17
会运动才能瘦	白 静	0.3	0.08		0.38
一、二		0.25	0.05		0.3
想聪明玩体操	白静	0.29	0.05		0.34
快乐健身广场舞	白静	0.24	0.06		0.3
甩掉脂肪一身轻	薛瑶	0.17	0.04		0.21
一、二		0.18	0.04		0.22

注："—"表示数据缺失。从《体质好坏谁说了算》开始，栏目只重播一次。

栏目组制片与编导表示，作为日播节目，《健康之路》的制作压力比较大，选题是关键，既要保证收视率，又要统筹兼顾，不能过于倾向某些议题。例如，饮食议题较容易选题，主题丰富，食物、营养素、食疗、应季食品、食品安全等，而且受众易于接受，也便于制作，风险性小，但饮食的内容不能太多，否则不均衡。运动议题容易表现，现场效果不错，但选题不好做，专家资源较少。栏目基本能够动养与静养相结合，但静养较受重视[1]。

据了解，《健康之路》制作经费情况良好，栏目制作和广告招商分离。因此，栏目的经济独立性强，选题和内容基本不受广告、公共活动影响，并没有为栏目赞助商——无限极的产品进行过刻意的软性宣传。工作人员大多没有医学背景，但对基础的医学知识都有一定了解。很多栏目组工作人员对运动健身感兴趣，自身就是体育爱好者，部分人员经常参加跑步、马拉松。运动议题节目录制要求、编排、选题思路与其他议题并无二致。2014 年的 29 期节目有 13 位主讲人参与，2 位来自医院主讲 7 期，1 位来自民间传统体育传人主讲 3 期，其余 10 人来自体育系统，主要是北京体育大学、北京体科所和体育总局体科所。24 期节目的主讲人具有高级职称，来自医学或运动人体科学学科。5 期节目的主讲人具有国家级运动技术等级称号或是传统体育传承人。主讲人是其领域的专家学者，确保了节目内容的科学性和准确性，与医药、饮食、综合养生等议题主讲人的学历、职称构成无明显区别。

4.1.2 报纸媒体的议题设置现状

2014 年进入全国报刊 50 强的健康类报纸有《健康时报》《家庭医生报》《健康报》[2]，健康类报纸能在报纸 50 强中占据三席，与日报、晚报、党报等报纸分庭抗礼，显示了健康类报纸的强劲实力、广泛的群众基础。主要健康类报纸情况见表 4-5。

健康类报纸主管、主办单位分为两种，一种是卫生部门，另一种是报社、报业集团。根据主管主办单位的不同，以及媒体单位的级别不同，研究从中央级媒体中分别选取卫生部门主管的《保健时报》和出版部门主管的《健康时报》，地方级媒体分别选取出版部门主管的《大河健康报》和卫生部门主管的《家庭医生报》，见表 4-6。

---

[1] 2014 年 12 月 22 日羊坊店路京门大厦咖啡厅，对《健康之路》制片吕芸和编导许光的咨询资料，并通过邮件获取部分资料。

[2] 人民网. 2014 年中国邮政发行报刊百强排行 [EB/OL]. [2014-12-01]. http://media.people.com.cn/n/2014/0918/c4060625688547.html.

表 4-5　主要健康类报纸情况

名称	主管、主办	创刊年	周份数	版面
健康人报	重庆日报报业集团、新女报传媒	2000	一	24
健康生活报	山西省卫生厅、山西医药卫生传媒集团	1970	二	8
健康文摘报	健康报社、健康报社	1994	三	8
江南保健报	无锡日报社、无锡日报社	2002	二	16
医药养生保健报	中国农工民主党中央委员会、《前进论坛》杂志社	1999	一	16
上海大众卫生报	上海日报报业集团、上海健康教育所	1976	一	16
生活与健康报	浙江省医学会、浙江省医学会	1981	二	16
健康报	卫计委、健康报社	1931	五	12
现代健康报	长江日报报业集团、武汉晚报	1985	一	16
大众卫生报	湖南日报报业集团、湖南日报报业集团	1958	二	16
当代健康报	济南日报报业集团、山东省医学会	2000	一	24
保健时报	卫计委、中华预防医学会	1995	一	24
健康咨询报	北京教育音像报刊总社	1984	一	16
大众健康报	四川期刊传媒股份有限公司	1957	二	24
大河健康报	河南日报报业集团、大河报社	2008	二	16
家庭医生报	南昌市卫生局、南昌日报社	1985	一	24
健康导报	中国医科院西安分院、医药保健研究所抗衰老研究所	1996	三	16
健康时报	人民日报社、人民日报社	2000	二	24
益寿文摘	安徽省卫生厅、老年医疗保健研究所	1987	三	16
生命时报	人民日报社、环球时报社	2003	二	24
家庭保健报	黑龙江日报报业集团	1986	二	16

表 4-6　健康类报纸抽样情况

主办	级别	
	中央级	地方级
卫生部门	保健时报	家庭医生报
出版部门	健康时报	大河健康报

报纸的主要版面设置情况如下（版面不是完全固定，会稍有调整）。《保健时报》：新闻、慢性病防治、科学饮食、益寿养生、优生优育、中医中药等、老年保健、心理卫生、妇幼保健、环境与健康、饮食指南等。8 版或 12 版、16 版。

《健康时报》：头版、新闻背景、新闻焦点、生活饮食、生活时尚、生活心理、生活中医、生活两性、生活健身、老人、婴幼、女性、医药器械、名医医苑、疾病防治心脑血管、疾病防治癌症、疾病防治糖尿病、健康文摘、服务活动、服务互动、新闻综合、新闻调查。版面较为固定。

《家庭医生报》：医界要闻、医闻天下、学点医学、家庭医生、家庭用药、中医大观、心理健康、健康文摘、健康专题、健康漫话、养生精粹、健康参考、健康生活、亲子园地、女性健康、保健养生、中老年健康、读者园地、健康关注。版面稍有变化。

《大河健康报》：头版、要闻、养生、食品、女性、孕育、家庭、婚恋、天下、生活、养老、讲述、导医、慢性病、作品、心理等。版面稍有变化。

报纸中发行量最大的《健康时报》定位为“健康服务生活”，由人民日报社主管主办，每周二、四出版，共24版，售价2元。新闻主题（也可称为版组[1]）有5个版面，生活主题（版组）有7个版面，疾病医药主题（版组）有5个版面，服务（版组）有2个版面，文摘悦读（版组）有2个版面，老幼妇儿有3个版面。生活主题中饮食占2个版面，心理和运动各占1个版面。医药主题中癌症、心脑血管和糖尿病各占1个版面。新闻、老幼妇儿等版面中的文章基本也可以划分为疾病医药和生活方式两种类型，仍然是疾病医药为主，饮食居多，运动和心理较少。从版序[2]看，疾病医药、饮食版序基本都在前，运动心理版序在后，处于弱势版面。另外，《保健时报》《大河健康报》有专门的饮食版块，《家庭医生报》有专门的心理版块，除《健康时报》外均没有专门的体育版块。虽然，版面的设置难以体现具体文章主题和内容，但版面基本能反映报纸中文章的主题情况。

对样本报纸进行文章议题及属性设置统计（《健康时报》《大河健康报》为每周双报，抽样时2013年取每周前一份，2014年取每周后一份），见表4－7、图4－2（图例与图4－1相同）。总体而言：报纸健康议题以疾病医药为主，慢性病议题较多。生活方式议题中饮食占比较大，心理、运动议题较少。饮食议题中食品安全和膳食营养所占比例较高。心理议题中应激应对文章较多。运动议题中健身、康复较多。

---

[1] 版组即一份报纸中由若干内容相关的版面组成的相对独立的部分。报纸根据版面内容进行分割，内容相同的版在一起，就是版组。版面是各类稿件在报纸上编排布局的整体产物，是各类稿件内容的整体表现形式，是读者第一接触的对象，具有导读、导向和标志功能。

[2] 版序即版面的先后次序，一般认为头版和版组首页重要，报纸中缝右侧的版要比左侧的版更有强势。

表 4－7 健康类报纸议题设置情况

议题	健康时报		保健时报		家庭医生报		大河健康报	
	N	%	*N*	%	*N*	%	*N*	%
慢性病与传染病	511	100	275	100	398	100	263	100
常见慢性病	408	79. 8	189	68. 7	267	67. 1	225	85. 5
常见传染病	103	20. 2	86	31. 3	131	32. 9	38	14. 5
生活、饮食议题	439	100	389	100	354	100	214	100
食品安全	148	33. 7	102	26. 2	96	27. 1	64	29. 9
饮食习惯	58	13. 2	39	10. 0	41	11. 6	21	9. 8
膳食营养	203	46. 2	189	48. 6	152	42. 9	113	52. 8
其他	30	6. 9	59	15. 2	65	18. 4	16	7. 5
心理议题	198	100	97	100	106	100	68	100
心理疾病	35	17. 6	22	22. 7	21	19. 8	15	22
应激应对	98	49. 5	56	57. 7	46	43. 4	36	52. 9
人格	24	12. 1	5	5. 2	11	10. 4	8	11. 8
其他	41	20. 8	14	14. 4	28	26. 4	9	13. 3
运动议题	201	100	84	100	179	100	69	100
疾患康复	58	28. 8	19	22. 6	63	35. 2	19	27. 5
运动损伤	26	12. 9	19	22. 6	30	16. 7	12	17. 4
健身	88	43. 8	36	42. 9	71	39. 7	35	50. 7
休闲娱乐	16	8	2	2. 4	10	5. 6	1	1. 4
其他	13	6. 5	8	9. 5	5	2. 8	2	3

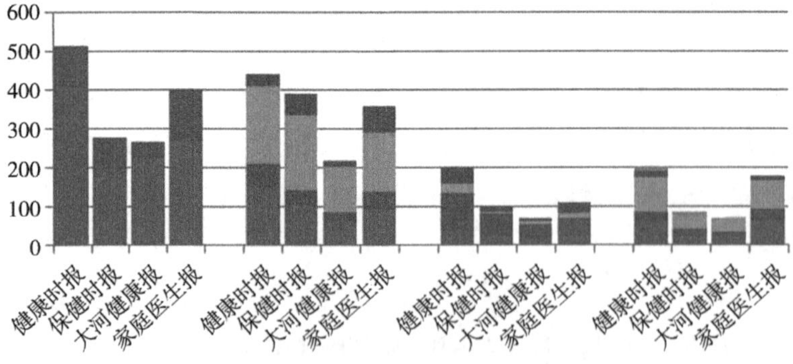

图 4－2 报纸健康传播议题设置

4.1.3 杂志媒体的议题设置现状

健康类杂志数量众多，发行量大、较有影响力的主要健康类杂志见表4－8。主办单位分为三类：卫生部门、出版部门、其他部门（体育、旅游等）。根据主管主办单位的不同，研究从中央级媒体中分别选取《大众健康》和《家庭医学》和《健康之友》，地方级媒体分别选取《中国家庭医生》和《大众医学》，见表4－9。2014年杂志发行50强中《中国家庭医生》发行量最大〔1〕。

表4－8 健康类杂志基本情况

名称	主管、主办	创刊	刊期	版块	页数
保健与生活	安徽出版集团、安徽科学技术出版社	1993	月刊	17	60
健康之家	南昌日报社、家庭医生报社	2004	月刊	16	88
中国家庭医生	中山大学、家庭医生杂志社有限公司	1983	半月刊	15	72
大家健康	吉林省卫计委、现代医卫报刊社	1985	月刊	12	80
祝您健康	江苏科学技术出版社	1980	月刊	8	56
健康生活	广西壮族自治区卫计委、健康教育所	1993	月刊	6	64
健康文摘	天津市卫计委、天津市健康教育所	1985	月刊	14	56
现代养生	河北省卫计委、河北省医疗气功医院	1986	月刊	8	80
长寿	天津出版传媒集团、 天津科学技术出版有限公司	1980	月刊	25	72
大众健康	卫生和计划生育委员会、健康报社	1985	月刊	19	120
时尚健康	国家旅游局、中国旅游协会	2000	半月刊	5	160
健康世界	中国科学技术协会、中华医学会	1983	月刊	16	112
保健医苑	卫生和计划生育委员会、北京医院	2002	月刊	21	64
家庭用药	中国科学院、上海药物研究所	2001	月刊	19	80
健康	北京市卫计委、北京市疾病预防控制中心	1980	月刊	14	80
健康大视野	卫生和计划生育委员会、中国保健协会	1993	半月刊	5	126
生活与健康	卫生和计划生育委员会、人民卫生出版社	2000	月刊	8	64
家庭健康	山东省卫计委、山东卫生报刊社	1981	月刊	12	64
家庭医学	卫生和计划生育委员会、中华预防医学会	1985	半月刊	7	64

〔1〕 人民网. 2014中国邮政发行报刊百强排行［EB/OL］.［2014－12－01］. http://media. people. com. cn/n/2014/0918/c4060625688547. html.

续表

名称	主管、主办	创刊	刊期	版块	页数
人人健康	山西省卫计委、山西医药卫生传媒集团	1982	半月刊	7	96
中华养生保健	国家中医药管理局、中华中医药学会	1983	月刊	20	80
健康之友	国家体育总局、中国体育报业总社	1987	月刊	8	128
养生保健指南	中国医促会中老年保健委员会、内蒙古新华报业中心	2002	月刊	18	108
健康生活	广西壮族自治区卫计委、健康教育所	1993	月刊	6	64
自我保健	上海市卫计委、医学会、自我保健杂志社	1995	月刊	10	80
生活文摘养生	青海省期刊协会、青海省期刊协会	2009	月刊	11	160
健康必读	国家卫计委、湖南省卫计委	1993	月刊	7	70
健康指南	国家卫计委、中国老年保健医学研究会	1988	月刊	18	56
大众医学	上海科学技术出版社	1948	月刊	29	80

表 4－9　健康类杂志抽样情况

主管	级别	
	中央级	地方级
卫生部门	家庭医学	中国家庭医生
出版部门	大众健康	大众医学
其他部门	健康之友	

杂志版块不同于报纸版面，报纸版面基本能反映内容的篇幅多少，而杂志的版块和页数之间没有明显规律，有的版块页数多，文章多；有的版块页数少，文章少。杂志版块设置的规律性较差，杂志版块变动情况发生概率大，版块名称、版块设置可能发生变化。杂志的数量多、目标受众更为分散，杂志的定位区别明显。定位可分为传统医药类、时尚类、益寿保健类、妇婴类。传统医药类如《中国家庭医生》《大众医学》《家庭》《大家健康》《家庭用药》《家庭医学》等，时尚类如《健康之友》《时尚健康》等，益寿保健类如《健康指南》《自我保健》《养生》《医食参考》《长寿》《现代养生》等，妇婴类如《母子健康》《中国妇幼保健杂志》等。

《中国家庭医生》（每月上、下期有所不同，每期约 15 个版块）版块包括：随笔、品牌热点（热点关注、公众话题、名家专访、专家门诊）、柯大夫信箱、生活保健（吃出健康、行为与健康）、生儿育女（母婴世界、育儿百事）、两性心灵（女性呵护、男性话题、性爱心理）休闲沙龙（健康之友、医生手记）、医药大讲坛

(家庭医生药房)、健康茶座(生活中的医学、健康话题、医言患语)、心事性事等。版块设置以医药为主,涉及饮食、心理。

《大众健康》主要版块有:生命故事、求医向导、百姓药房、中医养生、你的旅行、生活课题、心理月刊、吃出健康、妈咪宝贝、运动美容、医界高手、专栏、性学内参、读者茶座、天下咨询、越聊越健康、健康深一度、点击译言等。

《家庭医学》主要版块有:家庭门诊、家人健康(母婴、少年、女人等)、科普专栏、健康互动、品质生活(饮食、心理、养生等);家庭篇、医疗篇、健康博览、生活篇、养生篇、医患健康桥等。

《大众医学》主要版块有:保健、营养经、预防、百姓问性、硒与健康、诊疗室、抗癌战线、心事、名院风采、医患之间、糖尿病之友、宝贝、食疗馆、红颜、咨询门诊、体检、性事、急救120、心脑健康、肝病驿站、食品安全、美容、用药宝典、中药园、家庭真验方等。

《健康之友》主要版块有:美容、健康、健身、营养、生活、心灵、两性、玩乐等。杂志面向白领女性,由体育总局报业总社主办,运动议题较多。

对样本杂志进行文章议题及属性设置统计,见表4-10、图4-3(图例与图4-1相同)。统计表明:疾病医药议题较多,慢性病所占比例最高。饮食议题较多,心理和运动议题较少。饮食中食品安全和膳食营养所占比例较高。心理议题中应激应对文章较多。运动议题数量有限,其中健身、康复较多。

表4-10 健康类杂志议题设置情况

议题	家庭医学		大众健康		家庭医生		大众医学		健康之友	
	N	%	*N*	%	*N*	%	*N*	%	*N*	%
慢性病与传染病	48	100	31	100	60	100	100	100	7	100
常见慢性病	40	83.3	22	71	46	76.7	89	89	6	85.7
常见传染病	8	16.7	9	29	14	23.3	11	11	1	14.3
生活、饮食议题	49	100	61	100	80	100	111	100	56	100
食品安全	11	22.4	14	23	10	12.5	12	10.8	9	16.1
饮食习惯	8	16.3	10	16.4	11	13.8	9	8.1	7	12.5
膳食营养	27	55.1	32	52.5	50	62.5	90	81	29	51.8
其他	3	6	5	8.1	9	11.2	10	9	11	19.6
心理议题	35	100	55	100	62	100	31	100	46	100
心理疾病	9	25.7	11	20	16	25.8	8	25.8	6	13
应激应对	17	48.6	23	41.9	23	37.1	10	32.3	29	63

续表

议题	家庭医学		大众健康		家庭医生		大众医学		健康之友	
	N	%	N	%	N	%	N	%	N	%
人格	3	8.6	5	9	9	14.5	4	12.9	5	11
其他	6	17.1	16	29.1	14	22.6	9	29	6	13
运动议题	28	100	30	100	20	100	19	100	70	100
疾患康复	5	17.9	3	10	5	25	4	21	8	11.4
运动损伤	3	10.7	5	16.7	6	30	5	26.3	14	20
健身	15	53.6	16	53.3	8	40	9	47.4	35	50
休闲娱乐	3	10.7	2	6.7	0	0	0	0	3	4.3
其他	2	7.1	4	13.3	1	5	1	5.3	10	14.3

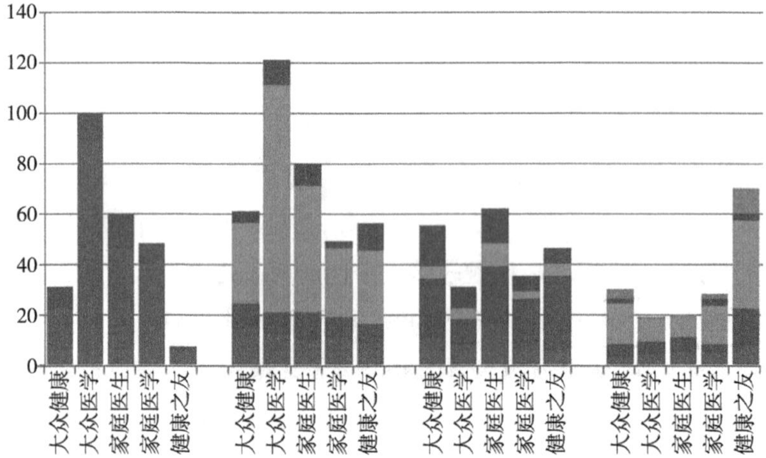

图 4－3　杂志健康传播议题设置

杂志和报纸的议题设置基本相似。总体而言，医药议题为主，饮食和心理议题常设，两性议题也较为常见，运动议题较少。

4.1.4　网络等媒体的议题设置现状

1994 年，中国首次加入国际互联网，从此开始互联网高速发展的 20 年，我国网民数量已经从几十万发展到 2013 年超过 6 亿，网站最多达 400 万家，网民数量、网络域名网站数量遥遥领先，成为名副其实的互联网大国。电脑、手机等终端设备普及和信息技术发展，使网站、微博、微信等新媒体走入千家万户。至 2013 年 12 月，我国手机网民规模达 5 亿，互联网普及率为 45.8%。至 2014 年 6 月，我国网民手机上网使用率达 83.4%，首次超越传统 PC（台式机和笔记本）使用率 80.9%〔1〕。互联网综合其他大众媒体的优势，具有信息量大、表现手段丰富、互动性强、时效性好、匿名性等特点，对传统媒体产生强烈的冲击。健康传播网络的主体包括：政府有关部门，如中国疾病预防控制中心网站；门户网站所设健康频道，如新浪健康、搜狐健康、网易健康等；专门健康网站，如 39 健康网、飞华健康网等；传统媒体的网络版，健康时报网站、大众医学网站等；社交媒体中有关健康的社区论坛、QQ 群、博客、微博等。由于网络主体多元，网络健康资讯与信息垃圾并存，健康信息真假混杂。《互联网站从事登载新闻业务管理暂行规定》的管制导致大部分健康传播网站没有新闻采访权，不利于网络媒体健康传播业务的开展，迫使网站采取另类经营方式，打健康信息擦边球，提供寻医问药的医疗卫生服务，或者以性、色等不良信息博取关注，更有甚者利用网络中惯用的匿名身份发布伪健康、虚假健康信息。有学者指出：健康网站提供的信息中平均只有 1/3 的内容来自健康类媒介，其余 2/3 的信息摘自各类综合性媒介，在大量的网络健康知识中，内容引用医疗专家、医疗组织的比例总体只维持在 15% ~39%〔2〕。据相关部门的数据统计，网络健康信息来源不明，导致 49.35% 的病人对其持怀疑态度。增强网络健康信息可信度，须提供判断健康信息真实性的有效依据〔3〕。《互联网医疗卫生信息服务管理办法》颁布，旨在规范网络健康传播行为，加强监管。

表 4 -11　主要健康类网站基本情况

网站名称	主办	版块 - 页面导航条个数
39 健康网	广州启生信息技术有限公司	43
飞华健康网	阳光飞华科技发展有限公司	27
新浪健康	新浪网络技术股份有限公司	18
搜狐健康	北京搜狐新时代信息技术有限公司	11
腾讯健康	腾讯科技有限公司	13
人民网健康	人民网股份有限公司	10
新华网健康	新华通讯社	9
中国健康教育网	中国健康教育中心	26

〔1〕 中国互联网络信息中心. 第三十三次中国互联网络发展状况统计报告［EB/OL］.［2014 -03 -15］. http：//news. xinhuanet. com/ziliao/2003 -01/22/content_ 702667. html.

〔2〕 徐晓君. 以互联网为平台的健康传播研究［D］. 南宁：广西大学，2007：42.

〔3〕 罗爱静，张莉. 我国健康资讯网络传播存在的问题及对策［J］. 南华大学学报（社会科学版），2011，12（1）：108 -110.

健康类网络媒体数量众多，通过百度网址大全提供的健康网站分类进行搜索查询（截至2014年12月1日），有影响力的健康类网络媒体主要有39健康网、搜狐健康、飞华健康网、新浪健康、人民网健康以及部分传统媒体的网络版或传统媒体主办的网站，见表4－11。因传统媒体在前节已有论述，故传统媒体的网络版或主办的网站在本节不作为研究对象。由于网络媒体的信息存储量极大，所以网络媒体的健康信息覆盖面极广，基本健康信息的所有类别均有涉及。网站地图和网页上的导航条，可以体现网站的版块情况，部分网站的版块设置如下（截至2014年12月31日）。但大部分网络媒体不具有独立的新闻采访权（前文中已有所论述），网络媒体的健康文章和信息大部分转引、转载自其他媒体，主要来源于报纸、广播、电视和杂志。

39健康网页面导航条——男性、女性、老人、育儿、诊疗、查疾病、查症状、自测、中医、体检、疾病、找医院、找医生、挂号、加号、优惠、药品、药品通、五彩药箱、评测、找药店、健康器械、保健、减肥、健身、美容、饮食、心理、瑜伽、整形、新闻、健康新知、新疆界、仁心、专题、专家访谈、图片库、视频、名医、名医在线、问答、论坛、名医博客。网站地图——疾病中心（疾病、中医急救、体检药品）、大众健康（男性、女性、老人、育儿）、时尚健康（性爱、美容、整形、减肥、健身、增肥、瑜伽、心理、饮食、保健评测）互动专题、数据中心、互动中心、新闻中心。本章以新闻频道资讯栏目的文章为统计来源，主要包括：疾病信息、医院动态、药界动态、食品安全、科研新知、社会万象、权威发布、聚焦医改、行业峰会、曝光台、健康星闻、健康奇闻。

新浪健康页面导航条——医药：疾病、药品、药店、医学整形；保健：两性、养生、生活、饮食、心理；新闻：热点、产经、曝光；互动：博客、试用、微访谈、专栏、策划、专题。网站地图——保健、疾病、新闻、曝光、名医堂、博客、微博、问健康、网上挂号、药品库、疾病库、搜医生。本章以每天的健康咨询为文章统计来源。

中国健康教育网由中国健康教育中心主办，发布国家政策指导健康生活。本章以《健康知识》栏目信息为统计来源，包括：中医中药、健康观察、食品安全、母婴保健、心理健康、科学养生、求医问药、两性健康、科学饮食。

健康中国（微信公众号平台）由中华人民共和国国家卫生健康委员会主办，是发布权威信息的微信平台，发布健康政策、信息等资讯，本章对其信息进行议题统计。

另外，搜狐健康页面导航条——分诊：内外妇儿肿瘤营养整形；新闻热点；移动医疗；专家访谈；品牌栏目。飞华健康网页面导航条——服务：图文咨询、电话咨询、预约就诊、名医义诊、医院医生、疾病症状 ；助手：药品、手术、自测、药企、化验检查 ；咨询：新闻、育儿、整形、养生、体检、中医、论坛、专题、两性、减肥、美容、女性、心理、美图、博客、访谈。人民网健康频道页面导航条——原创、中医药、保健（日常保健、饮食营养、美容护肤、减肥瘦身、男性保健、女性保健）营养识堂、男人有健识、粉红女人帮、饮食、骨科、医疗 315、脑血管。还有新华健康页面导航条——养生保健、心理情感、胸科、脑科、美容、整形、男性健康、健康饮食、生活提示。腾讯健康页面导航条——新闻、疾病、养生、视频、孕产育儿、图片站、名医堂、健康焦点、微访谈、生命、食品真相、24 节气、白话医学。

对样本网络、微信进行文章议题及属性设置统计表明：疾病医药议题慢性病所占比例高；饮食议题较多，心理和运动议题较少；饮食中食品安全和膳食营养所占比例较高；心理议题中应激应对文章较多。运动议题数量有限，其中健身、康复较多，见表 4 - 12，图 4 - 4（图例与图 4 - 1 相同）。

表 4 - 12　健康类网站议题设置情况

议题	39 健康网		新浪健康		中国健康教育网		健康中国微信	
	N	%	*N*	%	*N*	%	*N*	%
慢病性与传染病	384	100	142	100	75	100	52	100
常见慢性病	231	60.2	121	85.2	60	80	40	76.9
常见传染病	153	39.8	21	14.8	15	20	12	23.1
生活、饮食议题	354	100	481	100	127	100	97	100
食品安全	133	37.6	183	38.1	26	20.5	14	14.4
饮食习惯	32	9	31	6.4	11	8.7	10	10.3
膳食营养	179	50.6	236	49.1	63	49.6	53	54.6
其他	10	2.8	31	6.4	27	21.2	20	20.6
心理议题	176	100	167	100	33	100	15	100
心理疾病	26	14.8	47	28.1	6	18.2	5	33.3
应激应对	112	63.6	63	37.7	18	54.5	6	40
人格	8	4.6	25	15	3	9.1	1	6.7
其他	30	17	32	19.2	6	18.2	3	20
运动议题	145	100	98	100	29	100	22	100
疾患康复	21	14.5	27	27.6	11	37.9	7	31.8

续表

议题	39健康网		新浪健康		中国健康教育网		健康中国微信	
	N	%	N	%	N	%	N	%
运动损伤	22	15.2	23	23.5	3	10.3	3	13.6
健身	88	60.7	41	41.8	14	48.3	11	50
休闲娱乐	5	3.4	3	3.1	0	0	0	0
其他	9	6.2	4	4	1	3.5	1	4.

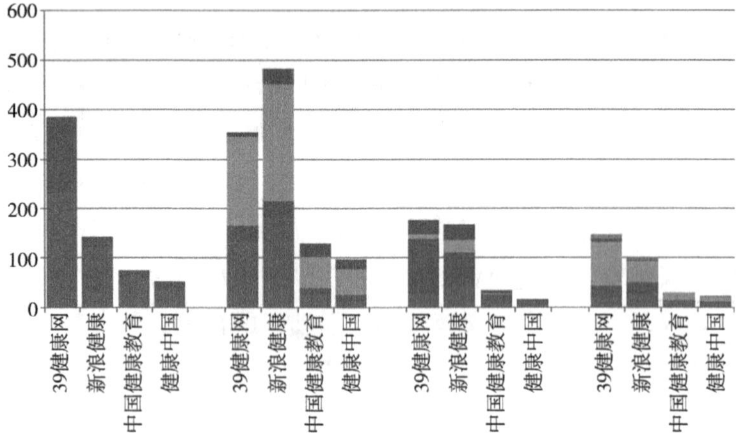

图4－4　网站健康传播议题设置

网络媒体健康议题基本面面俱到，医药、饮食、心理、运动都有涉及，而且由于网络的综合性、表现形式丰富性等特点，两性议题、美容议题等其他媒体难以呈现的议题在网络媒体中得到宣传。另外，由于网络的互动性强，医药服务、导医导药、诊断咨询等互动版块十分发达，成为网络健康媒体的强势版块。运动议题中涉及健身、减肥、瑜伽、塑身等。

广播媒体的表现形式较为单一，声音讯息稍纵即逝，难以进行复杂的、全方位的和视觉化的传播，因此传播的议题有限。广播媒体中健康传播主要以医药议题、饮食议题为主。

中央人民广播电台的健康栏目只有一档，是凌晨4:00—4:30播出的《养生大讲堂》栏目。2014年该栏目播出的部分内容有《不生气就不生病》《祛痛妙方》《亚健康的调理要领》《情绪与健康》等，多为系列节目，连续播出。议题以中医调养、膳食营养和心理健康为主。

山西健康之声广播频道开播于1995年，是我国第一家以健康资讯为主要内容的专业医疗卫生广播频道。2014 年该频道的主要栏目有：《寻医问药》《专家门诊》《健康达人的幸福生活》《中医百草园》《悄悄话》《健康宝贝》（包括：儿科保健、营养配方、健康父母、育儿经、潜能开发、走进孩子心里等内容）、《无敌管家婆》《吃出健康来》（包括：营养课堂、食疗养生、厨艺大比拼等内容）、《健广雷达网》（包括：今天早知道、健康快讯、健康小窍门、三晋名医等内容）、《决战到底》《激情岁月》《有故事的人》等。

以手机、QQ、微博、微信为代表的新媒体发展迅速，通过手机上网的用户基本与通过电脑上网的用户相当，大量的人通过微信、QQ 等社交媒体获取信息，其中包括健康信息。除一些传统媒体的官方新媒体外，大部分新媒体是商业性组织或个人经营、打理，这些个人或商业类型的新媒体传播难以监管，信息质量堪忧。因此，新媒体健康信息传播有很多先天不足。首先，健康信息多为匿名发布，信息难以追溯根源。发布者的专业水平、资质难以确认，健康信息事关人命，不可草率。其次，健康信息发布空间和容量有限，难以明确、详细地解释和介绍。据研究调查的微信——健康中国议题设置情况来看，新媒体健康传播的议题以养生、饮食、心理和运动为主，医药议题退居次席。另外，传统媒体的官方微博、微信等新媒体传播内容与其对应的纸媒和电视媒体的内容一样；大部分社交类型媒体因医疗资源有限，以生活方式议题为主，根据定位不同，议题各有侧重。

4.2　当代健康类媒体的议题现状总结

对媒体健康传播议题的整理显示，媒体对健康议题的设置多寡不均、重视程度不一，议题呈现一定的结构关系。议程设置和框架理论表明，议题设置的多少，可以反映媒体在内容生产、议题选择时采取的取舍态度。这种态度表现为媒体对健康问题的话语偏好。

4.2.1　议题结构的呈现

媒体关于疾病医药、饮食、心理和运动等议题的设置。

（1）疾病医药议题独大，常见病为主。疾病、药物等医疗议题在所有议题中主导地位明显。电视、报纸、杂志和网络、广播等媒体都用大量时段、篇幅来传播医药方面的信息，内容包括疾病症状、诊断、治疗、康复、预防、药物、器械和医疗服务等。医药议题通常关注常见病、多发病，以心脑血管、糖尿病等代表的“文明病”和危害较大的癌症等病症是医药议题的常规配置。传染病传播性强、危害范围广，也受到媒体的关注，其他慢性病以及各种疑难杂症等也偶然出现在媒体中。在健康传播中，疾病医药议题占重要地位。

(2) 饮食议题专宠，主题丰富。总体来说，在电视、报纸、杂志、网络媒体健康传播中，饮食议题专宠，明显多于运动、心理议题。饮食议题包括与百姓生活息息相关的食品安全、膳食营养、应季食品、药食同源等，表现主题丰富，以食品安全和膳食营养为主。

(3) 运动、心理议题附属。心理议题在电视媒体中极少涉及，在报纸、杂志和网络媒体中占比较大。心理议题包括：心理应激与应对、心理疾病等议题。内容多以励志向上、家庭调解、职场压力、社会适应等为主。运动议题在各种媒体都有一定比例。运动议题包括：祛病保健为主的康复体育、强身健体为主的健身运动，还有运动损伤等。内容涉及健身方法、健身理念等。运动和心理议题所占比例相当，处于健康传播议题中的附属位置，话语权被动。

(4) 其他议题点缀。健康传播中其他议题较为弱势，包括两性、美容、妇婴、起居等。这些议题虽然不是健康传播中的“正餐”，但此类议题各显神通，充分扮演调剂口味的“配餐”，制造花边内容、突破尺度，以求博得一定份额。在媒体内容中，两性内容有些文章、图片十分露骨，打着普及性知识、开展性教育的旗号，以“性”引“兴”，低俗、庸俗、媚俗的内容只为收获点击率、阅读率，用“性趣”换取受众的“兴趣”，以色情装饰“性健康”，把高潮、性欲等内容等同于生育健康。美容议题也同样将健康当作幌子，大行消费主义之术，通过媒体宣传，塑造大众的审美观、身体观，在健康传播中制造时尚、规训身体、打造“畸形”的媒体景观，“扭曲”受众健康观念。此类议题虽不是健康传播的主流，但影响受众也较为广泛。点缀性的议题凭借“长尾效应”，在健康传播中占据一隅。

当然，疾病医药和生活方式议题在健康传播活动中不是非此即彼，而是相互渗透、连接的关系。疾病医药中的病因、康复、预防等与生活方式有关，而生活方式中饮食、运动、心理等议题内容或多或少地与疾病医药有关，离不开医药信息。另外，生活方式中饮食、运动和心理议题也是相互交叉，运动与营养、运动与心理、心理与饮食等关系密切。通过议题调查可以发现，总体而言，疾病医药议题居健康传播中无可争议的榜首。饮食议题受到媒体和受众的宠爱，运动、心理议题保持相近的受关注程度，其他两性议题、美容议题、家居议题则被健康传播“边缘化”。媒体的议题设置因媒体定位和媒体特性而不同。大部分媒体都涉及医药和饮食议题。

电视媒体对心理和两性议题关注较少，运动议题表现手段丰富。纸质媒体对心理和两性议题关注较多，运动议题关注较少。网络媒体医疗服务和互动有优势。总之，媒体的议题设置偏好存在一定差异。

4.2.2 议题的话语偏好

（1）重静养轻动养，议题设置动静不平衡。议题设置中疾病医药、饮食、心理议题多，运动议题少。偏好表现为：静养多，动养少；吃多，动少；静态多，动态少；重静养，轻动养。议题设置动静不平衡。例如：吃多，动少——食品饮料、保健补品等是身体获得能量的来源，身体活动是人体消耗能源的方式。关于饮食的议题多，花样翻新，从食材到烹饪以及食物的搭配、保存和安全等，变化多端。而且，保健品、补品、药食同源概念的不断升级，让饮食议题大量充斥于媒体。相比之下，关于身体活动（包括运动和家务劳作等身体活动）议题少。静态多，动态少——生命以相对静止和运动为基本存在形式。健康传播议题较多涉及相对静止的内容，饮食、心理、睡眠休息、医药议题均以静态为主，运动议题以动态为主，总体而言，议题静多动少。

（2）重身体轻心理，议题设置未体现身心合一。人是有思维和意识的生物。健康议题主要涉及身体和内心两个层面，但饮食、运动、医药多作用于身体。健康传播议题也较多关注身体，较少关注心理。如对样本媒体的内容分析表明，对运动的娱乐、健心功能未有充分重视，文章数量极少。总体表现出话语偏好为：身体多心理少，重身体轻身心合一。

（3）重“已病”轻“未病”，议题设置对“未病”重视不够。媒体中关于疾病医药的议题占比较多，饮食议题受到重视，心理和运动议题较少。疾病医药议题以治“已病”为主，信息涉及疾病预防、疾病早发现、治疗、康复等信息，也倡导预防优先，治“未病”。生活方式议题以强健身体、预防疾病为主，也包含部分疾病康复、治疗信息。总体而言，媒体健康传播议题能体现防治结合，但疾病医药和生活方式议题多以疾病为导向，多是治疗和预防某些疾病，如运动议题的康复、饮食议题的食疗等。健康传播针对的群体也多是患病人群，即“已病”之人，针对青少年和健康人群少，即“未病”之人。因此，健康传播议题对预防和“未病”的重视仍不够。

4.2.3 议题设置现状解析

从媒介社会学视角及媒体健康传播的议题设置的模型来看，媒体健康议题的设置受多种社会力量的牵制，包括政策导向、经济压力、信源、受众习惯、媒体惯例和社会文化环境等。

4.2.3.1 政策倾向基本保障和公共卫生

“医疗保健和卫生服务是政治哲学的体现。”[1]从国家角度来说，公共卫生体制是体现国家价值的重要形式，国民健康水平是国民生活的重要指标。国家把健康同国家制度、政府目标等联系起来，从而把国民健康消解于社会生产、政治稳定中。卫生工作是体现社会公平与公益和社会福利的重要领域，有研究认为我国卫生政策经历了计划经济福利、市场化改革和回归公益3个时期[2]。政治对健康议题更强调基本的医疗保障，重大疾病防疫和国民自我保健。常见病、多发病、传染病和国民生活方式是政治力量关注的议题。

经过“非典”、三聚氰胺毒牛奶和禽流感的“洗礼”，我国非常重视突发性公共卫生事件的应急处理，建立了相关制度，尤其是确立了卫生新闻发言人的有关媒体通报制度，保障了对公共卫生事件的信息及时发布。例如，国家颁布的《艾滋病防治条例》(2006年) 中规定广播、电视、报刊、互联网等新闻媒体应当开展艾滋病防治的公益宣传。类似的法律、法规还有《中华人民共和国传染病防治法》《中华人民共和国职业病防治法》《中华人民共和国食品卫生法》《中华人民共和国国境卫生检疫法》《突发公共卫生事件应急条例》《国内交通卫生检疫条例》《国家突发公共事件总体应急预案》等。公共卫生事件多为传染性疾病、食品安全等事件，国家对此类事件采取了立法、制定规章制度等强制手段，一方面政府规定了一些健康事件的通报、新闻宣传的责任和义务；另一方面民众和媒体对此类事件较为关注，信息发布和接收建立紧急通道，从而有效降低了公共卫生事件的风险。

近年来，我国卫生主管部门发布了众多针对国民健康的指导性手册，如《中国公民健康素养——基本知识与技能》《中国居民膳食指南》[3]《中国2型糖尿病

---

〔1〕 科克汉姆. 医学社会学［M］. 北京：华夏出版社，2000：2.

〔2〕 傅虹桥. 新中国的卫生政策变迁与国民健康改善［J］. 现代哲学，2015 (5)：44－50.

〔3〕 前身有1989年《我国膳食指南》、1997年《中国居民膳食指南》、2007年《中国居民膳食指南》，2007年后定期进行修订。

防治指南》《中国脑血管病防治指南》等，并组织有关专家配合媒体开展健康大讲堂、中国健康万里行、全国九亿农民健康教育行动等活动，力图开展健康传播和教育，提高全体公民健康素养（是指人的这样一种能力，使一个人能够获取和理解基本的健康信息和服务，并运用这些信息和服务做出正确的判断和决定，以维持并促进自己的健康）[1]。公民健康素养提高，不仅可以整体提高国民健康水平，更能减轻国家财政负担，推动国家建设，有百利而无一害。

4.2.3.2 经济效益优选消费市场大的议题

市场经济提倡自由竞争，带来了产品的极大丰富。企业是经济动物，追求经济利益，为了销售产品，生产商通过媒体传播信息，硬广告、软广告轮番上阵，希冀用更少的营销推广费用，换取更大的经济收益。因此，经济力量对健康议题的影响主要在其能够产出效益的议题上。而医药、保健品、食品等是人们消费的主要健康产品，经济力量就力推这些产品，从而影响媒体的健康议题。巨大的市场蛋糕，让食品、饮料和保健品行业发展迅速，激烈的竞争和市场行为催化了饮食议题的推陈出新。市场作为“看得见的手”，能通过生产和消费手段，通过营销广告手段，牢牢抓住人们的胃，让健康传播的饮食议题为消费导向推波助澜。广告是经济发展情况的晴雨表，2012 年、2013 年，中国电视广告投放额排名中，饮料、食品、药品分别位列第二、第三和第五位，2013 年的投放额分别为 924.1 亿元、753 亿元和 484.2 亿元。2013 年中央电视台广告投放中，酒精类饮品、饮料和食品分列第一、第二和第四名[2]。巨额投放，一方面说明，这些产品作为快速消费品的营销广告投放比例普遍较高；另一方面也说明，这些产品的市场空间广阔，消费能力巨大。市场上充斥着各类方便食品、保健食品、零食美味，真是“乱花渐欲迷人眼”，巨大的市场、丰厚的回报和层出不穷的各类概念在背后推波助澜，面对经济压力媒体不得不在议题上“曲意奉迎”。

新闻界是一个场，但却是一个被经济场通过收视率加以控制的场。这一自身难以自主的、牢牢受制于商业化的场，同时又以其结构，对所有其他场施加控制力[3]。媒体与经济的关系，不仅表现为大集团、大企业对媒体的操控，同时也表现

---

〔1〕 中华人民共和国卫生部. 健康 66 条：中国公民健康素养读本［M］. 北京：人民卫生出版社，2008.

〔2〕 吴东. 2013 年电视广告投放与竞争格局［J］. 收视中国，2014，4：17－20.

〔3〕 布迪厄. 关于电视［M］. 许钧，译. 南京：南京大学出版社，2011：79.

为媒体对“弱势群体”的漠视，即对没有“钱途”的议题“置之不理”或“歧视”，运动和心理议题就是这样的弱势议题。运动和心理内容背后没有庞大的产业链支撑、没有雄厚的资金进行炒作。而医药、食品饮料、保健品行业则是大鳄云集，这3个领域有众多的上市公司，每年产值几万亿元。与这些产业相比，运动产业稍显稚嫩，绝大多数产业贡献来自竞技体育、体育用品和服装，真正意义上的运动健身服务业产值十分微弱。产业发展不平衡，缺少产业中的龙头企业，市场宣传推广不力，在媒体上的广告投放少，媒体中的话语权缺失。心理相关产业更是难以寻觅，产出规模极小。

4.2.3.3　医学话语善于讲述医药、清洁卫生和营养议题

我国的现代医药卫生事业发端于清末，1906年清政府设立民政部卫生司，卫生一词借鉴了日语的翻译。民国时期开展了新生活运动，要求国民的“衣食住行合乎礼义廉耻”，进行大规模防疫接种，公共场所要求清洁、消毒、整肃[1]。中华人民共和国成立后，卫生部门借鉴苏联公共卫生模式，建立环境卫生、食品卫生和营养、劳动卫生、学校卫生和放射卫生保护5个领域为主的公共卫生服务体系，工作范围过于狭窄[2]。囿于科技水平和历史传承，我国的健康工作以卫生意识为主导，并没有形成“大健康”的观念，偏向于清洁、防护工作。目前，国家卫生健康委员会等部门主管国民健康事业，将医疗、食品药品、公共卫生等工作视为重点。

健康离不开人对生命体的认识的发展。西方现代医学的突飞猛进离不开实验主义的探索和工具理性的指导，在医学发展的过程中，研究对象主要是人的身体、生理，甚至细菌、病毒等客观存在。生物医学模式下，医学对身体、食物的研究细致入微。现代科技几乎对各种营养素、营养物质的来源、作用等了如指掌。作为实验对象的食物，可以被各种元素、矿物质等所分解，是医疗科技、现代文明的良好注脚。相比之下，人类对心理世界的研究进展缓慢。尽管现代医学对人体的研究已经达到分子、基因的水平，但心理活动的“黑箱”仍未洒满理性光辉，尚难以窥其究竟；还因为心理活动错综复杂，每个人的内心世界都是一个无法触底的深渊，面对大千世界的芸芸众生，关于心理的健康传播难以触及不同人群的内心深处，对个人

---

〔1〕 曹然．“清洁”与“卫生”：中国近现代健康观念转变［J］．海南广播电视大学学报，2010（4）：53－57.

〔2〕 刘继同，郭岩．从公共卫生到大众健康：中国公共卫生政策的范式转变与政策挑战［J］．湖南社会科学，2007（2）：36－42.

心理健康、身体健康的普适性较差。健康传播忽视了心理，突出了身体。

医药、饮食有相关权威的机构设置，有大量的研究经费和众多科研人员。相比之下，运动和心理的科学研究成果相对欠缺，议题信息的传播者缺少科学大腕，话语权威性和影响力小。运动类别的研究机构较少，权威性的研究专家较短缺，而医学、饮食有较多知名的专家、学者在媒体中广为宣传，如医学的洪昭光、胡大一、郝万山等，营养学的范志红、于康、张晔等。

4.2.3.4 文化传承导向食疗和静养

现代医学开拓者之一奥斯勒指出近现代医学存在三大困境：一是历史洞察力的贫乏，二是科学与人文的断裂，三是技术进步与人道主义的疏离。医生绝不只是在治疗一种疾病，而是在医治一个独一无二的人，一个活生生、有感情、正为疾病所苦的人〔1〕。一方面，现代医学的药物和手术刀面对“文明病”也“无计可施”，因此强调人们生活方式、健康观念的改变，提倡关口前移，从饮食文化、生活习惯着手促进健康。另一方面，正是由于以西方医学为代表的现代医学缺少人文关怀，缺乏文化底蕴，以中医为代表的替代医学成为现代医学的重要补充。中医博大精深、历史悠久，形成了一套朴素哲学为基础的养生保健理论。中医药等传统医学焕发青春、药食同源、治未病的理念受到重视。文化是人们的习惯和风俗，在健康文化语境中，疾病和健康消融于人们的日常生活中，与人们的历史、道德、行为方式有关。媒体的健康议题受社会文化规范力量的影响，关注人们息息相关的饮食、心理、养生保健、传统医药等议题。

饮食议题的专宠有文化因素方面的原因。首先，饮食议题最接地气。人吃五谷杂粮，维持生命延续，每日三餐必不可少。吃饭问题是每个人都必须面对的“民生问题”。“民以食为天”，历朝历代都将百姓“吃饱饭”看作朝政稳定、江山社稷的基础。其次，饮食文化积淀深厚。传承千年的文化，让中国味道成为深入国人骨髓的文化印记，满足了“吃饱”的人们有了“吃好”的更高要求，花大量时间和金钱，追求达到“色香味形养”这一品评饭菜的金标准。中国人对饮食的偏爱与执着形成了各式各样的餐桌文化。每逢重大事件和节日，品种丰富、花样繁多的大餐成为必备的科目。《舌尖上的中国》遍寻世间美味，调足了国人胃口。坊间流传着各种美食秘籍、养生秘方，人们在微信、微博上晒美食、写食评、谈论饮食保健成为

〔1〕 王一方. 中国人的病与药［M］. 北京：当代中国出版社，2013：150.

时尚。当然，近年来食品安全问题曝光度极高，米袋子、菜篮子的安全从未像近年来这样备受关注。苏丹红、毒奶粉等公共卫生事件的一次次爆发，印证了那句老话，病从口入、祸从口出。

我国文化传统中对运动锻炼不重视，存在重道轻器、重文轻武的思想。梁启超[1]称，重文轻武之习既成，于是武事废坠，民气柔靡，二千年之腐气败习，深于国民之脑。文化对运动的忽视，导致国人缺乏运动健身意识，加之道家、儒家文化中有关静养、静坐的养生观点，影响大众对运动锻炼价值的认识和积极参与。

中国的文化根基是儒学。儒家思想主张“仁、义、礼、智、信”“致中和”，通过“修身、齐家、治国、平天下”实现人的价值，重视人的品格修养，而忽视人作为生命体的客观实在。儒家提出“劳心者治人，劳力者治于人”“身体发肤，受之父母，不敢损毁”“君子劳心，小人劳力”等有偏见的言论。传统儒家思想要求人们以和处世，以静修身，严格按儒家的伦理道德修身养性，把有益于人们身心健康的体育运动视为“下支末务”，为了养性，首先必须牺牲的就是身体，身体在这里成了障碍[2]。儒学的发展导致对躯体的轻视。汉代以后重文轻武之风日盛，与儒家思想的这种身体观、义利观不无关系[3]。

对我国历史文化有重要影响的道家思想虽然追求“颐养天年”，但往往不得其法。《道德经》指出，“兵强则灭，木强则折”，以弱而求生。庄子写了大量关于养生的文章，提出了以“保身、全生、尽年”为目的，以“养神”为途径，以“坐忘”或“心斋”为手段的养生体系[4]。后世，道家的炼丹、辟谷、服食等养生之术更容易让人误入歧途。总之，道家主张“致虚极，守静笃”，由此而发展出了道家的主静养生体系[5]。发源于印度在中国落地生根的佛教对待生命的态度也不利于体育运动的开展，佛教提出苦集灭道四圣谛，追求解脱不入轮回，将希望寄托于来世的福报，虽开出少林禅武医“三位一体”的奇葩，但仍难以推动体育运动在民众中的开展。

---

〔1〕 梁启超. 梁启超全集—新民说论尚武［M］. 北京：北京出版社，1999：711.
〔2〕 马卫平. 体育与人——一种体育哲学［M］. 长沙：湖南师范大学出版社，2010：83.
〔3〕 谭华. 体育史［M］. 北京：高等教育出版社，2005：72.
〔4〕 熊晓正. 庄子养生思想浅析［M］. 成都体育学院学报，1982（1）：11－14.
〔5〕 谭华. 体育史［M］. 北京：高等教育出版社，2005：71.

4.2.3.5 媒体惯例偏好制作效率高的议题

媒体眼中健康传播只是媒体内容中的一种，在“内容为王”的原则下，健康传播要在内容生产上做文章。媒体作为受众信息的重要来源，为受众提供理解、学习相关信息的平台。在信息选择和生产过程中，媒体有其自身的规则和专业意识。但从社会化角度来看，组织中的潜规则有重要影响，行业内的惯例逐渐内化为新闻从业人员的实践意识。惯例帮助记者迅速地将未知事件归类，用统一的格式将其重构，完成流水线上的任务。所以惯例是长期形成的，为了提高媒体工作者的生产效率，并且为大部分媒体工作者所接受的一套潜移默化的行动手册[1]。

媒体健康传播信息是制度化、专业化生产的产物。健康传播信息的制作要符合媒体对速度、效率和规模的要求。有利于发挥媒体专业能力、提高制作效率的议题会受到媒体重视。媒体健康传播面对普通社会大众，能为普通受众能力、认知水平接受，受到大众关注的议题会受到媒体重视。媒体产品具有商品和文化属性。媒体对符合文化和商业价值的议题会重视。疾病和健康信息被媒体转化为文化产品，媒体根据不同议题的特点，选择适用于媒体时空表现、通俗易懂、贴近生活的议题，以便引起受众关注。媒体的工作惯例会从选题丰富性、信息传递方式和资源便利性对议题进行选择。

从选题丰富性来看，疾病医药、饮食的选题较为丰富。人类已知的病种达上万种，常见疾病也可以从病因、病理、防治等不同角度选题。社会组织利用媒体的惯例和逻辑，设计一些符合新闻价值的事件，吸引媒体报道，影响媒体的内容[2]。《居民膳食指南》《糖尿病指南》《心脑血管指南》等医学最新研究结果和信息规律性的发布，通过媒体传播向大众提供指导性信息。一年中有多种“疾病日”，世界糖尿病日、爱牙日、爱耳日、艾滋病日等，成为媒体制作内容的主题。饮食议题可以从食材营养、搭配、烹饪、药食同源中组合出丰富多变的主题。运动、心理议题相比之下，选题范围较窄。

媒体的信息传递方式不同，适合于不同的传播议题。电视、网络等视听结合，适合于静态和动态信息的传播。报纸、杂志等适合于静态信息的表现。健康传播议题中医药、运动、饮食和心理主题虽有静养和动养之分，但都包括静态和动态信息。

---

[1] 刘海龙．大众传播理论：范式与流派［M］．北京：中国人民大学出版社，2008：394.

[2] 刘海龙．大众传播理论：范式与流派［M］．北京：中国人民大学出版社，2008：396.

媒体对动养和静养维度下的议题都能进行信息制作和传播。但选取角度不同，纸媒对运动议题以运动理念和知识为主，结合运动技能；视听媒体对运动议题以技能为主，结合理念和知识，扬长避短，互为补充。关于运动、饮食议题，媒体制作较为容易，便于表现。关于心理的信息个体性强，信息复杂。媒体对于单纯心理维度的议题较难表现，心理和其他议题有机结合，有利于心理健康、身心和谐效果的形成。

从资源便利性来看，医药卫生系统长期垄断着健康传播的信源，与媒体保持了稳定的联系。疾病医药和饮食的信源容易接近，有较高的权威性，长期提供媒体所需信息，久而久之，媒体与信源之间形成了一种固定的规则，出现某些领域的问题，就会习惯性地寻求已经合作过的信源，限制了媒体的视野。运动领域的专家相对较少，不为媒体和大众所熟知，体育议题在媒体中的信源便利性上存在劣势。

另外，出于安全考虑，也由于治疗诊断的专业性太强，普通人难以理解和接受，媒体对治疗、医药的内容态度谨慎。媒体出于风险控制的角度考虑，会将安全系数高、不容易对受众产生错误引导和不良后果的议题、内容优先安排。相对来说，疾病知识普及、饮食和心理议题风险系数最低。疾病治疗、运动议题风险系数较高，受众依从媒体建议有可能产生一定的负面效果。

对于通过大众媒体所塑型的当代中国文化，有学者称：在功能上是一种游戏性的娱乐文化；在生产方式上是一种由文化工业生产的商品；在文本上是一种无深度的平面文化；在传播方式上是一种无等级的泛市民文化，“文化政治功能、认知功能、教育功能甚至审美功能都受到了抑制，而强化和突出了它的感官刺激功能、游戏功能和娱乐功能”[1]。大众文化的形成十分依赖大众媒体的引导和塑造，以媒体为代表的“文化工业”在进行议题建构和内容生产时，往往采用“游戏性、无深度、无等级”的模式，突出感官刺激和游戏娱乐。在媒体健康传播活动中，媒体也会从受众群体、收视效果、市场反馈等角度进行考量，因此受众广泛的常见病防治和娱乐性强、商业赞助多的饮食议题成为媒体的“宠儿”。

4.2.3.6　受众需求关注贴近生活的议题

使用与满足理论从受众的角度出发，认为受众在传播过程中不是简单的被动接受，不是媒体随意命中的“标靶”，受众具有主动权。在健康传播活动中，受众的主动性和主动能力十分明显。主动能力指受众明确知道自己的需求，选择媒体具有

〔1〕 陶东风. 大众消费文化研究的三种范式及其西方资源［J］. 文艺争鸣，2004（5）：12－19.

自由和独立性，媒体消费行为与需求满足联系在一起[1]。生活中，人们总是关注与自己相关的信息。健康人群关注如何保持健康，预防疾病，而患病人群更是关注如何治疗疾病，防止病情发展。有调查表明，对于有关健康生活方式方面的信息，47.7%的公众表示会主动搜寻，45.3%的公众表示有时会主动搜寻；对于疾病早发现信息，39.0%的公众表示会主动搜寻，50.4%的公众表示有时会主动搜寻；对于疾病治疗信息，33.6%的公众表示会主动搜寻，48.7%的公众表示有时会主动搜寻。公众对健康信息表示出较高的关注度，主动搜寻健康信息是公众的重要健康信息行为之一[2]。公众对健康信息的需求是巨大的，大众媒体的健康传播会根据公众需求而设置议题，以迎合公众，赢得受众。有调查表明，公众对健康生活方式信息的关注度最高，其次是疾病早发现信息和疾病治疗信息。对于饮食、运动等健康生活方式方面的信息，42.8%的公众表示“非常需要”，45.7%的公众表示“比较需要”；对于疾病症状识别、疾病临床或检验指标等有助于提前发现疾病的信息，30.8%的公众表示“非常需要”，48.0%的公众表示“比较需要”；对于医学词汇解释、治疗方法说明、化验结果说明等与疾病治疗有关的信息，23.7%的公众表示“非常需要”，48.9%的公众表示“比较需要”[3]。调查数据说明，受众对健康生活方式信息有较大需求，一方面印证了在健康传播议题变迁研究中，生活方式议题逐渐增多的分析结果。另一方面，传播现状中饮食议题所占份额最多，而运动议题份额较低，与公众的需求存在差距。运动议题需要加强。

总体而言，影响当代健康传播议题的力量主要来自市场和行政。行政导向倾向服务广大受众的基础性医疗卫生服务和食品公共卫生、全民健身等，政府出台了关于医疗卫生改革、食品安全、全民健身的有关法律法规。医药议题、饮食议题、运动议题受益于政府的行政干预，而心理、两性、美容议题则在行政导向中体现较少。市场的配置力量与媒体的传播活动如影随形，市场化经营、企业化管理的媒介体制，让媒体与来自市场的资金、组织合谋，医药、饮食行业明显借助资金的渗透影响了健康传播的议题设置。

---

〔1〕 韦斯特．传播理论导引：分析与应用［M］．刘海龙，译．北京：中国人民大学出版社，2007：440.

〔2〕 赵曙光，李鼎，倪燕．中国健康传播研究：从媒体舆论到医患沟通［M］．长春：吉林大学出版社，2010：13.

〔3〕 赵曙光，李鼎，倪燕．中国健康传播研究：从媒体舆论到医患沟通［M］．长春：吉林大学出版社，2010：12.

4.3 当代健康类媒体议题设置的优化方向

媒体健康传播议题影响受众对健康问题的关注程度和认知角度，通过优化健康传播议题，有利于受众树立正确的健康观念，掌握合理的知识和技能，改善健康水平。本章根据议题设置原则和社会现实提出优化方向与策略，并分析保障措施。

4.3.1 议题主要优化方向：优先发展运动议题

根据议题优化的基本原则，结合目前我国国民健康现状和健康传播议题现状，本文提出以下主要优化方向。

运动能够改善目前国民健康和国民体质现状中存在的问题，有医疗、心理、饮食等因素所不能达到的特殊功效，符合健康传播议题设置的科学性、现实性、通俗性、多元性和公益性等原则。此外，与其他议题相比，运动议题在媒体健康传播中所占的比例较低，而这与运动在促进国民健康中的作用和地位不相符。因此，媒体健康传播议题的优化方向应以优先发展运动议题为主，加强运动议题的设置，增加信息量，确保信息准确发布、传播效果良好。具体原因如下。

4.3.2 选择优先发展运动议题的原因

4.3.2.1 健康传播中运动议题不足

媒体健康传播议题的现状调查显示，运动议题所占比例较低，处于附属的地位。议题设置中存在重静轻动、重身体轻身心合一等议题偏好，运动议题在健康传播中未受到重视。

4.3.2.2 运动促进健康的基础功效

健康是身、心、群的良好状态。身体健康指个体处于体能良好、技能正常、精力充沛的状态。心理健康包括两层含义：其一是没有心理疾病；其二是具有一种积极发展的心理状态。心理健康要达到处于最佳心理状态，消除不正常的心理倾向。社会适应指个体在独立处理生活与承担社会责任方面，达到其年龄和所处社会文化条件所期望的程度，即个体适应社会和环境的有效性[1]。运动促进健康的贡献涉及心理、生理和社会，作用综合，其功效得到科学验证。

研究表明，运动促进健康的效果强大。运动能健全循环系统功能；改善肺功能；强化消化功能和提高代谢水平；提高骨骼、肌肉等运动系统功能；提高神经系统和免疫系统功能，运动能延长寿命[2]。2010 年 WHO 向全球发出体力活动（包括以运动为主的活动，以及家务、出行等活动）促进健康建议，体力活动对保护心血管、肌肉骨骼系统、癌症预防、功能维持、抑郁症预防和缓解均有健康意义。运动促进人身、心、群健康的效果，已得到科学的验证。而且，循证医学表明体力活动不足是全球范围内造成人类死亡的第四大危险因素[3]。2007 年，美国运动医学会和美国医学会正式提出"运动是良医"，作为学术理念和健康促进项目更突出了运动和医学之间的合作。2010 年题为"全世界的健康处方"的"运动是良医"全球大会召开，2012 年 6 月在我国正式启动[4]。运动是预防和治疗疾病，促进健康不可缺少的一部分，有利于身体、心理和社会适应的良好状态，是一种有效的低成本干预策略，投入不是很大，获益成倍增加。

4.3.2.3 运动改善国民健康的特殊作用

与其他促进健康的手段相比，运动在改善国民健康，尤其是改善慢性病高发、体质下降、健康寿命短等突出问题方面，有其特殊作用。

（1）慢性病防治方面。

我国居民的慢性病患病率居高不下，患病人数有增无减。2012 年我国确诊慢性病患者已超过 2.6 亿人[5]。而且这种趋势仍在继续，没有受到有效控制。2012 年《中国慢性病防治工作规划（2012—2015 年）》发布，指出影响我国人民群众身体健康的常见慢性病主要有心脑血管疾病、糖尿病、恶性肿瘤、慢性呼吸系统疾病等。

---

〔1〕《走进新课堂》丛书编委会，体育与健康课程标准研制组编．普通高中体育与健康课程标准（实验）解读［M］．武汉：湖北教育出版社，2004：110 - 140.

〔2〕余金明．健康行为与健康教育［M］．上海：复旦大学出版社，2013：154 - 156.

〔3〕李红娟，王正珍，隋雪梅，等．运动是良医：最好的循证实践［J］．北京体育大学学报，2013，36（6）：43 - 48.

〔4〕李红娟，王正珍，隋雪梅，等．运动是良医：最好的循证实践［J］．北京体育大学学报，2013，36（6）：43 - 48.

〔5〕中国网新闻中心．卫生部：目前我国确诊慢性病患者已超过 2.6 亿人［EB/OL］．［2015 - 01 - 23］．http：//www．china．com．cn/news/2012 - 07/09/content_ 25853987．htm.

慢性病发生和流行与经济社会、生态环境、文化习俗和生活方式等因素密切相关[1]。针对慢性病的高发和难治愈的特点，生活方式的干预是必要的措施。我国近年来十分重视慢性病的防治和干预，2005 年，卫生和新闻部门实施了健康知识传播激励计划。中国健康知识传播激励计划主题包括：高血压（2005 年）；癌症（2006 年）；血脂异常（2007 年）；糖尿病（2008 年）；健康体重（2009 年）；吃动平衡（2010 年）；骨质疏松（2011 年）；吃动平衡—走向健康（2012 年、2013 年）。其中，大部分计划主题与慢性病和生活方式有关。世界卫生组织在 2004 年发布《饮食、身体活动与健康全球战略》（以下简称《战略》），成为各国采取措施，改善国民饮食、身体活动的纲领性文件。《战略》指出大量的医学研究证明，饮食和身体活动影响健康，这种影响既单独成立又可以联合发挥作用。身体活动、饮食对肥胖等健康问题共同发挥作用。饮食、营养不仅与肥胖有关，与其他健康危险也存在明显关联，而且身体活动与饮食营养相比有独特的健康作用和效益[2]。慢性病防治单纯地依靠饮食和心理是难以奏效的，需要运动和饮食、心理等因素联合作用，效果更佳。针对大部分慢性病是由于静坐少动、营养过剩等原因引起，运动的确是防治慢性病的良药。运动可以增加能量消耗，提高新陈代谢，有利于保持健康体重，提高身体机能。因此，与医药、心理和饮食因素相比，运动具有其他因素不具备的特殊作用。

（2）改善国民体质方面。

近年来，国民体质下降受到关注，虽然身高、体重等指标增长，但肺活量、力量等指标不升反而降。体质即人体的质量，是人体在先天遗传的基础上和后天环境的影响下，在生长、发育和衰老的过程中逐渐形成的身、心两方面相对稳定的特质。体质是人体维持良好健康状态的能力[3]。钟南山院士在《人民日报》发文表示对中国青少年体质担忧，“高身材、低体质”让“祖国的未来”难以承担重任。2011 年 9 月发布的第三次国民体质监测结果显示：2010 年，成年人和老年人的超重率分别为 32.1% 和 39.8%，比 5 年前分别增长 3.0 和 4.2 个百分点；成年人和老年人的肥胖率分别为 9.9% 和 13.0%，与 5 年前相比，分别增长 1.9 和 1.7 个百分点。

---

〔1〕卫疾控. 关于印发《中国慢性病防治工作规划（2012—2015 年）》的通知［EB/OL］.［2014-05-08］. http://www.sda.gov.cn/WS01/CL0852/73135.html.

〔2〕世界卫生组织. 饮食、身体活动与健康全球战略［EB/OL］.［2014-03-24］. http://www.un.org/chinese/esa/social/who_dite.htm.

〔3〕何仲恺. 体质与健康关系的理论与实证研究［D］. 北京：北京体育大学，2001：24-25.

2013 年体质抽测显示，国民身体形态继续增长，超重、肥胖人数占比 34.4%、12.7%，城镇人群体重增长明显，身体机能、素质基本保持，有下降趋势[1]。体质是维护健康的能力，其下降的结果与国民健康问题相互印证。自 2000 年以来，我国成年人、老年人超重与肥胖率持续增长。慢性病蔓延、体质下降、肥胖问题如此凸显，与人们生活方式的改变不无关系，其中饮食结构不合理、营养过剩和静坐少动是肥胖和部分慢性疾病的"罪魁祸首"。毛泽东曾说"发展体育运动，增强人民体质"。国民体质监测调查也显示，参加体育健身人群的体质水平较高。在经常参加体育健身人群中，有 16.5% 的达到体质综合评价优秀级水平，不参加体育健身的人群中仅有 7.1% 的人达到优秀等级。不参加体育健身人群的不合格率明显高于经常参加体育健身的人群[2]。体质的改善有利于提高国民健康，而改善国民体质，不能依赖饮食、医药和心理因素，运动是增强体质的最主要手段。

（3）延长健康寿命方面。

2010 年我国居民预期寿命为 74.8 岁，虽然居于世界前列，但预期寿命只代表生命长短，不等同于活得健康。为了个人和家庭幸福，人们应尽量保持健康无病、有活动能力，不靠医药维持，延长健康寿命[3]。2010 年，联合国开发署公布的数据显示，中国人健康寿命仅为66 年，比发达国家少了 10 年左右[4]。人们既要活得长，更要活得好，活得质量高。我国的人均预期寿命虽与发达国家相差不多，但健康寿命却少 10 年。从 2010 年数据看，中国人在生命的最后阶段，平均有 10 多年时间依靠药物维持、丧失日常生活能力，依靠医疗服务或他人照顾延续生命，生存质量下降。健康寿命短不仅影响个体生命质量，对国家、社会和家庭资源也是极大的消耗。我国健康事业的发展方向，不仅要提高医疗科技水平，增强疾病治疗能力，还要关口前移加强预防工作，防病治病，提高民众生活质量。延长健康寿命，就要让人们，尤其是老年人维持良好日常生活功能，实现健康老龄化。《中国老龄事业发展"十二五"规划》指出：体育健身是老年人精神文化生活四大需求之一。体育

〔1〕 总局政府网站. 2013 年 20 ~ 69 岁人群体育健身活动和体质状况抽测工作调查结果［EB/OL］.［2014 - 07 - 01］. http://www.sport.gov.cn/n16/n1107/n1788/4428310.html.

〔2〕 刘国永，杨桦，任海. 中国群众体育发展报告（2014）［M］. 北京：社会科学文献出版社，2014：294.

〔3〕 健康寿命指人们能够维持良好日常生活功能的年限，以丧失日常生活能力为终点。医学延长生命年限，却不能保证生命质量。健康寿命是综合评价指标，能反映真实的健康水平。

〔4〕 李沛珅. 中国人健康五大改变［N］. 生命时报，2015 - 01 - 13：1.

锻炼是促进健康老龄化的积极有效的措施[1]。运动在维持身体日常功能，延长健康寿命，提高生命质量方面有其他因素不具备的特殊作用。

(4) 人与社会发展方面。

健康不仅是身体的无病无恙，也包括心理的适应和人与社会的协调发展。

哲学家柏拉图曾指出，完美人格由3个要素构成：坚强的体魄、完善的心灵和智慧的头脑。人类社会中最伟大、最高尚的事物包括：健康，美丽，诚实地获取财富。他主张实现完美人格的方法是：体育、审美教育和智慧培养的协调[2]。运动与人格发展、人与社会的协调有密切关系。1990年，联合国开发计划署发布《关于人的发展的报告》，人的发展是一个扩大向个人提供可能性的过程。其中有3个可能性至关重要，分别是健康长寿，获取教育及知识和拥有体面生活所需的资源。人的发展离不开这3个基本可能性的保障。运动既能使人健康长寿，运动也是教育的组成部分，运动能为人提供更多的可能性。

中、西医理论都认可运动是促进身心健康的积极方式，运动还有利于人的社会关系良好和整个社会的发展。多维健康观指出，健康包括身体、心理和社会3个方面的良好状态，后来又增加道德健康维度，并提出了生态健康观点。健康超越了身体、心理，涵纳了道德和整个自然、社会生态环境。在全面的健康观念指引下，运动是促进人格完善、人的社会化和人的全面发展的有效方式。教育家蔡元培指出“完全人格，首在体育”，毛泽东曾说：“故夫体育非他，养乎吾生，乐乎吾心而已。”运动可以强筋骨、增知识、调感情、强意志。体育运动有利于人的社会化，包括：传授生活技术和技能、培养社会规范、形成社会价值观念体系、习得社会角色、个性形成和发展等方面[3]。

奥林匹克之父顾拜旦的《体育颂》称体育就是美丽，就是正义，就是勇气，就是荣誉，就是乐趣，就是进步，就是和平。《奥林匹克宪章》(2004年版）指出：奥林匹克主义是增强体质、意志和精神，并使之全面均衡发展的一种生活哲学。奥林匹克主义把体育运动与文化和教育相融合，谋求创造一种以奋斗为乐、发挥良好榜样的教育作用并尊重基本公德原则为基础的生活方式。宗旨是使体育运动为人的和

---

〔1〕 李金霞. 全民健身可有效促进健康老龄化 [N]. 中国体育报，2015-05-05.

〔2〕 马卫平. 体育与人：一种体育哲学 [M]. 长沙：湖南师范大学出版社，2010：30.

〔3〕 卢元镇. 体育社会学 [M]. 北京：高等教育出版社，2006：155-162.

谐发展服务[1]。运动能塑造人的身体、意志，是一种全面发展的人生哲学，并是现代社会道德原则、社会规范的重要路径。因此，在促进人身体、心理、社会关系和道德健康，以及人与社会与生态环境的健康方面，体育有独特的作用。

(5) 群众参与度方面。

体育运动以身体活动为达到健康的基本形式。对于大部分人来说，参与体育运动较为简便，走、跑、跳、投等基本的动作，都能达到运动健身的效果，快走、慢跑等项目是世界卫生组织推荐的促进健康的身体活动，这些锻炼项目不仅简单易行，而且参与门槛低，普通社会大众都能参与其中。调查显示，2014 年我国城乡居民中有 33.9%（含儿童青少年）经常参加体育锻炼[2]，即约 1/3 的人参与运动健身，参与度较高。

总之，运动是促进人的健康，达到动静平衡，人与社会协调发展的积极手段。运动议题符合健康传播议题设置的科学性（促进健康的基础功效）、现实性（慢性病防治、改善体质）、多元性（健康、寿命、人与社会发展）、通俗性（便于实施）和公益性（受众广泛）的原则，并且在健康传播中处于轻视状态，因此，健康传播应优先发展运动议题，加强运动议题。

4.4 运动议题优先发展的策略

培根曾说：知识的力量不仅取决于其自身的价值，更取决于它是否被传播以及被传播的深度和广度。运动有促进健康、强健身心的价值，应被广泛传播。优先发展健康传播的运动议题，主要目的是影响大众对运动促进健康的认知，形成健康正确观念，培养积极参加运动健身的态度和行为。所以，不仅要增加运动议题的设置，也要提高运动议题的传播效果，建立运动促进健康的舆论环境。学者拉斯韦尔提出传播学经典的 5W 模式，他指出传播过程包括传播者（who）、受众（whom）、内容（who）、渠道（which channel）、效果（what effect），即 who say what to whom in which channel with what effect。习近平在指导党的宣传思想工作中指出，舆论引导要

〔1〕 王润斌，李志向，涂传飞．现代奥林匹克理论的缺陷与中国体育文化的补位［J］．北京体育大学学报，2011，34（4）：10－15.

〔2〕 王东．2014 年全民健身调查公报发布［EB/OL］．［2015－12－29］．http：//news．xinhuanet．com/politics/2015－11/17/c_ 128437057．htm.

重视传播的时、效、度[1]。结合以上理论，媒体和有关机构组织优先发展运动议题可以从有机会说、谁说、诉说对象、说什么和怎么说以及说到什么程度等方面提出策略。

4.4.1 机会策略：创造运动议题传播机会

实现传播过程，首先是在传者和受众之间建立联系，创造传播机会和条件。

创造传播机会要结合社会热点。体育运动是群众喜闻乐见的社会文化活动，体育运动本身容易引起社会关注，如大型体育竞赛：奥运会、世界杯、全运会、NBA等；重要群众体育活动：全民健身日、民俗体育活动等。而且运动能和其他健康活动、文化活动有机结合。如“健康激励计划”“健康中国行”等健康主题活动。近年“全民健身日”“健康激励计划”等大型宣传活动中，体育明星积极参与，担当健康形象大使，配合媒体活动，深入社区、学校和厂矿，利用名人的号召力、影响力制造热点，引起群众和媒体对健康传播中运动议题的关注，营造积极氛围，能促进运动议题在媒体中的设置。

创造传播机会要拓展传播渠道。健康传播媒体大多与卫生部门保持紧密的合作关系。创造运动议题传播机会，要加强运动职能部门、学术机构与媒体的合作，加强运动和卫生、媒体部门的联系，拓展传播渠道。如从2014年开始，国家体育总局与中央电视台科教频道的合作，大大增加了运动议题在《健康之路》栏目中所占的比例，为运动在健康传播中创造了机会。

创造传播机会要加强信息沟通。有关专业机构定期发布运动健身等信息，形成稳定的、长期的信息发布机制，保持运动议题在健康传播中的曝光度。

4.4.2 信源策略：运动议题信源权威、可信

传播者身上与说服力有关的特征可分为两个方面：权威性和可信性[2]。信息发布者，即传播者在受众中的形象对传播效果有很大影响，尤其是在关系到大众身心健康、专业性很强的健康传播领域。

健康传播中存在部分信息失真、信息不足等问题，运动议题优化要增加信息和信息发布者的权威性和可信性。目前，运动信息的主要传播者包括医学专家、运动

---

〔1〕 马利．做好网上舆论工作的时代指引［N］．人民日报，2013－11－27：7.

〔2〕 刘海龙．大众传播理论：范式与流派［M］．北京：中国人民大学出版社，2008：127－128.

人体科学专家等理论型专家和运动技能专业人士即实践型专家。健康传播要尽量以国家专业机构和领域内权威专家为信源，传播信息要全面、客观。例如，美国为了开展健康服务和群众体育，优化健康传播信源，组织权威的卫生和运动专家，成立“健康与体育总统委员会”和“州健康与体育委员会”。各委员会发布有关运动与健康的科学信息，主要通过信息传播和健康宣传来推动大众体育发展[1]。我国权威的运动促进健康的研究机构有国家体育总局体育科学研究所、运动医学研究所、国民体质监测中心和医疗卫生部门的运动医学研究所等，这些专业机构应加强与媒体的合作，确保运动信息科学准确、真实可信。

4.4.3 受众策略：运动议题兼顾受众群体

运动促进健康的功效适用于大多数人，幼儿、老年人以及不同职业群体，都能通过适量运动获得收益。运动议题针对的受众群体十分广泛，在健康传播中应做到兼顾不同受众群体，针对性地设置议题和内容。老、中、青不同年龄段人群、病患和健康者等进行的运动健身活动在运动强度、运动项目、运动频次等方面有不同的注意事项。受众与媒体有效互动，能优化媒体健康传播中议题设置，受众对不同议题的需求反馈，有利于媒体调整和改进议题。传播活动需要传受双方共同参与才能完成，没有受众的参与，媒体传播形同虚设。因此，受众的反馈和应答也十分重要，通过反馈使媒体知晓群众喜闻乐见的运动内容，有利于运动议题的传播效果。运动议题优化要兼顾受众群体，扩大受众范围，满足受众需求。

4.4.4 内容策略：运动议题内容亲民、丰富

运动有良好的群众基础，运动参与简便易行，对于大众来说可做、可实施，能长期从事。主要形式包括：走、跑、自行车、游泳、球类等，权威机构推荐运动以有氧运动为主。运动信息传播效果的实现，离不开传受双方在编码、解码过程中的意义传递和共享。运动议题优化要在传播内容上做文章，增加内容的可读性，可欣赏性。让传播内容通俗易懂，便于理解，符合受众接受能力的信息传递才能实现预期的效果。

专业而长期的学术训练，让拥有健康话语权的医药卫生人士掌握了高深的知识和专业词汇，让他们与受众的接触形成了“隔阂”，一方是讲着“学术方言”的权

[1] 体育史编写组. 体育史 [M]. 北京：北京体育大学出版社，2014：234.

威，另一方是文化程度有限、医学卫生知识缺乏的普通百姓，要跨越横亘在两方之间的“知识鸿沟”，健康传播媒体不得不在选题和内容上进行雕琢。媒体健康传播中运动议题的双向沟通不容疏忽。媒体工作人员应增强业务能力，对运动项目、基本运动人体知识有正确理解，确保信息的准确、公正，并要配合专家、学者将运动促进健康的信息大众化、通俗化，从而有效传达给受众。所以，运动议题要内容亲民，选题丰富，遵循认知规律，磨合传受两方，让专家和普通百姓有共同语言，实现双方“相看两不厌”，达到良好的沟通效果。

4.4.5 效果策略：运动与其他议题达到动态平衡

运动议题是众多健康传播议题之一，对运动议题优化要遵循一定的尺度。前文讨论指出，促进健康的因素之间达到中和均衡状态，才是获得健康的“金标准”。中和均衡也是健康传播议题设置的标准。加强运动议题的设置，不能盲目，不能忽视其他议题，过犹不及，运动议题优化与其他议题应协调均衡，达到各个议题的动态平衡、中和，才能达到促进健康的最佳效果。

4.5 运动议题优先发展的环境保障

健康传播中优先发展运动议题，就是增强运动议题在健康传播中的话语权〔1〕，就是增加运动议题的比例，扩大运动信息的容量和确保信息质量。根据媒介社会学理论，媒介是信息传播的专业机构，更是社会组织。媒介的信息本身不是自变量而是因变量，不是原因而是结果〔2〕。媒介的议题设置等内容建构和信息的渠道发布、受众接收等传播过程均受到多种社会因素影响。优先发展运动议题，可以从以下方面提供环境保障。

4.5.1 政策保障：建立多部门合作机制，形成大健康格局

卫生、体育事业以促进国民健康为主要目标。《中华人民共和国宪法》（2004 年

〔1〕 话语权就是说话权、发言权，亦即说话和发言的资格和权力。话语权也指关系国家生死存亡的意识形态主导权。本书主要指前者，拥有话语权，需要实力，队伍，平台。

〔2〕 张宁．媒介社会学：信息化时代媒介现象的社会学解读［M］．广州：中山大学出版社，2010：19.

修正）第二十一条指出：国家发展医疗卫生事业。国家发展体育事业。《中共中央国务院关于卫生改革和发展的决定》指出全党、全社会都要高度重视卫生事业，保护和增进人民健康。

政府应发挥行政导向作用，建立针对健康传播的卫生、体育，教育和文化部门合作机制，实现多部门合作、多元化主体参与，打破门门坎坎的界限，形成“大健康”观念。政府主导，多部门协调，全社会参与。政府发挥协调、引导的功能，统筹规划健康传播资源和格局，合理设计健康传播议题，突出运动议题的地位，提高运动在健康传播中的比例，真正提供全方位、更科学的健康传播服务。针对媒体健康传播运动议题欠缺的问题，体育职能部门也应有所行动，转变态势。体育部门应该主动与文化、旅游、科技、教育、医疗等部门开展合作[1]。在健身场所、组织群体活动、提供体育信息等方面为群众服务。体育部门在健康传播领域要采取主动，有所作为。

4.5.2 体制保障：优化媒介体制，搭建传播平台

媒体作为“社会公器”对大众的健康引导义不容辞，但经营压力让媒体健康传播活动需要迎合受众和市场。政府可优化健康传播媒体经济体制，减轻健康类媒体的经济压力，实行政府补贴或提供、购买媒体健康传播服务。在建设服务型政府、转变政府职能背景下，政府重视公共服务，2002 年政府工作报告明确提出公共服务是政府职能之一。公共服务是提供公共产品和服务行为的总和，包括加强公共设施建设、发展公共事业、发布公共信息等。政府公共服务的内容包括卫生和体育。因此，卫生、体育信息的传播，包括媒体健康传播具有公共服务属性。政府可以通过提供、购买媒体健康传播服务，优化媒体健康传播经济环境，帮助媒体实现效益和公益的平衡，丰富公共服务内容，优化健康传播议题，引领健康传播方向。优先发展运动议题，卫生、体育部门利用媒体宣传运动健身或合作参与、资金购买媒体健康传播，优化媒体健康议题，构建媒体健康传播议题和信息的共享机制，并优化信源质量，打造高水平的信息发布平台，确保传播议题和内容的科学性、准确性。

---

〔1〕 易剑东．中国体育公共服务研究［J］．体育学刊，2013，19（2）：1－10.

4.5.3 人才保障：加强健身科研和人才队伍建设，鼓励人才参与信息传播

健康传播是促进人类健康信息的传播。加强医疗卫生方面的科研工作，尤其是运动促进健康的科研工作，有利于为媒体提供科学、准确的运动健身信息。在媒体健康传播的实践活动中，健康议题的信息发布者，绝大多数来自医学、生物学、营养学、运动人体科学领域的专家和学者，重视运动医学、运动康复、运动保健等学科的人才队伍建设，有利于科研成果的开发。鼓励有关人员参加信息传播与指导，有利于提供运动健身信息服务。

4.5.4 文化保障：营造运动促进健康的社会文化氛围

媒体的健康传播活动与媒体和受众所处的社会文化环境密切相关，优化健康传播议题，不能脱离社会文化背景。我国应优化社会整体健康文化氛围，大力开展卫生、体育部门、媒体、企事业单位、学校、社区联动的健康促进活动，倡导积极健康的生活方式，形成合理膳食、适当运动、心理平衡的社会风气，引导大众和媒体对合理健康议题的关注，改变静坐少动、重静好养的不良生活方式。

4.5.5 服务保障：发展运动健身服务产业，加强基础设施建设

健康传播议题优化以受众在认知、态度和行为上的改变为目标，受众健康行为的实施才能实现促进健康的效果。优化健康传播运动议题与受众参与运动健身活动是相互促进的关系。运动议题的传播有利于受众运动参与行为的产生，受众运动参与行为会产生运动信息需求和增加媒体接触。受众参与运动需要一定的物质条件和指导服务作为保障。因此，我国应加强体育基础设施建设，为受众提供场所等硬件，并发展运动健身服务产业，满足受众的健身指导、运动康复等需求，有利于运动议题健康传播的强化。

4.5.6 监督保障：加强运动促进健康的媒体信息监管

媒体的信息传播应以客观事实为依据。目前，我国建立了以中国健康教育中心

为主导的健康教育机构，但对媒体健康传播的规划和监管仍不到位，面对健康传播媒体同质化倾向，议题设置不均衡现象和内容质量混杂的问题，难以发挥指导和督导作用。目前，部分健康传播媒体缺乏优质健康资源，过度转载、不恰当引用其他媒体信息或者发布不科学、不准确信息，对受众形成误导，产生不良后果。运动也存在风险，运动知识缺乏、认知错误和不当会对健康产生负面影响。为了净化健康传播环境，卫生、媒体等有关部门应加强监管，控制信息质量，对传播错误运动信息的媒体和信息发布者根据国家有关规定予以警告或处罚。

4.6 其他优化方向的思考

医药、饮食、心理议题内涵式[1]发展。理论上，医药、饮食和心理均是促进健康的重要因素；现实中，国民消极依赖这些因素，造成静多动少、体质下降，健康状况堪忧；传播中，目前，媒体健康传播对这些因素较为重视，尤其是医药和饮食议题，在健康传播中居于主要位置，且受市场化影响明显，存在信息混杂现象。医药、饮食和心理议题应采取内涵式发展策略，选题化繁为简，内容精挑细选，重数量，更重质量，注意议题内部结构、质量的控制。

---

〔1〕 内涵式发展主要指医药、饮食、心理议题优化结构、提高质量、注重效果。相比之下，优先发展即运动议题的数量增加、占比提升，同时质量提高，数量与质量同时发展。

5 结论与建议

5.1 结　论

5.1.1 健康类平面媒体的发展阶段及议题特征

我国健康类媒体的发展分为 5 个阶段：发端（1950 年以前）；初步发展（1950—1959 年）；低谷（1960—1976 年）；快速发展（1977—1999 年）和多元竞争（2000—2014 年）阶段。通过选取有代表性的平面媒体个案，进行宏观（社会背景）、中观（媒介环境）、微观（议题设置与呈现）的分层解析，研究认为随着生产力发展、生活方式改变、人口老龄化和疾病谱系变化，媒体健康传播议题的阶段特征分别为发端阶段（清洁防护，卫生启蒙），初步发展阶段（除害灭病，保障生产），低谷阶段（救灾防病，倾向农村），快速发展阶段（医疗保健，融入生活），多元竞争阶段（慢性病防治，生活品质）。媒体健康传播议题的变迁趋势为生物防护—生产保障—生活方式—生命质量。

5.1.2 健康类平面媒体的议题变迁特征

个案健康传播议题呈现不同变迁特征：医药议题从传染病、寄生虫病为主变为慢性病为主；生活方式议题从少到多，逐渐得到重视，其中饮食议题增长明显，以营养膳食为主；运动议题波动变化、增幅有限，主题从康复为主变为健身与康复并重；心理议题规律性不明显。

5.1.3 健康类平面媒体的议题变迁动因

媒体健康传播议题的变迁与政治、经济、社会环境的整体变迁有必然联系。议题变迁由以下原因引起：卫生政策导向（从群众运动到公民素养）；商品和服务供给（从缺乏到丰裕）；医药科技进步（从除灭传染病到防治慢性病）；受众对媒体信息需求（从防病到养生）；媒介环境与角色转换（从卫生宣教到健康传播）。

5.1.4 健康类媒体议题设置的模型

本书从历史的、辩证的角度建构媒体设置健康传播议题的场域模型。政治、经济、受众和卫生科技力量在社会文化背景下对媒体的健康传播议题设置发挥作用。通常情况下，疫病危机以政治与医学的统摄和接管为主；健康生活引导以经济与医学的渗透和塑形为主。

5.1.5 媒体健康传播的话语分析

健康传播具有自然和社会双重属性。媒体健康传播的话语分析可以从议题的卫生话语和健康传播的社会实践两个角度进行解构。卫生话语包括静养与动养、身与心、治与防。健康传播的社会实践话语包括理论与实践、危机与日常、传统与现代、社会公益与市场效益。

5.1.6 媒体健康传播议题的设置原则

媒体设置健康传播议题应遵循以下原则：科学性原则（符合健康传播的卫生属性）；通俗性原则（有利于引领社会文化规范）；现实性原则（有利于改善国民健康现状）；多元性原则（有利于形成正确健康观念）；公益性原则（有利于推动社会公平）。

5.1.7 当代媒体的健康传播议题设置现状及优化方向

对当代主流媒体健康传播议题现状的研究表明：疾病医药议题独大，慢性病为主；饮食议题专宠，主题丰富；运动和心理议题作为附属，话语缺失。媒体议题设置受多种社会因素影响，总体而言，媒体的议题设置存在静养多、动养少；身体多、身心结合少；重“已病”轻“未病”的偏好。建议根据议题优化基本原则；国民慢性病多发、体质下降的现状；媒体健康传播中运动议题的不足；优化媒体健康传播议题应优先发展运动议题，以便充分发挥运动在促进健康、改善体质等方面的独特作用，改变人们吃动不平衡、静坐少动的生活方式。疾病医药和饮食等议题比重较大，集中于慢性病和膳食营养主题，信息庞杂，应采取内涵式发展策略，选题化繁为简，内容精挑细选，重数量，更重质量，优化议题内部结构。

5.2 建 议

5.2.1 优先发展运动议题的策略

本书建议优先发展运动议题从机会、信源、受众、内容和效果 5 个方面进行优化，可采取创造运动议题传播机会，运动议题信源权威、可信，运动议题兼顾受众群体，丰富运动议题的选题，运动与其他议题动态平衡等策略。

5.2.2 优先发展运动议题的环境保障

本书建议优先发展运动议题从政策、体制、人才、文化、服务和监督 6 个方面提供环境保障，包括：建立多部门合作机制，形成大健康格局；优化媒介体制，搭建传播平台；加强群众体育科研投入，重视人才队伍建设，提供运动信息传播与指导；营造运动促进健康的社会文化氛围；发展运动健身服务产业，加强基础设施建设；加强运动信息的信息传播监管等。

媒体健康传播主要议题包括疾病医药和生活方式，通过传播科学、合理的疾病防治和饮食、运动、心理等生活方式信息，媒体能开展健康教育，提高公众健康素养，从而影响公众健康认知、态度和行为，促进公众健康。对因生活方式改变、膳食营养不均衡和静坐少动而导致的日益严重的慢性病危害，媒体的健康传播任务更加繁重，应加强对健康生活方式的宣传和引导，重视健康传播效果。2013 年国务院印发的《关于促进健康服务业发展的若干意见》提出发展健康服务业要充分利用平面媒体、广播电视及互联网等新兴媒体，宣传健康知识，鼓励开办健康频道或节目、栏目，形成促进健康的社会氛围，倡导健康的生活方式。媒体健康传播正逢民众需要、国家扶持、社会共勉的良机，宜建构合理议题，发挥正确导向作用，为民族幸福、国家强盛注入健康正能量。

本书虽对我国媒体健康传播的发展阶段、议题变迁进行了梳理，并整理了不同媒体的议题设置现状，但因研究能力和设计原因，本书以疾病医药和生活方式议题为主要考察对象，对不同议题进行了较为宽泛的属性设置划分，虽然能从宏观上呈现不同议题的数量和比例，却不能详细勾画出个别议题的发展脉络和现实境况，难以呈现不同议题的特别属性和本质特征。同时，本书仅选取了健康传播媒体中主要的、综合的、权威的代表性媒体，未对个别特色鲜明、主题突出的媒体进行分析，如以运动、饮食、心理等为主要内容的媒体，而此类媒体也是健康传播的重要力量。

后续研究将重点以媒体健康传播中的运动议题为主要研究对象，深入研究运动议题的历史变迁和现状。从运动议题的传播者、受众、运动促进健康的信息内容等方面，解构运动议题的设置，进而更具针对性地对媒体运动议题设置提出合理建议，从而优化媒体健康传播的总体布局，提升传播效果。

参考文献

中文文献

专著：

［1］特纳．身体与社会［M］．马海良，赵国新，译．沈阳：春风文艺出版社，2000.

［2］谢弗．社会学与生活［M］．刘鹤群，房智慧，译．北京：世界图书出版公司，2013.

［3］沃林斯基．健康社会学［M］．孙牧虹，等译．北京：社会科学文献出版社，1999.

［4］卢祖洵．社会医学［M］．北京：科学出版社，2009.

［5］马丁，雷，沙夫．健康传播：个人、文化与政治的综合视角［M］．龚文庠，李利群，译．北京：北京大学出版社，2006.

［6］朱庆生，殷大奎，彭玉，等．中国健康教育五十年［M］．北京：北京大学医学出版社，2003.

［7］陆江，李裕峰．中国健康教育史略［M］．北京：人民军医出版社，2009.

［8］毕雪梅．体育新闻学概论［M］．北京：北京体育大学出版社，2006.

［9］赛佛林，坦卡德．传播理论起源方法与应用［M］．郭镇之，等译．北京：华夏出版社，2000.

［10］黄旦．传者图像：新闻专业主义的建构与消解［M］．上海：复旦大学，2005.

［11］董璐．传播学核心理论与概念［M］．北京：北京大学出版社，2008.

［12］施拉姆，波特．传播学概论［M］．李启，周立方，译．北京：新华出版社，1984.

［13］麦奎尔．麦奎尔大众传播理论［M］．崔保国，李琨，译．北京：清华大学出版社，2010.

［14］张宁．媒介社会学：信息化时代媒介现象的社会学解读［M］．广州：中山大学出版社，2010.

［15］克罗图，霍伊尼斯．媒介·社会［M］．邱凌，译．北京：北京大学出版社，2009.

［16］布尔迪厄．关于电视［M］．许钧，译．南京：南京大学出版社，2011.

［17］巴勒特．媒介社会学［M］．赵伯英，孟春，译．北京：社会科学文献出版社，1989.

［18］支庭荣．大众传播生态学［M］．杭州：浙江大学出版社，2004.

［19］邵培仁．媒介生态学［M］．北京：中国传媒大学出版社，2008.

［20］王一方．中国人的病与药［M］．北京：当代中国出版社，2013.

［21］风笑天．社会学研究方法［M］．北京：中国人民大学出版社，2011.

［22］泰勒，威利斯．媒介研究：文本、机构与受众［M］．吴靖，黄佩，译．北京：北京大学出版社，2005.

［23］杨国枢，文崇一，吴聪贤．社会及行为科学研究法［M］．重庆：重庆大学出版社，2006.

［24］张汝伦．意义的探究：当代西方释义学［M］．沈阳：辽宁人民出版社，1986.

［25］刘建明．媒介批评通论［M］．北京：中国人民大学出版社，2012.

［26］基顿，邓建国，张国良．传播研究方法［M］．上海：复旦大学出版社，2009.

［27］赵璞珊．中国古代医学［M］．北京：中华书局，1997.

［28］任鸿隽．科学救国之梦：任鸿隽文存［M］．上海：上海科技教育出版社，2002.

［29］中央教育科学研究所．陶行知教育文选［M］．北京：教育科学出版社，1981.

［30］谢清果．中国近代科技传播史［M］．北京：科学出版社，2011.

［31］马克思，恩格斯．马克思恩格斯全集［M］．北京：人民出版社，1979.

［32］国家体委政研室．中共中央批转中央体委党组关于加强人民体育运动工作的报告的指示．体育运动文件选编（1949—1981）［M］．北京：人民体育出版

社，1982.

[33] 中共中央文献编辑委员会．周恩来选集［M］．北京：人民出版社，1984.

[34] 张自力．健康传播与社会：百年中国疫病防治话语的变迁［M］．北京：北京大学医学出版社，2008.

[35] 国家统计局．新中国五十年［M］．北京：中国统计出版社，1999.

[36] 王红漫．医学社会学读本：全球健康国际卫生攻略［M］．北京：北京大学医学出版社，2010.

[37] 国家出版局．出版工作文件选编（1976.10—1980.12）［M］．北京：国家出版事业管理局办公室编印，1981.

[38] 郝振省．中国新闻出版业改革开放 30 年［M］．北京：人民出版社，2008.

[39] 方汉奇．中国新闻传播史［M］．北京：人民大学出版社，1999.

[40] 胡宜．送医下乡：现代中国的疾病政治［M］．北京：社会科学文献出版社，2011.

[41] 赵曙光，李鼎，倪燕．中国健康传播研究：从媒体舆论到医患沟通［M］．长春：吉林大学出版社，2010.

[42] 中国学生体质与健康研究组．2005 年中国学生体质与健康研究报告［M］．北京：高等教育出版社，2008.

[43] 中国群众体育现状调查研究组．中国群众体育现状调查与研究［M］．北京：北京体育大学出版社，1998.

[44] 崔保国．中国传媒产业发展报告（2015）［M］．北京：社会科学文献出版社，2015.

[45] 布罗代尔．15 至 18 世纪的物质文明、经济和资本主义［M］．施康强，顾良，译．北京：三联书店，2002.

[46] 余金明．健康行为与健康教育［M］．上海：复旦大学出版社，2013.

[47] 韦斯特．传播理论导引：分析与应用［M］．刘海龙，译．北京：中国人民大学出版社，2007.

[48] 谭华．体育史［M］．北京：高等教育出版社，2005.

[49] 刘国永，杨桦，任海．中国群众体育发展报告［M］．北京：社会科学文献出版社，2014.

［50］《走进新课堂》丛书编委会，体育与健康课程标准研制组编．普通高中体育与健康课程标准（实验）解读［M］．武汉：湖北教育出版社，2004.

［51］马卫平．体育与人：一种体育哲学［M］．长沙：湖南师范大学出版社，2010.

［52］卢元镇．体育社会学［M］．北京：高等教育出版社，2006.

［53］体育史编写组．体育史［M］．北京：北京体育大学出版社，2014.

［54］中华人民共和国卫生部．建设有特色的社会主义事业——全国卫生工作建设文件汇编［M］．北京：人民卫生出版社，1997.

［55］伯格．媒介分析技巧［M］．李德刚，何玉，董洁，等译．2 版．北京：清华大学出版社，2011.

［56］王瑞元，苏全生．运动生理学［M］．北京：人民体育出版社，2002.

［57］科克汉姆．医学社会学［M］．北京：华夏出版社，2000.

［58］刘海龙．大众传播理论：范式与流派［M］．北京：中国人民大学出版社，2008.

［59］柯林·坎贝尔，托马斯·坎贝尔．中国健康调查报告［M］．张宇晖，译．长春：吉林文史出版社，2006.

［60］布迪厄，华康德．实践与反思：反思社会学导引［M］．李猛，李康，译．北京：中央翻译出版社，2004.

［61］张自力．健康传播学：身与心的交融［M］．北京：北京大学出版社，2009.

［62］刘北诚．福柯思想肖像［M］．上海：上海人民出版社，2001.

［63］费尔克拉夫．话语与社会变迁［M］．殷晓蓉，译．北京：华夏出版社，2003.

［64］福柯．知识考古学［M］．谢强，马月，译．北京：生活·读书·新知三联出版社，2007.

［65］郭庆光．传播学教程［M］．北京：中国人民大学出版社，1999.

期刊论文：

［1］谭华．论中国古代的健康观［J］．四川体育科学，1995（2）：1－4.

［2］王阶，汤艳莉．试论中医学健康观［J］．中医杂志，2011（12）：995－997.

［3］刘华，傅华．健康教育与健康促进的进展［J］．中国全科医学，2001（10）：757－759．

［4］刘瑛．美国之健康传播研究［J］．华中科技大学学报，2011（5）：99－106．

［5］胥琳佳，蔡志玲．国际健康传播研究的现状及趋势［J］．科学与社会，2013（2）：73－84．

［6］王积龙．健康传播在国际学界研究的格局、径路、理论与趋势［J］．上海交通大学学报（哲学社会科学版），2011，19（1）：51－58．

［7］蔡志玲．中美健康传播研究评析［J］．东南传播，2012（12）：23－26．

［8］张迪，王芳菲．论当代美国健康传播研究之特点［J］．国际新闻界，2012（6）：25－29．

［9］任景华，刘宽亮．从孕育到成熟：健康传播的历史演进与走向［J］．东南传播，2010（10）：28－30．

［10］张自力．论健康传播兼及对中国健康传播的展望［J］．新闻大学，2001（3）：26－31．

［11］张自力．健康传播研究的发展现状与趋势［C］．第六届亚太地区媒体与科技和社会发展研讨会，2008：540－545．

［12］张自力．健康传播研究什么：论健康传播研究的9个方向［J］．新闻与传播研究，2005，（3）：42－48．

［13］王文志，刘红梅．“维多利亚宣言”内容介绍［J］．中国慢性病预防与控制，1995（3）：186．

［14］韩纲．传播学者的缺席：中国大陆健康传播研究十二年一种历史视角［J］．新闻与传播研究，2004（1）：64－70．

［15］李利群．健康传播运动中的健康风险信息理论研究［J］．现代传播，2005（3）：117－118．

［16］喻国明，路建楠．中国健康传播的研究现状、问题及走向［J］．新闻与传播研究，2011（1）：12－13，21．

［17］徐伟．大众传媒全面参与健康传播原因探析［J］．焦作大学学报，2011（4）：116－117．

［18］秦美婷，张蕾．大众媒体健康传播之调研：以日本核泄漏事件为例［J］．西南民族大学学报（人文社会科学版），2013（4）：153－158．

[19] 吴哲. 公共卫生危机事件中媒体的健康传播 [J]. 青年记者，2012 (7)：12 - 13.

[20] 张朋飞. 突发公共卫生事件中的健康传播策略 [J]. 新闻窗，2008 (6)：40 - 41.

[21] 杨艺蓓. 偏见背后的鸿沟：从健康传播视角反思国内首对同性恋者结婚报道 [J]. 新闻前哨，2010 (7)：12 - 14.

[22] 周薇. 积极发挥健康传播在无烟奥运中的作用 [J]. 法制与社会，2008 (3)：189 - 190.

[23] 陈玲. 从食品健康传播看电视媒介的影响力 [J]. 新闻研究导刊，2011 (6)：33 - 35.

[24] 张传香. 北京奥运与健康传播节目的勃兴：以央视和北京电视台健康节目为例 [J]. 新闻爱好者，2009 (1)：34 - 35.

[25] 王积龙. 欧美出版业健康信息的盈利模式 [J]. 西南民族大学学报 (人文社科版)，2010，31 (10)：201 - 204.

[26] 汤书昆，秦美婷，朱巧燕. 健康传播类图书的市场特点研究 [J]. 中国出版，2006 (12)：24 - 25.

[27] 姜思羽，宋永琴. 健康类电视栏目存在的问题及对策 [J]. 青年记者，2013 (5)：25 - 26.

[28] 张玮，抗文生. 论电视健康传播与媒体责任 [J]. 现代视听，2008 (11)：59 - 60.

[29] 孙艳. 健康类杂志传播与构建健康理念实证分析 [J]. 东南传播，2012 (4)：70 - 71.

[30] 梁琪，莫扬. 中国报纸健康传播特点研究：对 6 家主流报纸健康新闻的内容监测分析 [J]. 医学信息学杂志，2007 (6)：561 - 564.

[31] 吴小坤，吴信训. 新媒体对健康传播的新拓展 [J]. 新闻记者，2010 (10)：43 - 47.

[32] 王学成，刘长喜. 互联网在健康传播、病患医疗决策中的作用与影响研究 [J]. 新闻大学，2012 (1)：109 - 115.

[33] 黎莉. 危机报道的框架分析：以甲型 H1N1 流感报道为例分析. 东南传播，2009 (7)：64 - 65.

[34] 冯浩羽. 解读网络健康传播中的议程设置 [J]. 福建师范大学学报 (哲

学社会科学版)，2013 (1)：160 -167.

[35] 李婉. 大众传媒在健康传播中的角色：兼析河南三家都市报的健康专版 [J]. 新闻爱好者，2008 (1)：27 -28.

[36] 荀洁. 大众的医学信息港以健康传播视角考察网站健康频道内容的不足 [J]. 东南传播，2012 (11)：31 -35.

[37] 郭镇之. 关于大众传播的议程设置功能 [J]. 国际新闻界，1997 (3)：18 -25.

[38] 麦考姆斯，郭镇之，邓理峰. 议程设置理论概览：过去，现在与未来 [J]. 新闻大学，2007 (3)：55 -67.

[39] 彭泰权. 大众传播的议题属性设置效果：美国议程设置理论的研究进展 [J]. 国际关系学院学报，2003 (5)：50 -53.

[40] 包晓云. 农民工报道中属性议程设置的变化 [J]. 西南民族大学学报 (人文社科版)，2005 (9)：212 -215.

[41] 孙彩芹. 框架理论发展 35 年文献综述：兼述内地框架理论发展 11 年的问题和建议 [J]. 国际新闻界，2010，32 (9)：18 -24，62.

[42] 郝先中. 晚清中国对西洋医学的社会认同 [J]. 学术月刊，2005 (5)：73 -79.

[43] 唐玥蘅. 中国媒介体制改革中媒介经营观念的变更 [J]. 青年记者，2012 (33)：43 -45.

[44] 夏琼，王超群. 大众传媒健康传播的资源分布与理论模式 [J]. 中国媒体发展研究报告，2010：182 -205.

[45] 汪凯. 生命质量、生命数量与健康 [J]. 医学与哲学，1998 (4)：25 -27.

[46] 方洁，李宇，莫竞西. 生态学视野中的健康类电视栏目研究 [J]. 国际新闻界，2012，34 (6)：36 -42.

[47] 常卫平. 福建市场健康类电视栏目收视比较分析 [J]. 东南传播，2014 (7)：80 -82.

[48] 秦瑜明. 专题化与对象化：电视社教节目发展走向分析 [J]. 现代传播，2002 (2)：67 -71.

[49] 罗爱静，张莉. 我国健康资讯网络传播存在的问题及对策 [J]. 南华大学学报 (社会科学版)，2011，12 (1)：108 -110.

[50] 江雨. 浅析笛卡尔的二元论和西方近代哲学中的身心关系问题 [J]. 华中师范大学研究生学报，2011，18 (1)：24 -27.

[51] 吴东. 2014 年电视广告投放与竞争格局 [J]. 市场瞭望（上半月)，2015 (7)：59 -64.

[52] 刘扬，徐兆发，孙炜，等. “健康日本 21” 产生的背景及其意义 [J]. 中国公共卫生，2002 (4)：134 -135.

[53] 陶东风. 大众消费文化研究的三种范式及其西方资源：兼答鲁枢元先生 [J]. 文艺争鸣，2004 (5)：11 -19.

[54] 熊晓正，林登辕. 元气论与代谢说：中希古代健康观念的比较 [J]. 北京体育大学学报，2007 (10)：1297 -1302.

[55] 倪红梅，何裕民，吴艳萍，等. 中西方健康概念演变史的探析及启示 [J]. 南京中医药大学学报（社会科学版)，2014，15 (2)：79 -83.

[56] 李红娟，王正珍，隋雪梅，等. 运动是良医：最好的循证实践 [J]. 北京体育大学学报，2013，36 (6)：43 -48.

[57] 兰亚佳，邓茜. 生态健康的观念与方法 [J]. 现代预防医学，2009，36 (2)：298 -299.

[58] 王润斌，李志向，涂传飞. 现代奥林匹克理论的缺陷与中国体育文化的补位 [J]. 北京体育大学学报，2011，34 (4)：10 -15.

[59] 李全生. 布迪厄场域理论简析 [J]. 烟台大学学报（哲学社会科学版)，2002 (2)：146 -150.

[60] 曹然. “清洁” 与 “卫生”：中国近现代健康观念转变 [J]. 海南广播电视大学学报，2010，11 (4)：53 -57.

[61] 刘继同，郭岩. 从公共卫生到大众健康：中国公共卫生政策的范式转变与政策挑战 [J]. 湖南社会科学，2007 (2)：36 -42.

[62] 易剑东. 中国体育公共服务研究 [J]. 体育学刊，2012 (2)：7 -16.

[63] 张国祚. 关于 “话语权” 的几点思考 [J]. 求是，2009 (9)：43 -46.

博硕学位论文：

[1] 潘祥辉. 中国媒介制度变迁的演化机制研究：一种历史制度主义的视角 [D]. 杭州：浙江大学，2008.

[2] 张群. 网络环境下我国健康传播体系研究［D］. 北京：中国农业科学院，2011.

[3] 李静. 医学、现代国家与传媒：论《人民日报》对农村医疗卫生问题的传媒再现（1949—1989）［D］. 上海：复旦大学，2009.

[4] 何仲恺. 体质与健康关系的理论与实证研究［D］. 北京：北京体育大学，2001.

[5] 蔡月亮. 报纸媒体艾滋病报道研究：以框架建构理论的观点［D］. 兰州：兰州大学，2007.

[6] 李俐.《大众医学》办刊特色研究［D］. 保定：河北大学，2014.

[7] 高越. 我国报纸乳腺癌报道内容评估：以健康传播为视角、恐惧诉求模型为指向［D］. 上海：复旦大学，2008.

[8] 姜思羽. 健康类电视栏目的健康传播研究［D］. 大连：大连理工大学，2013.

[9] 吴纯. 中国健康类电视节目发展研究［D］. 济南：山东大学，2010.

[10] 徐晓君. 以互联网为平台的健康传播研究［D］. 南宁：广西大学，2007.

[11] 孙晶. 美国健康传播研究评析［D］. 武汉：武汉大学，2005.

报纸：

[1] 谢靓. 发展全民健身事业关系到我们的中国梦［N］. 人民政协报，2014-04-08.

[2] 李沛珅. 中国人健康五大改变［N］. 生命时报，2015-01-13.

[3] 李金霞. 全民健身可有效促进健康老龄化［N］. 中国体育报，2015-05-05.

[4] 马利. 做好网上舆论工作的时代指引［N］. 人民日报，2013-11-27.

[5] 卫生部. 公共卫生突发事件呈上升趋势［N］. 人民日报，2006-06-26.

[6] 茹韶华. 现代生活悄然改变疾病谱［N］. 洛阳晚报，2008-04-62.

[7] 黄丽珠. 从80%到37.3% 我国城镇居民恩格尔系数下降生活质量提升［N］. 金融时报，2009-08-20.

电子资源：

[1] 国务院办公厅. 关于促进健康服务业发展的若干意见 [EB/OL]. (2013 - 10 - 14) [2014 - 09 - 18]. http://www.gov.cn/zwgk/2013 - 10/14/content_2506399.htm.

[2] 卫生部疾控局. 健康生活方式核心信息 [EB/OL]. (2011 - 09 - 06) [2014 - 09 - 08], http://www.gov.cn/gzdt/2011 - 09/06/content_1941510.htm.

[3] 中国网新闻中心. 卫生部：目前我国确诊慢性病患者已超过 2.6 亿人 [EB/OL]. (2012 - 07 - 09) [2014 - 11 - 28], http://www.china.com.cn/news/2012 - 07/09/content_25853987.html.

[4] 柳伟建. 外媒：世界卫生组织呼吁中国阻止慢性病“海啸” [EB/OL]. (2015 - 01 - 21) [2014 - 05 - 06], http://news.china.com.cn/world/2015 - 01/21/content_34615972.htm.

[5] 统计局资料. 新中国成立 60 周年经济社会发展成就回顾 [EB/OL]. (2009 - 09 - 07) http://www.gov.cn/gzdt/2009 - 09/07/content_1410926.htm.

[6] 中国网.《关于促进健康服务业发展的若干意见》全文 [EB/OL]. (2013 - 10 - 15) [2014 - 02 - 01], http://www.china.com.cn/fangtan/2013 - 10/15/content_30296959.htm.

[7] 毛群安. 加强健康教育提高健康素养新浪健康 [EB/OL]. (2010 - 04 - 04) [2014 - 10 - 01], http://news.sina.com.cn/h/2010 - 04 - 04/142920006581_2.shtml.

[8] 卫生部新闻办公室. 第四次国家卫生服务调查主要结果 [EB/OL]. (2009 - 02 - 27) [2014 - 11 - 27], http://politics.people.com.cn/GB/101380/8882246.html.

[9] 人民网. 2014 中国邮政发行报刊百强排行 [EB/OL]. (2014 - 09 - 18) [2014 - 12 - 01], http://media.people.com.cn/n/2014/0918/c4060625688547.html.

[10] 中国互联网络信息中心. 第三十三次中国互联网络发展状况统计报告 [EB/OL]. (2003 - 01 - 22) [2014 - 03 - 15], http://news.xinhuanet.com/ziliao/2003 - 01/22/content_702667.html.

外文文献

[1] THOMAS R K. Health communication [M]. New York: Springer, 2006.

[2] GOFFMAN E. Framing analysis: an essay on the organization of experience [M]. New York: Harper&Row Press, 1974.

[3] GITLIN T. The whole world is watching: mass media in the making and (un) making of the NewLeft [M]. Berkeley: University of California Press.

[4] ZORN M. CBQ review essay: health communication: a review of books since 1990 [J]. Communication book notes quarterly, 2001, 32 (3): 149 - 170.

[5] KREPS G L. The maturation of health communication inquiry: directions for future development and growth [J]. Journal of health communication, 2012 (17): 495 -497.

[6] LENAWAY D. Public health systems research: setting a national agenda [J]. American journal of public health, 1996 (3): 410 -413.

[7] SMITH K C, RIMAL R N, SANDBERG H. Understanding newsworthiness of an emerging pandemic: international newspaper coverage of the H1N1 outbreak [J]. Influenza and other respiratory viruses, 2013, 7 (5): 847 -853.

[8] MCKEEVER B W. News Framing of Autism: Understanding Media Advocacy and the Combating Autism Act [J]. Science communication, 2013, 35 (2): 213 -240.

[9] PENG W, TANG L. Health content in chinese newspapers [J]. Journal of health communication, 2010, 15 (7): 695 -711.

[10] DIXON H, WARNE C, SCULLY M. Agenda - setting effects of sun - related news coverage on public attitudes and beliefs about tanning and skin cancer [J]. Health communication, 2014, 29 (2): 173 -181.

[11] LANTZ P M, BOOTH K M. The social construction of the breast cancer epidemic [J]. Social sciernce & medicine, 1998, 46 (7), 907 -918.

[12] LI L, ROTHERAM - BORUS M J, LU Y, et al. Mass media and HIV/AIDS in China [J]. Journal of health communication, 2009, 14 (5): 424 -438.

[13] THOMPSON E E, YEBOAH A A. Health information from elite to popular media: are Ghanaian media creating more space for health information/education? [J]. Critical Arts - South - North cultural and media studies, 2013, 27 (3): 370 -385.

[14] LAWRENTSCHUK N , SASGES D , TASEVSKI R , et al. Oncology health in-

formation quality on the internet: a multilingual evaluation [J]. Annals of surgical oncology, 2012, 19 (3): 706 - 713.

[15] BOROWIEC A, LIGNOWSKA I, DRYGAS W. Attitudes towards healthy lifestyle promotion in mass media in the Polish adult population [J]. Kardiologia Polska, 2012 (10): 1030 - 1037.

[16] LEE H, LEN - RIOS M E. Defining obesity: second - level agenda setting attributes in black newspapers and general audience newspapers [J]. Journal of health communication, 2014 (10): 1116 - 1129.

[17] CECCHINI M, SASSI F, LAUER J A, et al. Chronic diseases and development 3 tackling of unhealthy diets, physical inactivity, and obesity: health effects and cost - effectiveness [J]. Lancet, 2010, 376 (11): 1775 - 1784.

[18] ROGERS E M. The field of health communication today : an up - to - date report [J]. Journal of health communication, 1996 (1): 15 - 23.

[19] PRIMACK B A, SIDANI J, CARROLL M V, et al. Associations between smoking and media literacy in college students [J]. Journal of health communication, 2009 (6): 541 - 555.

[20] AUSTIN E W, CHEN Y J. The relationship of parental reinforcement of media messages to college students' alcohol - related behaviors [J]. Journal of health communication, 2003, 8 (2): 157 - 169.

[21] LEE S T. Understanding truth in health communication [J]. Journal of mass media ethics, 2011 (3): 263 - 282.

[22] LWIN M O, STANALAND A J S, CHAN D. Using protection motivation theory to predict condom usage and assess HIV health communication efficacy in Singapore [J]. Health communication, 2010, 25 (1): 69 - 79.

[23] PINKLETON B E, AUSTIN E W , CHEN Y C, et al. The role of media literacy in shaping adolescents understanding of and responses to sexual portrayals in mass media [J]. Journal of health communication, 2012, 17 (4): 460 - 476.

[24] HAWKINS K W, LINVILL D L. Public health framing of news regarding childhood obesity in the United States [J]. Health communication, 2010, 25 (8): 709 - 717.

[25] QUINTILIANI L M, WHITELEY J A. Time availability and preference for e - health communication channels for nutrition and physical activity [J]. Journal of cancer

education, 2013, 28 (3): 408 -411.

[26] NAGLER R H. Adverse outcomes associated with media exposure to contradictory nutrition messages [J]. Journal of health communication, 2014, 19 (1): 24 -40.

[27] RODGERS S, CHEN Q M, DUFFY M, et al. Media usage as health segmentation variables [J]. Journal of health communication, 2007, 12 (2): 105 -119.

[28] DORFMAN L, KRASNOW I D. Public health and media advocacy [J]. Annual review of public health, 2014, 35: 293 -306.

[29] MCCOMBS M E, SHAW D L. The agenda - setting function of mass media [J]. Public opinion quarterly, 1972: 176 -187.

[30] RATZAN S C. Education for the health professional [J]. American behavioral scientist, 1994 (5): 38.

附录 A　媒体健康传播议题编码表

变量 01：文章来源和刊期（媒体名称及发表年月）

变量 02：文章主题类别

①传染病—肺炎，②传染病—肝炎，③传染病—艾滋病（血吸虫），④慢性病—癌症，⑤慢性病—心脑血管病，⑥慢性病—糖尿病，⑦生活方式—饮食（若选该项，转至变量 03），⑧生活方式—心理（若选该项，转至变量 04），⑨生活方式—运动（若选该项，转至变量 05）。

变量 03：饮食议题的主要属性

①食品安全，②饮食习惯，③膳食营养，④其他。

变量 04：心理议题的主要属性

①心理疾病，②应激应对，③人格，④其他。

变量 05：运动议题的主要属性

①疾患康复，②运动损伤，③健身，④休闲，⑤其他。

注：媒体健康传播议题编码表在议题历史变迁研究和现状研究中使用两次。

附录B　媒体健康传播议题编码手册

对于编码表中选项判断的问题，操作说明如下。

1. 编码依据

编码表中，文章（视频）主题主要区分为两类，主题包括疾病医药和生活方式。编码过程中，议题主题及属性的确定主要依据文章（视频）标题，导语。若标题和导语的含义不是特别清晰，则阅读具体内容；电视媒体视频资料参照具体视频内容。

统计过程中，部分文章（视频）涉及疾病医药和生活方式多个主题，则重复计数，如：《患了糖尿病运动可延年》既按糖尿病主题统计，也按运动主题统计。

2. 文章（视频）主题的类别划分

2.1　疾病医药

本书将肺结核与传染性非典型肺炎即非典、艾滋病（血吸虫）、病毒性肝炎作为主要统计传染病种；将心血管疾病、癌症和糖尿病作为主要统计慢性病种。以下对本书中的病种做简要说明，以便于编码分类。

肺结核和非典是两种肺部疾病，本书将其统称肺炎，合并统计。肺结核是由结核杆菌引起的慢性呼吸道传染病，主要通过结核病人咳嗽、打喷嚏时散发的飞沫传染。非典型性肺炎泛指所有由某种未知的病原体引起的肺炎。2003 年，在我国肆虐的 SARS 即属于非典型性肺炎之一。

血吸虫病指血吸虫成虫寄生于人体所引起的疾病。

艾滋病即获得性免疫缺陷综合征，由血液、体液感染艾滋病病毒（HIV 病毒）引起，危害性极大。

病毒性肝炎是由多种肝炎病毒引起的以肝脏病变为主的传染病。酒精性、药物性肝炎不在此列。病毒性肝炎主要有甲、乙、丙、丁、戊 5 种。在 20 世纪 70 年代以前，未发现肝炎致病病毒，中医也称病毒性肝炎为黄疸。

心脑血管病泛指由于高脂血症、血液黏稠、动脉粥样硬化、高血压等所导致的心脏、大脑及全身组织发生缺血性或出血性疾病，主要分为心脏血管和脑血管疾病，是一种严重威胁人类，居各种死因首位的疾病。

糖尿病是一种以高血糖为特征的代谢性疾病。糖尿病引起的高血糖，导致眼、肾、心脏、血管、神经等组织产生慢性损害和功能障碍。

癌症（肿瘤）是机体局部组织的细胞在基因水平上失去对其生长的正常调控导致异常增生与分化而形成的新生物，肿瘤破坏正常组织与器官。我国常见癌症有血癌（白血病）、食管癌、胃癌、结直肠癌、肝癌、鼻咽癌、肺癌、乳腺癌、宫颈癌等。

2.2　生活方式

本书以饮食、心理和运动作为生活方式议题的主要分类统计指标，并对饮食、心理和运动议题进行属性划分。

2.2.1　饮食议题

饮食议题主要考察食品安全、饮食习惯、膳食营养、其他四个属性。

食品安全指在食品加工、存储、销售等过程中确保食品卫生及食用安全，降低疾病隐患，防范食物中毒等。如食品（食物）的种植、养殖、加工、包装、储藏、运输、销售、消费等活动是否符合国家强制标准和要求。

饮食习惯指人们对食品和饮品的偏好。其中包括对饮食材料与烹调方法以及烹调风味及佐料的偏好。如饮酒、吃饭的多少；进食环境和时间；烹调偏好等。

膳食营养主要包括食物的消化与吸收、营养食疗等。如各类食物的营养、膳食结构和膳食指南、各类人群的膳食营养与配餐、食谱编制、膳食营养与疾病的关系等。

2.2.2　心理议题

心理议题主要考察心理疾病、心理应激与应对、人格（性格）、其他四个属性。

心理疾病指一个人由于精神上的紧张，干扰，而使自己思维上、情感上和行为上，发生了偏离社会生活规范轨道的现象，主要有：抑郁、暴躁、妄想等。

心理应激与应对。心理应激是指人对外界有害、威胁、挑战等信息，所产生的生理、心理和行为的反应。应对是指面对威胁性的应激源时，采取心理行为策略，解决问题来消除或缓解自己的紧张状态。如面对和调节家庭、工作和社会的压力。

人格（性格）是人对现实的态度和行为方式中较稳定的个性心理特征，个性的核心部分，体现个体差异。如对现实的态度（诚实或虚伪、谦逊或骄傲等）；意志特征（勇敢或怯懦、果断或优柔寡断等）；情绪特征（开朗或抑郁等）。

其他在此处指心理议题的其他内容。

2.2.3 运动议题

运动议题主要考察康复、运动损伤、健身、休闲健心、其他 5 个属性。

运动康复是对伤病或伤残者采用运动的方式，使其在身体功能和精神上获得恢复，在本书中主要指通过运动锻炼对身体机能和慢性病等疾患的康复。如骨折后的肌肉和神经功能恢复；心脑血管病、癌症、糖尿病等患者的运动康复。

运动损伤指运动过程中发生的各种损伤。如骨折、猝死、膝关节磨损、腰膝踝等关节扭伤、创伤。

健身指通过身体活动，促进身体健康。如减肥、力量训练、塑形等。

休闲健心指通过身体活动，达到休闲放松，愉悦心情的效果。如户外休闲、社交娱乐等。

注：疾病种类和生活方式等议题及属性的说明参照“国家卫生计生委临床医生科普项目/百科名医网”等医疗卫生权威机构所提供内容。